九十歲照片

羅光總主教牧徽

中間盾牌分上下兩層，上層藍色爲天，天中白鴿，象徵天主聖神，發射七道光，下層黃色爲地，地中一塔爲衡陽城來雁塔，塔上一十字象徵天主教本地化，下面拉丁文標語：在您光明中我們見光明

1961年5月21日羅光神父被教宗若望二十三世祝聖爲主教

1964年9月14日梵蒂岡第二屆大公會議第三期會議開幕
教宗保祿六世首次同主教共祭。樞機三位，總主教十五位，主教四位，修會會長兩位，羅光主教為四位主教之一，位於教宗對面右第三

台南教區主教座堂

台北總主教公署

晉見教宗保祿六世

晉見教宗若望保祿二世

1983年3月3日由嚴前總統頒發行政院文化獎

1992年3月27日教育部次長趙金祁博士代表教育部長頒贈銀盾，表彰對教育的貢獻

1996年攝於台北
晉牧二十五年晉鐸五十年

1962年攝於台南

生活自述

增訂本

羅光著

臺灣學生書局印行

卷頭語

寫這本生活自述，沒有自己寫自己歷史的念頭，祇因自己喜歡考據歷史，便想爲中國天主教會留些歷史的紀述，以供後世考據中國天主教史的資料。根據第一版對自己的生活事蹟，簡明予以述說，關於重要事蹟，則根據日記，記明年月日，加以詳述，近年社會驟變，我童年與少年的　生活環境，已經再不存在。給當代青年說我的昔年生活，就像談歷史的事了。把這種生活紀下來，爲後代民族學者，教育歷史學者可以供給研究資料。我便以用我自己昔日所寫的生活雜事，彙集起來，遂成了一本頗厚的「自述」。讀的人大約沒有興趣，爲研究民族學者、教育史學者的參考，頁數多一些，爲他們或許更好。

一九九九年十二月卅一日　夜羅光寫于台北天母牧廬

生活自述（增訂本）

目錄

台南五年

晚年

衡陽十九年（一九一一—一九三〇年）

一、衡陽

衡陽在古代的文學裡，以鴻雁而受詩人歌詠。舊傳鴻雁南飛，到了衡陽，便回旋北返。衡陽市北門外，在湘江濱有來雁塔，在南門外有回雁峰，峰頂有雁峰寺。北塔迎接來雁，南寺送雁北歸。來雁塔爲明朝尚書朝節所建，回雁峰爲南嶽七十二峰的首峰。

湘江通過衡陽城，水廣且深，輪船由洞庭湖直抵衡陽。城中另有兩河流入湘江，一爲耒水，帆船可通耒陽；一爲蒸水，又名草河，河上一橋，名青草橋。青草橋爲宋朝舊名。橋兩側舊多商店，且多酒家，「青草橋頭酒百家」，乃衡陽一景。

蒸水流入湘江的河口，有一小山，山有石洞，洞上有著名的石鼓書院。唐貞觀初，刺史宇文炫開石鼓山的東巖西谿，爲眺覽江水的勝地，元和中，李寬爲石鼓山主，改道院爲學舍。李寬的族裔李士眞，當宋至道中，講學石鼓，朝廷嘉許，賜額稱書院。歷代文人騷客，遊石鼓洞留詩頗多。

另一書院在湘江中游的東洲上，名船山書院。東洲乃一小島，居江中心，島上竹樹青綠。書院記念明末清初王船山先生。

城內有西湖蓮湖，湖中遍種荷花，白傾田葉，葉上千萬花朵，清風徐來，幽香入鼻。荷葉綠色配青天，不愧稱衡陽美景。宋朝湘籍理學大家周敦頤曾作論荷花一文，頌爲「出污泥而不染」。

湘江沿岸稱爲河街，有瀟湘門。門側漁舟橫陳，舟上排排鸕鷀捕魚，在鳥頸上套一鐵圈，得魚不能吞嚥，嘴含魚飛上船，漁夫從鳥嘴取魚。

衡陽城廂多佛寺，雁峰寺和羅漢寺乃寺中最大者，故佛寺也爲衡陽美景。雁峰寺據回雁峰頂，寺有壽佛殿，每年佛誕，香火很盛。峰下爲門坊，坊上題有「莫作等閒觀」，門下有廣場，場中建戲臺，節期演戲。

我於光緒三年（一九一一年）正月一日（農曆光緒二年十二月一日），生於衡陽市郊的南鄉抖陂町。

抖陂町在衡陽市南門外，一稱歐家町，一稱黃茶嶺，從衡陽城走出南門，過戲臺廣場，由廣場登回雁峰，由「莫作等閒觀」牌坊右轉，進一小村，路側有魯班殿。殿前池塘中多種荷花，果園裏滿種柑橘。出村，路上荒山，山多墳，沿山麓行，約三里許，抵抖陂町，迎面一座天主堂鐘樓；教堂附近，農舍相接，我的家就在教堂右側的農舍裡。

抖陂爲 長形的農鄉，周圍小山相連，山麓農家聚族而居，一方爲羅氏，有羅氏宗祠；一方爲歐家，有歐氏宗祠，農舍外爲池塘，池塘外爲稻田，鄉中央有一小溪。

二、家庭

父親友三公，諱英仲，兄弟姊妹八人。父親在兄弟中排行第二，伯父明山公諱英魁，三叔諱英仕，四叔諱英伯。祖父早逝，祖母教養子女。家務由伯父主管，祖母家出衡陽北門郭家，信仰天主教很虔誠，早晚祈禱，每晨往教堂參加彌撒，年老眼睛壞，不便走路，由兒孫背往教堂，教堂和我家毗鄰，祖母在兒孫中最喜歡我，我從小跟著祖母，姑母都出嫁以後，我就伴祖母睡覺。我進了修院，她最怕我被派遣出國留學，會很久不能看見我，但是我還是被派到羅瑪留學，祖母便希望我早日畢業回國。

不料後來因第二次世界大戰，交通不通，我留在羅瑪教書。當衡陽城被日軍包圍時，城郊百姓四出逃難，祖母又病不能走，便在路上倒斃，草草安葬，埋在荒地。

伯父明山公，諱英魁，身體梧梧，臂力過人，爲祖父母的長子。少壯時，祖父去世，伯父協助祖母管理家事。年三十餘，祖母把家事都交給他，伯父獨力支持一家。三叔、四叔下田工作後，伯父主理家務，工作稍輕。

伯父沒有讀過書，只略識幾個字，然聰明過人，見識很高。年四十餘，在鄉中被認爲鄉紳。鄉人有買賣或爭執事件，常請伯父作主。伯父命長子代寫買賣契約或和解書，字字口說，長子筆錄。他人寫契約或和解書時，長子口唸，伯父常可指出不妥的字句。

伯父口才很好，長於說理，好和朋友聊天。每天上街在茶館久坐排難解紛，不收錢，不受禮。鄉村的爭執大都和農田有關，尤其是爭水。夏天天旱時，池塘灌水，有契約爲據，小港的水，則兩岸相爭，伯父少壯時，曾爲爭水率羅姓族人和對岸歐姓族人械鬥，頭受傷，臥床十幾天。後做紳，力勸大家息爭。

南鄉天主教信友，幾乎都是羅姓。我童年南鄉本堂的主任司鐸爲一位郭神父，衡陽市北門外人，身高體胖，性情暴躁；但和伯父交情很好，選伯父任會長，遇事和他商量。每晚，伯父也到堂內和神父聊天。郭神父聘一傳道員蔣先生，兼任初級小學老師。蔣先生與郭神父曾爲修院同窗，又是朋友；然蔣先生生性嗜酒，每每酩酊大醉，醉則和神父大吵。伯父便充和事老，勸神父息怒，蔣先生一氣便捲起衣服回自己東鄉老家。酒醒了，過了二、三天，蔣先生又回南鄉，找我伯父陪他往見神父，彼此和好如初。這種戲不知演過多少次。

伯父管理家務，非常用心，每晚吩咐次日應做的事，子女和侄兒輩的衣服學費都按時發給；妯娌們的雜事則由祖母處理。我是家中最得伯父寵愛的人，伯母有時罵他愛侄兒勝於愛自己的兒子。他一心要培植我讀書，不許下田做工，堂兄和我弟弟讀了小學就派去耕作。伯父每天出門以前，要看我上學，從街上回來常給我買點心，也喜歡帶我上街。晚上到本堂和神父閒談，總免不了提到我，我每早必到聖堂領經輔祭，夏天中午還要到神父飯廳扯風扇。飯桌上空懸一長方布巾，巾上一橫木，橫木巾尖繫一繩，拉扇者手牽繩一拉一鬆，桌上便生風。

當我十三歲要進初中時，伯父忽然問我，願不願進修院，預備將來升神父？我小時害病，家人也曾經許過願，送我進修院。我聽了伯父的話，我立刻答應願意。當郭神父即將退休，南鄉來了一位年輕的意大利神父，中文姓華，郭神父把我介紹給他，要他給我寫證件，半個月後，伯父替我提了包袱，步行半天，送我進衡陽北門外黃沙灣聖心修院，院長是將來陞主教的柏長青神父。

次年暑假回家，伯父看見我更規矩了，心中很高興，農曆年時，我回家三天，伯父病在床上，多次叫我到病榻前問修院的許多事。我知道伯父因大兒媳病故。受了打擊，但不知道他的病很重。回修院後幾個月，一天，院長對我說：你伯父的病不好，應該爲他唸經，我立時心慌，一夜不能睡，第二天我要請假回家，院長乃說：不必回去，祈禱就夠了。我堅持要去，院長纔說：「你伯父已經去世，這幾年，他生活很難，去世了免得受苦。他一生做的好事很多，替本堂幫了不少的忙，天主一定好好報答他。」

三、雙親

家父友三公，諱英仲，家母王太夫人，聖名雅娜，父親在兄弟姐妹中排行第四，上有長兄兩姐，下有兩弟兩妹。少時從塾師讀書。祖父去世，父親遂輟學，自己購書閱讀，喜愛看小說，能書寫信札契約。從小身體瘦弱，不適於農耕，乃習商，經營荸薺行。

荸薺產於稻田，爲農業副產。秋季割了稻，在水量較多的田中，種植荸薺，荸薺橢圓，似小雞蛋，生長水泥中，葉如長針，長出水面，色綠。農曆前後挖出，雪白色，味甘且脆，可生吃可煮熟，運往漢口，價值倍增，父親設荸薺行於渣江，冬季常住行中，每兩週回家一次。春季如漢口市價高，父親租船載荸薺往賣，往返三個月，夏天六月纔回家。稻田車水和割稻時，父親和伯叔等一同做工。

父親性情溫和，在家不多說話，冬天晚晌全家聽他說書，他則侃侃而談，娓娓動聽。我和耀弟晚飯後常牽著父親的手，跟他走或坐，秋天，鄉間唱燈影戲，耀弟太小，在家睡覺，父親帶我去看，燈影戲有如布袋戲，設一小台，台上張一白布，台後燃一燈，玩戲的人坐在白布下面，用手舉起插在竹枝上的紙做人像，在燈前動作，人像的影子照在布上，看戲的人在臺前看布上影子，影子有大花面，有小旦，有小生，玩戲的一面舉手動人像，一面唱，旁邊有兩三人打鼓扛鑼，一起唱到深夜。

我和耀弟有時吵架，母親一聽到必嚴厲責罵，父親在家則不說說，把我兩人叫來輕聲說一句：「不要吵」。雙手牽著我們，我倆也就和好了。

我讀書的功課，父親常看，看後摸摸我的頭。年考發榜，報喜訊學校員工來家，父親賞他紅包，祖母伯父稱讚我，父親只牽著我，拍拍肩；但我知道他心裡很滿意。我進修院母親不願意，父親隨便我去。

伯父去世後，父親繼他做鄉紳，給同鄉排難解紛，也繼任南鄉天主教教友會長。伯叔父分家，父親繼續經商，耀弟耕田，我到羅瑪後，父親每年來幾封信。

「余前聞本國數修生，在羅瑪求學，功課很有不及格。

獨望兒於功課上多加努力。羅瑪乃世界天主教之中心，亦是教宗之聖城，各國教會來讀書者甚多，恐有強者弱者。兒乃本國教會之一份子，切莫落於他國修生之後，亦莫落於本國修生之後。」（民二十年十月二十七日）

「堂兄繼室去年天主收他靈魂。近時全家及親戚均得平安，切勿念念。」（民國二十二年五月三十一日）

同月祖母給我一信，由堂兄羅榮代筆，信上說：「你父生意，此一二年，稍爲順意，二弟已去世，三弟四弟少；無人理家事，他在外經商，心念在家。從此看來，擔子甚重。望你多加熱心，爲父祈禱，勿生病痛。」（民二十二年五月二十八日）耀弟去世，父親不敢來信告訴，我由祖母信和柏長青主教來信，得到耗音，痛不可言，寫信回家安慰父親，父親回信，述說耀弟去世情形。

「昨接你來信，心甚歡悅，開閱之，二弟去世之事，你已知道。但此事不必傷痛，何也？凡人處世，年齡多少，憑天主所定，早則早歸，遲則遲歸，非人可斷，所傷者乃關於靈魂之事也。你二弟的靈魂，去世甚妥當，終傳聖事均好。平常也很熱心，病時與死時，越加熱心。你二弟的病，緣舊曆六月十二（民二十一年），頭痛發熱，醫方種種不愈，七月初九，更加腹痛，漸漸腹腫，越腫越大，藥方糊盡，未得有效，二十五日，送往仁濟醫院，西法醫治，在此四日，亦未得效，二十九夜，加之手足不安，說話如誑，方伯（英伯堂叔，英伯四叔）扶助，見他心懼，至次日，乃歸家，他歸家時，心很清明，說我會好，我會好，勸大家放心，家人勸他領終傅，終傅後，見他心爲難，請人念經（善終經），念經三四回，靈魂去矣。」（民二十三年二月十六日）

三弟羅蘇四弟羅濟，那時年歲很輕，一歲四歲。父親乃將田轉佃他人，民二十年來信說：

「本年收穫，反不及去年天旱之收穫，時常下雨不息，禾苗不得結實，又加有蟲傷，每畝穀子只有兩石餘，下年生芽，亦因雨多之故，也不好。家中所耕之田，去年下年已佃於他人耕作，每年可收水穀貳拾餘石，家中食糧可足矣，望兒放心。」（民二十四年十一月十六日）

我升司鐸後，留在羅瑪，父親來信雖不責備，心中很有隱痛；

「你已別家七載，雖心不忘家鄉，其意實不想回國，你今在大學教書，亦是特等榮耀，余亦歡甚」。（民二十六年四月二十八日）

母親教兒很嚴，口罵並加鞭責，事情過後則更痛愛。我是長子，母親叫我掃地收拾房間，假期，早晨，從經堂參加彌撒歸家，我就洒水掃地，清理住室，母親生二弟大妹後，續生弟妹三人，三人都夭折，弟妹在襁褓時，我在家便由我抱。稍大，站在圍檻裡，母親也叫我在廚房燒灶火，把柴拆成小束，放進灶裡不要冒煙，又教我蒸飯，米煮好了，放在簹間蒸飯，簹置在大鍋裡，簹下按飯多少放水深淺，水乾飯就熟。飯久不熟，水若過淺，飯被燒乾。母親膽頗小，黑夜不敢出門，出門必叫我陪伴，家中種秧或割稻，逢著母親下廚，清晨四更天就起床，到廚房煮飯，母親也把我喚醒，陪她坐在廚房，我睡意未醒，就靠她睡。伯叔母都羨慕母親的福氣，抱怨她們的女兒不如男兒。母親信教虔誠，父親出外時每晚叫我和弟妹同她一齊念經，星期天在經堂，看見我領經輔祭，她心中非常喜歡，復活節四十天齋期，母親必守齋每天只吃一頓飯。

我到城裡讀書時，每週末回家，母親常到屋後山上等候，星期日下午返校，母親也送到山上，等我走到路轉角，我回頭打手勢，她纔下山回屋。我進修院母親不贊成，但仍讓我去，我離家前兩週，每晚母子兩人絮絮的交談，母親一而再，再而三，囑我冬天穿衣服，夜晚小心蓋被，過了幾個月，她又到修院看我。母親小腳，來去又走一天，眞夠辛苦，來時，她帶給我臘魚雞蛋，怕修院菜蔬不夠。我到羅瑪以後，母親因不識字不能寫信，父親來信很少提到母親，我就沒有母親的消息。只有在我升司鐸時，母親寄我繡花手巾一條，爲母親親手所繡，作爲升司鐸典禮束手之用。我現在把這條手巾和父親的親筆很寶貴的保存。

中日戰爭爆發，全國抗戰，衡陽也受波連，民國二十八年二月五號父親來信說：「衡陽在十天以前，城裡到處被炸，平民的房屋損毀在數百棟以上，教育局，公安局，也被炸毀，人民死傷在六百以上，眞是目不忍睹。」

以後消息絕了，到民三十四年柏主教來信報告耗音，我寫信回家詢問大妹，大妹詩順覆信述說父親在日本兵攻衡陽時，爲日人所擄，失去消息，再不返家，不知死在處，母親則在衡陽被毀後回家，染上流行瘟疫，去世前，囑咐詩順妹在消息通後，寫信告訴我，昭顧兩個弟弟，堂兄羅榮也去世，那時家裡只有三叔四叔，三叔沒有兒子，便撫養我的兩弟，以至成人。

四、農耕生活

杜甫曾有一首風捲茅屋詩，大風捲走了屋頂的茅草，他望著破屋浩嘆，「安得廣廈千萬間」，使天下寒士有屋住而歡顏。

我家是一座土牆茅屋，座落南鄉天主堂右側。堂在山坡上，山坡下右側的茅屋住有五家人，我的家是最大的一家。

茅屋牆壁用黃土造成。造屋時，用模板夾在兩面，將黃土填入，拿木棒抖椿，把土壓硬。日久天長，土硬可比石頭。牆上架樑，樑上鋪木條，條上蓋稻草作屋頂。蓋頂時，先將稻草尖端作束結，尾端散開，從下向上鋪，上層覆蓋下層稻草之半，疊次蓋上，屋頂平滑，雨水下流，屋中不漏。稻草可經三年，久則爛。未爛以前須逐年換新草。

我家進門一廳爲堂屋，中壁懸聖像，像下設中堂長案，案上置十字架、置蠟台。堂屋中央放一方桌，桌有四條長凳，爲八人或十二人飯桌，堂屋兩壁排茶椅，右方一門，通伯父住房，左方一門，通祖母住房，後方一門通廚房。伯父房後爲堂姊堂兄兩室。廚房後爲婦女飯屋。屋後一過道，過道右側通第二廚房，廚房後門通四叔住房，廚房右方通家父住房，家父住房後有我的住屋。三叔則住在後面另一屋裡，由第二廚房過道向左走，則有同族親戚四家的房屋。

祖父在我出生前已經去世，家務由祖母和伯父主管。祖父遺有四男四女，我四歲時，最小姑母出了嫁。伯父母生有兒子二個女兒六個，兒子爲我堂兄，女兒中有三個爲我堂姊。家父母生有男兒兩個，女兒一個，我爲長子。三叔英仕公生女兒一，四叔英伯公生男女各一。堂兄後來娶了妻。那時家中大小人口二十三，還有長工短工，普通常有三十人吃飯。

農家的生活和農田相聯，照著農田的需要調節家務，春耕夏耘秋收冬藏，我們家裡的生活，便是跟著這種年曆進行。

家中養著一頭大水牛，牛欄在第二廚房旁邊，除我們家中人外，村中誰也不敢近牠，家人裡伯父和我是牠的好朋友。犁田耙田時，伯父架著犁耙工作；草地放牛時，我騎在牛背看書。村中有放牛的牧童，專放全村的牛；牛不耕田，由牧童早晨牽出去，晚晌送回來。但是伯父願意我們自家照顧家中水牛。

家中常有長工一人，一年在家裡幫忙田裡工作，農忙時，另加短工，短工工作幾天或一個月。

我家是佃戶，自有田僅數畝，佃田五十畝餘，每年收穀除租穀外，可足一家的糧食。家中零用錢和衣服費用，則靠農業副產荸薺和魚。一天兩頓飯，每飯有蔬菜和魚蝦，肉則節日有。臘肉、臘魚、臘鴨、臘蝦蟆，冬天和春天常有一盤，還有 菜。臘量是湘省特產；家中殺了豬，網了魚，釣了蝦蟆，加上鹽，放在太陽下曬乾，乾後放在柴火上薰，薰好了，掛在通風的地方吹風，然後收藏起來，可以一年不壞。 菜有似醬菜；青菜、蘿蔔、辣椒，黃瓜先曬去水分，放在罈裡。罈口蓋好，罈口周圍有槽，槽中放水，阻止空氣進出，過了一個月便可用。湘人喜歡吃辣椒，每餐不缺，新鮮辣椒作菜一盤，乾辣椒和辣椒粉則充烹料，每菜加放。辣椒粉由家中自製，把曬乾的辣椒，放在碾槽碾碎，碾成粉。碾槽爲長鐵槽，陷置地上，槽上以木椿繫一鐵輪。辣椒放置槽巾，一人手推木椿，使鐵輪在辣椒上滾來滾去，辣椒碾成粉末。

農曆新正時，新釀的糯米酒上桌饗客。十一月，家裡煮糯米，煮後再蒸，蒸熟，合以麴櫱放在瓦缸裡。瓦缸為圓形，底狹口寬，口寬直徑可四尺，深約一尺。糯米放在瓦缸，中央留一空洞，缸上覆一蓋，蓋上覆稻草。發熱發酵，糯米釀成酒，酒流中央空洞裡，糯米變成糟。半月後，取酒置瓶中，一年可以供飲。

冬天，家裡製豆腐，用做豆腐乳。田中黃豆收成後，用石磨成漿，放在鍋裡煮，煮滾了，倒在木箱裡，參以石膠粉，掏出灌入方塊木盒內，過一夜，木盒內便成豆腐。豆腐用風吹乾，切成小塊，放入竹簍中，一層豆腐一層稻草，加鹽加辣粉，使豆腐發霉，然後撿出放入罎裡，罎加蓋，蓋沿的糟內放卜，一個月後便有豆腐乳，為下飯佳菜。

夏天，家裡製涼粉。園中種有涼粉瓜，大如芒菓，色青，熟時色稍黃，瓜心沒有肉，結有層層涼粉子。取子曬乾裝入布袋，布袋纏緊放在水桶裡，用手搓布袋，流出白色黏液，到黏液和滿水桶時，提出布袋，用布蓋桶，靜放不動。數小時後，全桶結成像冰箱裡魚肉湯凍，便成涼粉。把涼粉切小塊，放入冷水桶裡，一天不化。吃時，拿塊塊涼粉裝入碗中，加糖加薄荷水，吃時清涼可口。（參考中央日報民國六十年七月十八日副刊張哲著「涼粉又一章」）。

五、家庭樂趣

每晚，家中人都聚在堂屋裡，伯父把從城裡聽到的新聞，講給家人聽，講完新聞，再談田的工作。祖母也吩咐廚房事務。冬天夜長無事，父親若在家，就說書講故事。父親一輩只有父親念過書，喜歡看小說，粉裝樓寫羅家英雄：羅坤、羅燦、羅小雲。五虎平南也寫羅家英雄的武功；這些故事由父親口裡說出來，像是眼前的活事，大家聽得入神，聽到深夜也不想睡，講完，大家一起祈禱。

我家世代信天主教，晚祈禱爲家庭大事。星期日晚，全家誦苦路經，紀念耶穌受難；平日晚間，闔家共念聖母玫瑰經和晚課。三月爲敬禮聖若瑟月，五月爲敬禮聖母月，六月爲敬禮耶穌聖心月，每晚家中必誦敬禮經。若是農忙或伯叔父晚晌不在家，大家不在堂屋共行祈禱，我便和父母在房裡誦經，父親在亭齋行時，我和母親在房裡行晚禱。星期日上午，全家往聖堂參與彌撒，午後，年輕人再往聖堂聽要理，拜苦路。

家裡廚房由祖母指揮，但祖母只在請客時下廚做菜，平日由四個媳婦輪流下廚，每人輪流一週。灶內燒柴，燒稻草，燒豆稈；秋冬春三季柴薪不缺。到了夏天，稻草豆稈都燒光了，田間禾還沒有熟，便該到外面砍柴。砍柴大半是我和耀弟的工作。鄉間山上都是童山濯濯，沒有樹木，只能到港畔田埂，斬伐蘆葦，荊刺和叢生灌木。黃茶嶺有佛寺名十方堂，寺前樟樹數株，樹大數人圍，枝葉參天，高不可攀，寺後種有松樹數千，山僧不許斬樹伐枝，只許鉤拆枯枝，摘撿松子；這處松林也是我們取柴之地。冬天家中燒火取暖，燒火用炭。往學校時，我們常帶煖爐，爐爲圓銅爐，爐蓋多小孔，煤球置爐中，可燃數小時，放在椅下，腳踏爐蓋，一身不覺冷。

家中最忙的季節，是插秧、割稻和新年。插秧大約四、五天，每天二十人；割稻則須十天或半月，每天十五、六人。插秧的工人要吃得好，割稻的工人則要送飯到田間，酒也不能少。新年乃一年大節，家裡要忙十幾天。我家即信天主教，新年後不祭神迎鬼，但是年節團聚，親戚作樂，則不弱於信佛人家。年根飯吃得很熱鬧，全家大小都在，父親必定由荸薺行趕回。家屋打掃乾淨，門檻貼上紅色對聯，小孩都做有新衣服，我還帶瓜皮紅頂小帽。大年初一，天尚未亮，我就起床放鞭炮，全家起床，洗已畢，我向父親母親拜年，再到祖母房裡向祖母跪叩。然後全家集合堂屋裡，燃蠟燭、誦經，向天主致敬禮，小孩向大人拜賀，大家坐下喝杯煖酒，吃紅棗雞蛋。婦女收拾了碗盞，男女大小成隊往聖堂參與彌撒，沿途放爆竹。禮畢回家，吃了飯，男子們結隊往鄉裡同族親戚人家賀年，我留在家裡放鞭炮接客，一隊客人臨門，向祖母、伯叔母和母親恭賀新禧，大家作揖，彼此說：「天主保佑，恭賀恭賀」。偶而有人說：「恭賀發財，早生貴子」。作過揖，客人在堂屋坐席，喝一杯酒，吃花生糖果。糖果盒俗稱「換雜盒」，六角形，盒中有小盤七個，每盤放一種糖果，故稱「換雜」。一隊一隊客人繼續來，彼此遇著互相作揖恭賀，前一隊離席，後一隊入席，元旦拜年不能辭酒不喝，大家回家時都酩酊有些酒意。

初二，女婿和女兒回娘家拜年，父親和母親從來不去。初六以後，家中設宴分批請村中親戚，繼續四、五天，所請女客較多。請帖先期發出，帖上雖寫有「恕不催」，到飯前一小時，仍舊要打發人去催客，催客多是我的差使。這幾天，祖母下廚烹調，碗碗菜都使客人叫好。

家中有喜慶大事，如祖母七十壽，堂兄結婚，在家內設酒席，便邀請村中烹調好手的男子，在屋外設灶。酒席應是九個碗，即是九個菜。碗大，菜量多，客人吃飽還要帶菜回家。席上放有乾荷葉，專爲客人包菜回家之用。

端午吃粽子，常是家裡自己做；中秋吃月餅，則上街買。村中有喪事，也設酒席。我們天主教人中一家有喪，棺材停在家裡時，晚晌附近的信友，到喪事人的棺前祈禱誦經，一連三天，五夜。出殯時，村中信友男女，集來送殯，沿途誦經唱哀歌。我小時最怕看死人，可是爲喪事人家誦經時，我應去領經，回來後，一夜睡不穩，常要叫媽媽。

六、童年遊戲

農家的童年遊戲，很簡樸，趣味則很濃。我們家裡男孩不和女孩一齊玩，男孩則只有我和二弟耀，歲數差不多；堂兄太大，堂弟太小，不能玩在一齊。鄰居則有年歲稍輕的兒童四人，我們六人常一同遊戲。每人兩手持竹桿，一桿當馬，一桿當刀，舉刀跨馬分成兩陣，作張敬堯和吳佩孚的兩軍，從山上打到水塘邊，又衝進屋內，但從沒有一人受傷。

假日，撈魚，夏天，釣蝦蟆，也是我的遊戲。水田中，小港裡產有一寸或兩寸長小魚，我和耀弟赤腳下水，把田中水深處築泥圍住，再把水撥乾，就可把魚捉住，用野花桿穿住魚嘴，一桿可穿魚十幾尾。在港裡則只能摸水捉魚，捉到的魚較大。還有遊戲則是採野菜，春天野菜多，桃樹流出的漿，調和辣椒，煮熟，味脆而美。馬鈴薯的嫩芽，可作菜煮；草地長的地皮耳，有如木耳，可食，油菜樹白片嫩葉，脆而甘，可生食。公共池塘的藕也可採。

學校下課，回家放下書本，沒有時間排陣打仗，我們便敲紙牌，那時紙煙包內，夾有一張紙牌，上面印有三國志的英雄像。我們每兩個人把一張紙牌放在牆根，在距離兩丈遠的地方，拋擲石子敲打紙牌，打中者，勝一牌。誰手中紙牌多，很有驕氣。

再不然，便玩「跳房」，畫地成長方形，分成四格，每格爲一房，玩者以一石拋入第一格，提一足，以另一足跳入第一格內，用腳將石從正面踢出，然後再跳到格外，再把石子拋入第二格，再提足跳入，再把石子踢出，繼續跳第三格、跳地四格，從第四格把石子踢出就算贏了。贏者贏紙牌，我們很少玩錢。

冬天，我們踢毽子，或是兩人比賽，或是三、四人同踢，踢毽子冬天可以身體暖，夏天則天熱。毽子用銅錢，以皮條或布條貫在錢孔，把雞毛三隻或四隻夾在皮條或布條裡，再用線綁緊。踢毽子花樣很多，右腳單踢，左右腳雙攻，踢毽子上頭、上鼻、上耳、轉身、過跨。身體要靈，眼色要好。

夏天，太陽凶，不宜於在太陽下跑，便坐在樹蔭下或屋簷下設宴請客。從各處摘來瓦片，排在地上充盤子，採取野菜作素，捉到蚱蜢螳螂充葷菜，邀請堂姐妹作客人。一席酒可以費半天時光。

我們一家不是富戶，不是窮家，每天家中人都胼手胼足，但也豐衣足食。我算家中驕子，從小進學堂讀書，不下田作工。農家生活使我知道人生眞面目，養成勤勞習慣，喜歡清靜的生活。

七、教堂

衡陽的天主教會在中國算是一處老的教會，有三百元的歷史，因爲在明末清初的傳教士由廣州往北方走時，有兩條路可走：或者由廣東往江西，由江西往南京，然後運河北上；或者由廣東到湖南，由湖南往湖北，然後轉赴四川和陜西。因此在清初時便有傳教士路過衡陽，暫時住下，傳道授徒；而且有遭清廷和拳匪殺害而殉道，籃若望神父在長沙被絞形，范主教、安神父和董神父在衡陽被拳匪殺害。

中國天主教會分區域時，湖北湖南在一六九六年合爲湖廣代牧區，主教住在湖北；一八五六年，兩湖分爲兩區，湖南代牧區和湖北代牧區。一八七九年，湖南又分爲南境代牧區和北境代牧區，南境代牧的主教住在衡陽，范主教被害後，繼任主教爲翁德明主教，翁主教以後爲柏長青主教，當時湖南已分成十個教區，衡陽和長沙也分開，柏主教專管衡陽教區，共黨佔據湖南後，柏主教回意大利，中國神父萬次章繼任衡陽主教，爲共黨所捕，禁死獄中。

在衡陽的傳教士，素爲意大利方濟會士，中國神父約十餘人。衡陽的教友分佈在城內北門外，和城外東南北三鄉，西鄉則很少，北門外和北鄉的教友爲郭姓，東鄉的教友爲張姓，南鄉的教友爲羅姓。南鄉的教友住在抖陂町的北面，抖陂町的南面則爲歐姓。東鄉也有羅姓教友，但和南鄉羅姓不同宗。南鄉羅姓有宗祠，宗祠燈籠題爲清源堂，可見南鄉羅姓來自山西清源。南鄉羅姓的三分之二信奉天主教，信教歷史起自清朝中葉，到今已兩百年。

在羅姓住家的一面，建有天主教堂，舊堂在小山下，和我的家爲鄰舍。新堂建在小山上，山下舊堂改爲學校，後又改爲安老院，再院又改爲修女院。

斗陂町以外的鄉村，住有幾十家教友。本堂神父每年往他們家裡訪問。訪問遠處教友稱爲上會，神父坐轎，轎後有一挑夫，擔著行李。在教友稍多之村，設有會所。神父到了會所，住二、三天，訪問各家教友，在會所講道、行祭、施行聖事。由一會所到另一會所，南鄉會所不多，神父一個月內可以訪問完畢。他縣本堂，常須二、三個月。

本堂宗教典禮，星期日稱爲主日，典禮很多。早上七點，聖堂鐘樓響鐘，提醒教友預備進堂。七點半再次鐘響，教友由家動身。八點，第三次鐘響，典禮開始，先唸早課經，繼唸主日經，後唸要理問答，唸經後一小時，然後彌撒開始，但若遇教友辦告解者多，經文唸完，神父還要聽告解，便再唸玫瑰經，唱聖歌，一直等到告解聽完，神父穿好祭服，登壇行祭。彌撒聖祭一小時，禮畢出堂，時間已是十點半或十一點了。我童年時，常在堂裡領經輔祭。

主日下午，三點時，鐘樓招呼教友來堂，拜苦路。堂中懸有十四處苦路像，紀念耶穌受難時的十四樁事蹟，每到一處像前，宣讀所紀念的史事，自作反省，再行祈禱。

每天早晨，堂中有彌撒，我常去輔祭。來參與彌撒的教友十餘人，我的祖母每早必到。

復活節前三天，本有隆重大典，但衡陽三鄉本堂的神父都要在北門外主教座堂行禮，南鄉便三天悄寂無事。但在星期五耶穌受難日，教友都來到聖堂，司儀將祭壇上的十字架捧下，放在祭壇前，教友雙雙跪拜，口吻耶穌聖足，獻錢放在十字架下。這是唯一機會教友獻錢。主教座堂的三日大典則非常隆重，我從在城市讀書的一年起，後來在黃沙灣修院，每年都去參加。星期三傍晚，主教神父和修生，在聖堂唱大日課經，意大利神父中有好幾位長於音樂，聲音嘹亮。中國神父中有一位彭神父，能唱高音。日課經唱完時，要表示耶穌受難當日的地震山崩，在堂的教友拍著跪凳作響。我在高小念書時，和同學拿著靴鞋，大敲跪凳。

星期四晚守聖墓，紀念耶穌受難後葬在墓中，堂中乃有教友守夜。教友輪班來堂，一夜不息，在耶穌聖體前跪拜祈禱。

復活節前一日，本堂神父回南鄉，遠近教友都到堂與禮。遠路不能一日往返的教友，則先一天來到，宿在小學裡。

復活節後，神父到教友家祝福家庭，和家中人閒談，問問家中情況。臨別時，每家送與神父雞蛋幾只，神父收的雞蛋多，便遣人送去黃沙灣修院。

聖誕節更形熱鬧，先一天，遠處教友來堂，在院中烤火。午夜，全鄉教友參與子時彌撒。鐘樓的鐘聲、堂前的炮竹、堂中的歌詠，使我們童年的心靈飄飄若飛。

南鄉教友中有會長數人，由本堂神父選任，我的伯父和父親都任過會長，協助神父傳教。

在我離開衡陽以前的最後幾年，很不平靜。共產黨在鄉裡組織農會，鄉裡平日游手好閒的流氓地痞，帶頭大喊打倒土豪劣紳，把鄉裡幾個地主和有聲望的人，綁架起來，頭上戴著土豪劣紳的紙帽，在鄉裡遊行，每天成群挨次到有錢的人家坐著吃，迫著這些人家宰豬殺雞，眞鬧得天翻地覆。後來雖然清黨，共產黨斂跡，但是匪軍竄來竄去，故鄉再不安寧了。我於二十九年初離開了故鄉，以後再沒有機會回去。

童年的故鄉非常可愛，山青水綠，田野稻香，教堂鐘聲悠揚，鄉村生活簡單，從小我喜歡自然景物，愛花愛鳥，愛貓愛狗，沒有染到城市習氣。離開衡陽已經七十四年，何日可歸！

八、毓德小學

衡陽南鄉天主堂設有毓德小學，分初級和高級，每級三年。毓德小學是教會爲教會子弟設立，共約百餘人。南鄉信教的家庭，多是羅姓，也是同宗。毓德小學便成了羅氏的小學。

小學的課程，以國文爲主科，算學爲次，歷史、地理、修身、音樂、圖畫、體操都是必修課目。高級小學加有英文。每天六堂課，上午三課，下午三課，中午回家吃飯，午後四點放學，自修課程都在學校做。我很少在家裡的油燈下作功課。

學校校舍兩層，成品字形，兩廂爲教室，中間爲辦公廳，磚牆瓦頂，雖不大，在鄉間已算雄壯大樓。品字中央爲空庭，及體操場後有果園，種有挑樹；桃子熟時，學生多起貪心，下課後，越牆爬上樹，但小心老師記過。

陽曆九月初，田間稻禾割完，穀已入倉，學校開學。農曆年前，上學期考試，新正十五以後，下學期開始，陽曆六月，學年結束。考試時，成績放榜，榜用紅紙，按年級、總成績分數排列學生姓名，上排寫名字、下排寫總分數。前三名稱爲榜首，仿考舉制度濫稱狀元、及第、探花。學校員工以紅紙書寫榜首名字和稱呼，送到學生家中，燃炮作賀，領取紅包和獎錢。

毓德小學的校長由本堂神父兼任，神父姓郭，爲衡陽北門望族，身高體胖，脾氣很大，學生非常怕他，但他不常來學校。學校的管理員爲神父的同窗蔣老師。蔣老師很嚴厲，常用體罰，對他自己的兒子也不例外。有一次體操，男生排隊在操場繞圈子，蔣老師叫我和同排的學生領歌。我本來常領同學唱歌，但不知爲何那天我和同排的同學便不肯唱，一次兩次蔣老師催喚，我倆閉口不作聲，同學們一面繞圈子一面看我倆，蔣老師一氣，拿根竹板使勁在我倆背上打，罰我倆站在圈子中央，氣憤憤問願不願唱，不唱便再挨打。我倆痛的眼淚直流，那還知道唱歌。蔣老師氣得沒辦法，喊一聲散隊，同學一哄而散；那是我唯一一次挨蔣老的體罰。伯父很抱不平，晚晌見到郭神父，責怪蔣老師的粗暴，神父問蔣老師，蔣老師一聲不響。

郭神父很有雄心，要把學校辦好。衡陽市北門天主堂設有仁愛小學，本堂神父是意大利的寶仁神父，年壯氣盛，事事認眞，仁愛小學便很有聲譽。郭神父誓不在人下，要把毓德小學和仁愛小學並駕齊驅，甚而要走在仁愛以上。他聘請好老師，訓練軍樂隊，又縫學生制服，由意大利購來金線條，縫在學生的帽邊緣和制服的領緣袖邊，看來鮮艷奪目。預備了半年，便號令遠征仁愛小學。毓德學生全校出動，國旗校旗前導，軍樂隊開路，學生肩著木槍浩浩蕩蕩，穿過衡陽市，走到仁愛小學。仁愛師生列隊在操場歡迎。毓德學生入場，先秦軍樂，後即表演體操，徒手操，打啞鈴，木槍操，全場動作整齊。郭神父看得滿意地微笑，手摸嘴上的八字鬍，寶仁神父也羨慕地點頭。操畢，寶仁神父分發包子，郭神父加發糖果。午後，整隊返校，郭神父坐轎壓陣，大家都非常地興奮。

郭神父為表示毓德的課程好，把他在仁愛成績最優的姪兒，報名毓德，和我同班讀書。校長的姪兒，城裡的望族，來到鄉下學校讀書，全校都以為榮，可是大家絕對不願意仁愛的學生來毓德考第一。我們一班同學十幾人，每榜的狀元常年由我考中。這次期考時，全校的師生都替我擔心，蔣老師也為我著急。神父則宣佈絕對公正。絕不容許舞弊，由我們兩人硬碰。放榜時，神父的姪兒得第二名，狀元仍舊是我。學校放爆竹，家裡燃鞭炮，伯父和神父喝酒；但是下學期，神父的姪兒不再來毓德報名了。

到我讀高級小學第三年時，神父住在南鄉不管事了，一位新到的意大利神父繼任本堂，學校馬上一落千丈，蔣老師也走了，次年學校停辦。羅氏宗族的人商議在祠堂裡復校，使子弟有地方讀書。郭神父叫我往仁愛小學再讀三年級，和他的另一個姪兒同班。

三姑嫁在郭家，表兄妹成婚，家住仁愛小學附近，我便寄住姑母家中，每星期六下午回鄉。

仁愛小學老師的陣容還很好，教國文的彭老師特別喜歡我。他年已六十，眞是君子人，第一次上國文課，他開場白就說盤古開天地，天主教學生當然笑他老朽，便給他起別號叫做「盤古」；因爲他喜歡我，他們就贈給我一個別號，叫做「小盤古」。寶仁神父收我入歌詠團，在聖堂唱聖詠。

姑父爲木材商，兼理主教公署總務，家中頗多小說。我的功課既已讀過，很覺經鬆，便把小說一冊一冊的讀。三國志、蕩寇志、封神榜、包公案、施公案、儒林外史、水滸傳、聊齋誌異、西遊記都用心讀過。我在家裡曾經讀過父親所有的小說書：有粉裝樓、五虎平南、薛仁貴東征、七俠五義，只有紅樓夢、金瓶梅沒有看。我覺得看小說對我寫文章很有益。

在仁愛讀完三年級後，高小畢業，預備考中學。向西湖中學報名，西湖中學爲衡陽第一流學校，我因英文不好，沒有考上；乃投考新民中學，得被錄取。新民中學爲一私立中學，校舍設於回雁峰側一寺內，伯父嫌學校不好，提議我進修院，獻身教會；我便在民國十二年秋，進黃沙灣聖心修院。

九、聖心修院

黃沙灣位衡陽市北門外，離城約三里，附近有羅漢寺和香水尼庵。蒸水在此繞一大灣，灣中一平原，有農田菜園，故名黃沙灣。聖心修院居小山頂，山麓有蒸水，由河畔拾級上山，約一百餘級，抵修院門，門上一匾額。綴宋朱熹字，題曰聖心修院。

入院門，迎面一聖堂，爲修生與教友參與宗教禮儀之地。聖堂左側爲神父住宅，右側爲修院。院屋兩層，上層有院長室和修生寢室，下層有教室，客廳和餐廳，廚房則在聖堂後，爲神父和修生所共用。衛生間和洗澡間在教室之側，也爲兩層。教室前有運動場，場外爲山坡，坡上多樹叢。教室後有花園，園中有桂花、梅花、茶花。花園外有竹林，竹數百枝，莖大可比菜碗；竹林連接樹林，樹爲樟樹，共五株，大可兩人合抱。樹林側建一聖母洞，洞由石筍疊成，中供聖母像。春季茶花紅艷，夏季竹林清風，秋季桂花濃春，冬季梅花幽雅。白天、黑夜院外均無人聲，院內也無雜塵。春日湘江漲水，倒灌蒸水中，灣中平地淹水，一望茫茫百頃大澤。

修院學制爲中學制，分高中、初中，課目與普通中學無異，教員也係衡陽中學有名的老師，只加授拉丁文。代數、幾何和化學，物理由一位賀老師授課，賀老師乃一位留學生，常從別的學校借來儀器，替我們做化學實驗。一位體育老師，專教籃球，和學生們一起競賽。

拉丁文爲修院主課，每天兩小時，由院長柏長青神父親自教授。柏神父爲意大利人，少年來中國，通中國文，專長拉丁，自編拉丁文規，常和高中修生用拉丁文交談。

修院修士約四十餘人，來自衡陽、耒陽、零陵、衡山、湘潭、長沙各縣；畢業後，升入漢口總修院，攻讀哲學神學六年，學成升神父，爲教會服務終身。修院規矩很嚴，培植修士適於日後的神父生活，不適合者或中途而退，或由院方開除。普通十人中有兩人能達目的：只有我的一班同學共十人，升司鐸者七人，乃爲例外。

修院的生活很愉快，每星期授課五天，星期四和星期日放假。假日除上午自習外，常有運動和郊遊。運動爲籃球和排球，還有意大利式木球。籃球場有瓦頂，雨天晴天都可比賽。郊遊常在星期四午後，全院修士往附近山上和村中遠足，屢次往參觀佛寺和尼庵。佛寺有羅漢寺，廟宇廣大，寺中有荷花池和放生池，池中多魚鱉，寺僧又買青蛙放生。寺造於順治十年，舊無堂室，結茅爲廠。尼庵爲香水庵。

夏季假期，修生留居院中（輪流回家兩星期），每天有功課兩小時，其餘時間都爲散心、運動、遠足。晚飯大家到院外山下，席地閒談：白天或坐在竹林或樹蔭下看書下棋。

一天，兩三同學在園中玩木棒，以一棒置石塊上，以另一棒擊棒端使起，再揮棒擊之遠飛，飛之遠近，決定勝負。一個同學見一棒插在地上，往取，棒縮而不見，乃一蛇，已竄進陰溝，溝通牆外。同學拔門奔守溝口，蛇見人，返進溝內。園內同學用水桶灌水，蛇不出；燒火薰溝，蛇也不見，於是燒滾水傾入水溝，我和另一同學持竹桿守在溝口。蛇出溝，溜行很快：舉桿趕打，蛇已溜跑；一位張姓同學，飛步跑蛇後，抓住蛇尾，倒拖十幾步，我們趕上，把蛇打死。蛇長一丈餘，身有碗粗，爲我們所見蛇中最大者。

院長柏長青神父，半生在修院培植修生，一心愛我們青年，衣食住行都和修生在一起。清晨四點半起床，晚晌十點就寢，白天上課教書，遠足時和修生出遊，晚飯後給修生講故事。他身體不高，上唇一撇八字鬍。夜間手上提著油燈，在自修室和寢室裡走，只見燈不見人。我那時爲他整理房子，屢次見到水桶有血，一次夜間替他換水四五次。到革命軍北伐的一年，他回到意大利休息，進醫院動手術，身體便好了。過了一年，他回衡陽，在民國十七年晉升衡陽教區主教。

當北伐軍過了衡陽、直下長沙。一天上午，我們正在上課，忽然聽到一種從來沒有聽見的奇怪聲音，大家不免抬頭往窗外看，看見一個奇形大鳥由遠而近，莫非那是鄉間謠傳的九頭怪鳥？我在南鄉時也聽人說：夜間聽到九頭鳥叫，九頭鳥是種最不吉祥的凶鳥。大鳥飛近後，由修院山側飛向蒸水大灣的平原，我們都看得清楚，才知道是一架單螺旋的飛機，這是我們第一次看見這新種東西，老師領我們走出教室，院長也來了，從山坡上看到飛機降落在平原上。

第二天有人報告飛機降落在臨時機場，衝到田埂，一邊翅膀受了傷，不能起飛：城裡人和鄉下人已經開始到機場去看新奇。院長給我們放假一天，全院修生進城，過了草橋，出城，走進機場，看見一架兩人乘坐的小飛機，三天後，飛機不見了。

北伐軍隊過後，衡陽事情多了。

民國十六年春，我們修生出去遠足時，時常遇到一隊一隊的鄉下人，滿嘴油膩，手裡拿著荷葉包。這些人都是因著農民協會的命令到地主家裡吃酒席。復活節後，一次我們出遊，風和日麗，茶花遍山，白色嫩葉上留有蜜蜂的糖汁，我們摘食嫩葉，彼此相呼，仿效農民坐吃土豪以爲戲。突然，山口的同學們靜寂了，且聽見腳步奔跑聲，不一時全山笑聲已斷，同學都聚成一團，院長神父不知從何處跑來了。院長巴神父爲意大利人，兼副主教，他神色張皇，小聲告訴我們，他是從總堂逃出，黨徒在堂裡捉神父，吩咐我們靜靜等著，他到附近一教友家暫避。我們大家商議，派人往修院探視，山口忽又有跑步聲，林葉間看見有人跑來，大家喊一聲『來了』都飛腿跑入林中，山口的人高聲喊莫跑，他是一個同學的父親。大家停下步，來人聽說風聲緊急，特來接兒子歸家。探信的同學轉來，說修院平靜，我們通知院長，一齊走回修院。近處的同學陸續回家去了，我家裡也遣人來接，但我留在院裡不走。

翁主教下令衡陽外籍神父馬上動身赴漢口，留著中國人彭神父駐守主教公署，聖心修院臨時解散。兩星期內，同學都走了，只留有家住修院附近的幾個人，我也還沒有決定走。

一天晚飯後，修院工友來報共產黨人來抄院，前門已有人喊叫，我們情急，從後面圍牆跳出，逃往山間，一位萬同學在黑暗裡跳進牆外深坑，傷一腿，負痛爬出，跟我們急逃；他就是後來接拍長青主教位的萬主教，死於共匪獄中。在山上過了兩更天，悄悄回到牆邊探望，院內沒有動靜，乃叫開院門，回院，抄院的人並沒有進門。次日，我們都離院歸家。

我在家裡住了五個月，南鄉天主堂被封閉，聖堂頂上十字架被拆毀。但是我們家中每天誦經不輟，星期日全家祈禱一小時。

五個月後情形變了，農民協會不開會了，不喊打倒土豪劣紳了，因爲清了黨。外國神父又回到衡陽，修院重新開學，我就返回修院。

民國十七年秋十月，柏長青神父升衡陽主教，曾邀請湖北蒲圻教區成和德主教到衡陽襄禮祝聖。成主教乘船來衡陽，在船上受寒，抵衡陽後臥病不起，既不能參禮，竟在祝聖主教典禮後的第三晚，逝世歸天，當天晚晌，我們修院正演戲慶祝新主教。成主教乃民國十五年在羅瑪受教宗庇護第十一世祝聖的中國第一任六位主教之一。

民國十八年，我在聖心修院高中畢業，同班七人因湘漢鐵路不通，不能往漢口總修院，乃留在黃沙灣，柏主教親自教我們哲學課。意大利人閔神父任院長。

暑假時閔神父破以往的禁例，准許修生下到蒸水河中洗澡。前在南鄉教書的蔣老師的兒子也在修院，下水時，被河水衝走，修生都不習水性，不敢游水，蔣修士竟被淹死。柏主教立刻更換院長，以中國人章神父繼任。

暑假後，湘漢鐵路可以通行了，柏主教決定我們一班赴漢口，並派郭藩同學赴羅瑪傳信大學讀書，與我們同行，由漢轉滬。

我們由衡陽乘長途汽車往長沙，早晨出發，晚晌到達，由前院長閔神父陪行。到了長沙，當晚巴副主教接到教廷駐華代表剛恆毅總主教電報，請柏主教再派一個修生住羅瑪傳信大學。柏主教在衡陽，巴副主教與閔神父就決定派我去羅瑪。次日，閔神父把消息告訴我，我們一班人立即起身乘船赴漢口，船過洞庭湖，水闊不見湖岸，也未能登岳陽樓。在漢口住了三天，動身往上海。在上海纔寫信回來，報告出洋留學給家裡。十月十五日，由上海動身。

羅瑪三十一年
（一九三〇—一九六一年）

一、往羅瑪留學

民國十九年，衡陽往漢口的路通了。柏長青主教決定派我們一班修生，往漢口兩湖總修院，攻讀哲學神學。

九月中旬，我回家告別親人，老祖母很捨不得我往漢口，但知道衡陽的修生必定要進兩湖總修院，也就安心讓我去。父親經營苧薺生意，曾多次隨船運苧薺到漢口，不以去漢口爲遠，母親聽說在漢口我須住五年，五年不能回家，心中非常痛苦，日間和晚晌母子兩人相對，她常雙眼帶淚細囑冬天多加衣服。伯父明山公已經去世，叔父等也分了家。我在家住了五天，就回聖心修院。

柏長青主教升主教後，就有意派修生前往羅瑪傳信大學留學。我的祖母怕看不到我升神父，曾懇求柏主教不要派我去。我雖在修院成績好，作班長，但是領頭反抗外籍神父，同班郭藩則生性平靜，天資也好，他向柏主教表示願意往羅瑪。柏主教便選了他往傳信大學。但和我們一同往漢口，由漢口他轉往上海。大約在九月廿日，我們一班九人，由閔神父率領搭乘長途汽車，清早從衡陽出發往長沙，傍晚抵城。

晚飯後，閔神父忽然叫我去看駐在長沙的巴副主教，被曾作過聖心修院院長。巴副主教告訴我、接到北平教宗代表剛恆毅總主教電報，著另加派一位修生去羅馬傳信大學，他和閔神父商量派我去，明天就一齊動身往漢口。

由長沙往漢口，我們坐輪船，一天就到。船過洞庭湖，四面是水，看不見邊。到了漢口，住在總堂裡，見到希主教和蒲教區的張監牧。我沒有到總修院去，只出去買了幾件衣服，幾本中國書。第三天，就和郭藩乘船往上海。輪船走了三天，沿途的鄱陽，南京都沒有留下什麼印象，大孤山和小孤山在黃昏和夜間，卻有幽靜孤僻的風味。唐張繼曾有詠寒山寺詩：「姑蘇城外寒山寺，夜半鐘聲到客船。」還有所謂白蛇傳，水淹金山寺，我想似乎都和孤山有關。

到了上海，我和郭藩雇兩輛三輪車，向法租界方濟會賬房。車子走到租界，車夫說要換車，拿走了全程車費，另找兩輛車替他們拉，到了方濟賬房，車夫索錢，我說已付，他們說沒有，爭論不息，管理賬房的神父，比國人，他聽說車夫要錢，問明了原委，他說他們串通欺騙外省人，便把車夫罵走。

在上海住了兩星期，因爲語言不通，我倆不敢多出門，只到附近不遠的震旦大學訪觀了一下，連徐家匯都沒有敢去，但，出國手續走時沒有辦，管賬房的神父便領我們到上海聞人陸伯鴻先生辦公處，央請陸先生設法幫理，陸先生是一位誠心的教友，便用他的轎車帶我們到上海市政府，那時市長似乎是鈕永建，陸先生又領我們到外交部辦事處和醫務處。一個星期後，一切手續連意大利簽證都辦妥了，船票也定了，是意大利的郵船Tevere，將於十月十五日動身。

在陸先生的辦事處，遇到了同船往羅瑪的另三位同學；一位是河南衛輝教區的汪同德修生，兩位是河北永年教區的張吟秋和李少虛修生，而且還見到河南鄭州教區的意大利籍巴爾馬傳教會的賈主教，他回國省親，也受剛恆毅總主教之託，在船上照顧我們五個修生。賈主教搭乘二等艙，然意大利船公司讓他一人一房艙，我們五人住三等艙，同住一房。

民國十九年十月十五日，上船起碇，船行頗穩，第二日，船過台灣海峽，風浪起伏，我們第一次乘船，胃口不安，都躺在床上，但沒有嘔吐。船在香港停留一天，繼續航行，雖有風，浪不大，我們可以在甲板上坐。到了新加坡，上岸參觀，現在腦中沒有一絲印象。出了新加坡，船入印度洋，風平浪靜，離船不遠處，看見鯨魚噴水，船邊有一群一群小魚飛躍，俗稱飛魚。入夜，船尾一道水渦，銀光燦爛。皓月當空，長空萬里，迎空而立，有舉世超然之概。經過哥倫波，繞往孟買，看席地長坐街頭的印度人，雙手搶食，投以銀幣，合掌點頭而笑。船入紅海，水清而深黑，過蘇彝士運河，暫覺熱不可當。入地中海，氣候突轉涼。船靠希臘，風浪凶湧，船頭船尾，在浪中出入，船身又左右側。我和郭藩不進船艙，坐在甲板高處，看看船在浪中浮沉翻騰，心不怕懼，反覺心神飛揚。

十一月十五日，海中航行三十日，船抵意大利布利得西海口(Brindesi)，我們五個修士棄船登陸，搭火車往羅瑪，賈主教則隨船往威尼斯。火車行了一天，半夜抵羅瑪車站。下了車，等人來接，杳無一人，幸而在船上，我們已學了幾句意大利語，我們雇了兩輛計程車，說明往傳信大學。羅瑪那時半夜街道寂靜，路燈微明，計程車把我們載到一座古老大樓側面，一扇兩人高的鐵門，拉著鈴響，沒有答應，車夫用力敲鐵門，十分鐘後，鐵門裂開一縫，伸出一個頭顱，問有什麼事。車夫答說送學生來，門縫的頭顱說學校好些年前，已搬到奇雅儀歌樂山上了(Gianicolo)，這裡是傳信部的辦公大樓。我們又坐上車，直奔山上，校門已開，門房在等候。我們剛下車，後面一輛車到，原來學校副校長已到車站接我們，只是晚到幾分鐘，我們先離開車站了。

二、羅瑪傳信大學

中國天主教教士在羅瑪留學的地點爲傳信大學。傳信大學，在中國學界不很生疏。

一九三〇年十一月十五日，我進傳大，及到一九四三年我纔離校。十三年的長時間裡，先是做學生，後來作教授，傳大生活的習慣，可以說是已經融化在我的血液裡了。

傳信大學所在的地點，算是羅瑪各學院裡最優美的，傳大地處『奇雅儀歌樂』（Gianicolo）山頭，攬抱全羅瑪的勝景。

一八六九年，教宗庇護第九世，在『奇雅儀歌樂』山上，買了幾座別墅，預備改作精神療養院。山上其餘的別墅主人，趕緊把自己的別墅，獻贈教宗：因爲誰願意住在瘋人院隔壁呢？精神療養院隨即成立。次年意大利王國軍隊，進據羅瑪，沒收教宗的財產，以『奇雅儀歌樂』山上的精神療養院爲國有。一九二〇年，意政府把療養院遷於羅瑪近郊『馬里荷山』（monte Mario）。後五年，教廷傳信部購買了舊療養院的一片園林房屋，修建傳信大學新校舍。

傳信大學的歷史，已經有三百多年。從一六七二年創立後，僅僅在拿破侖佔據羅瑪時，停辦數年。中國學生在傳信大學留學，遠在一百五十年以前，但不是繼續不絕，在最近三十多年來，傳大則常有中國學生了。傳大的舊校舍，位於羅瑪城中心，爲一座貴族宮殿式的大樓。近代交通工具盛行以後，聲音嘈雜，灰塵滿街，大樓不宜於青年學生住宿，傳信部乃建築傳大新舍。

『奇雅儀歌樂』山，居羅瑪城的西南，和梵蒂岡山峰相對，中間僅隔有聖伯鐸祿(聖彼得)廣場。來客今日登山，迎面即是一座扇形大樓，山腳一帶高而厚的古牆，牆內一排棕櫚。扇形大樓便是傳信大學。

傳大校舍爲四層高樓，樓頂爲一平臺，沿臺四週眺覽，後面爲梵蒂岡，聖伯鐸祿殿迎面而立，圓頂直指天際，不傲不倨，有風雨不能搖的沉重氣度。殿前的兩排圓柱，環抱一廣場。每逢教廷舉行大典時，圓場中民眾數十萬，場面一片人頭。大殿側，梵蒂岡宮古老蒼舊。夜深人靜時，傳大學生可見教宗書房的燈光。

從樓頂乎臺，一眼看遍羅瑪。稍遠處，綠樹如雲，高與天接，爲羅瑪公園。綠樹旁，一座紅色高樓，樓頂豎一國旗，乃意大利總統府。這座高樓，三易主人，在羅瑪屬教宗國時，高樓爲教宗聖宮，意大利王奪了羅瑪：高樓變爲意王王宮，於今意大利成了民國，王宮便成爲總統府。羅瑪城頭最打眼的建築物，是矗立城中心的統一紀念坊。紀念坊既高，且又純爲白色大理石。在全城蒼色古物的屋宇中，岸然立著純白的石坊，很有新貴人和暴發戶的驕氣和俗氣。怪不得羅馬人都忌視這座建築。

從傳大校舍平臺，縱看羅瑪：看到羅瑪成爲聖城的特色，有星羅棋布的圓頂。圓頂所在，即爲教堂。清晨薄暮，鐘聲繞城。夜間，羅瑪城頭，燈火萬千，似蛇行，似龍舞。天際白光一片，星晨明月都失色。

沿平台左行，可見羅瑪一部新區。墨索里尼所建的大運動場，白石耀眼。新區街道整齊，樹木夾道。著名古蹟『天神堡』，位於帝百里河旁，圓形碉壘，老態橫秋。沿平臺右行，則見『奇雅儀歌樂』山頭公園，意大利英雄加里波將軍的騎馬銅像，隱現於樹叢中。公園樹木和『班菲里王爵』花園相連，綠色百頃。古木成材。夕陽西斜時，薄霧染紅，樹枝如披赭紗。

下涼臺，人三樓二樓一樓，俱爲學生宿舍。樓分左右兩翼，中央爲經堂，學生每人一房。新校舍可容一百八十人。

新校舍的腳下，有由舊日精神療養院改建的一所房屋，於今用爲哲學院宿舍，可容七十餘人。

傳大住校的學生，共計兩百五十人。走讀的學生，每年約兩百餘人。住校的學生，組成一書院，書院的制度，爲修院制。

我第一次進傳大時，時已深夜三更。入校即就寢。次日清晨，進經堂祈禱，看見堂中學生，都是黑袍紅帶，面色黑者、黃者、白者間雜相混。我那時心中頓起不安，怎樣應接這些不同色的青年呢？

傳信大學的兩百五十個住校學生，來自教廷傳信部的轄區，籍屬六十幾個國家，歐亞非美澳五洲的學生都齊全。

我進傳大以後，纔知道甚麼叫做愛國。我們中國學生是不願聽人說輕蔑中國的話的。中國歌，我們也學會了幾曲，歌調還要純淨中國調。中國國旗，我們製了一面極大的。每逢節慶掛旗時，中國國旗總要掛在最顯明的地點。別國的同學，對於各人的本國，都和我們一樣具有同樣的心情。我們不喜歡人家輕視我們的國家，我們也就尊重他人的國家，當中日戰爭的時候，中國學生彼此每天都焦心地談國事。遇到日本學生則只談閒天或課務，決不牽到戰爭。第二次大戰發生後，英國學生澳洲學生和日本同學，也跟我們的態度一樣，從來沒有發生糾紛。五洲學生同堂，完成打破種族優秀的觀念，英國學生可屬於一個任組長的印度學生，中國學生任組長和非洲學生任組長時，每組也必定有白黃黑各色的學生。

我在傳大教授的課目，也有一點特色。我除在法律學院和傳教學院擔任中國法學史和中國宗教史以外，我還擔任教授中國學生的中國國文和中國哲學。在歐美大學裡用中文給中國學生講國文和國學，我想這是全球獨有的唯一地點（除卻華僑學校在外）。當一九二二年，駐華宗座代表剛恆毅總主教催促中國的主教們派學生往傳信大學留學時，許多傳教士都反對，說是中國學生在傳信大學會了外國學問，反而忘記了國文和國學。剛總主教便呈請傳信部設一中國國文和哲學講座，由一位中國神父任教授，專爲中國學生講授。由張智良主教于斌主教張潤波主教到我，已經是第四代了。幾十年來，中國學生從沒有缺過。

傳大住校的學生雖不多，但是因爲人數不多，大家更加熟識，更加親熱，我上次回遠東時，在臺灣、香港、日本、菲律濱都遇到傳大的舊同學和學生，彼此一見親同家人。

在最後幾年我因事忙，常是匆匆地趕去授課，講完了，匆匆地就出校門，沒有時間到母校流連。但在我的想像裡，傳信母校的每一個角落，我都記得很清楚。連園裡的每一棵樹和每株花，我都知道所在的地點。我於今每天的生活習慣，大部份還是在傳大所養成的。從此可以知道青年人求學的環境，對於日後他一生的生活，影響怎樣大。

三、傳信別墅

出羅瑪城往東行，過飛機場，再行二十里，抵一小鎮，名亞爾巴諾（Olbano）。

鎮口一鐵欄，欄內一大花園，園即教宗避暑行宮所在地，循著園牆往上行，路頗曲折，大樹蔭蔽，炎夏亦覺風涼。路通一小鎮，名剛道爾福鎮，鎮口橫一石橋。石橋乃聯接教宗行宮花園者，過橋下，往右行，可數十步，走過小鎮，見一圓湖，湖水藍極靜極，再往前行，行數百步，迎面一教堂，堂側大樓一座，這乃是傳信學院的別墅。

我於一九三一年，初次來住傳信別墅時，別墅的房屋頗小，飯廳坐位擁擠。第二年，則已開始建築一座新樓，樓未成，暑期時，學生兩人住一房間。第三年新樓完成，飯廳也是一間新的大廳。可是第二次世界大戰快結束時，美軍忽於一九四四年二月十日，爆炸傳信別墅，投彈三十餘枚，幾乎把整個別墅都炸平了。後兩年，傳信部動工再造學院別墅，於今則全樓都煥然一新，而且更大更高了。

傳信學院的學生，考完了書，馬上往別墅。每人一口木箱，裝置自用的衣服書籍，學校用大卡車裝運。到了別墅，每組的編制已換了，組長也有新人。這是我們作學生時，每年中最重要的一種新奇。

找到了自己的房間，又找到了自己的木箱，我們便下樓看訪看訪整個的別墅，先到各組的樓上繞一圈，看昔日在羅瑪同組者住在那裡，又看看中國同學們的房間，然後下樓，跑入別墅的園裡，別墅的園，較比羅瑪的校園更大，更多變化。下樓即可見一游泳池，這是爆炸以後的新建築。我在校時，同學多有偷著下湖洗澡的，算是大犯校規，然而既禁不勝其禁，還不如好好地在家造一游泳池，於今學生們可以隨便下湖釣魚，誰也不下水洗澡了。

走過游泳池，乃見球坪，壁球、籃球、網球、足球，成行排列。球場側，小菜園一，植有各種蔬菜，球場盡頭爲樹林，林中多橡樹，樹爲數百年物，幹身都蝕空，枝葉則仍茂盛，人進林中，常不見太陽，樹林盡頭，有一露德聖母洞。白石聖母像，靜立洞中，樹林右面圍牆，與教宗行宮花園交界。一九三四年，教宗庇護第十一世首次來行宮，第一天下午，乘汽車在行宮花園閒遊，我們傳大學生聚在別墅樹林圍牆邊，高呼教宗萬歲庇護第十一世從車上舉手祝福。可是傳信部次長撒羅蒂總主教知道後，趕快入行宮見教宗賠罪；因爲教宗閒遊散步時，不喜有人在外窺看。從此傳大學生再也不敢擾亂聖父的一刻清福了。

拜了樹林中的露德聖母洞，就算看完了別墅，我們便等著吃飯，飯後看別墅的夜景。吃了晚飯，我常愛攀登別墅鐘樓側的涼臺，臺上若逢月夜，景色幽美極了。別墅前臨小湖，月夜只見微白銀光，盪漾於一深黑的圓圈內，銀光上，間有一兩強烈的漁燈，湖的東北角，堆堆燈火，層疊相積，層疊的頂端，幾盞燈光似懸空中，那是『嘉禾山』（Monte Cavo）和『教宗堡壘小鎮』（Rocca dri Papa）。湖的西北角燈火稀稀，如斷如續。那是湖畔別墅的燈光，岡道爾福小鎮處於湖的西南角。月夜只見小鎮陰陰的屋頂，隱隱現現的街燈。縱眼往遠處一看，天上一輪明月，下面微明微暗的郊野，人莫測其廣大。西天的盡處，天色忽白，燈光行烈，那是羅瑪的夜市。南方天際，有時似見銀光動盪，那便是海波的起伏了。別墅東面，則黑影重疊，高下不齊，那是一帶重山峻嶺。周行涼臺，湖風清涼，一邊看著月景，一邊與同學閒談，羅瑪一學年的辛苦，一刻洗淨，夜間就床，安睡到天明。

別墅生活以遠足和運動爲主。我們那時的遠足，以一組或兩組的同學爲一隊，一隊有選定的目的地，遠足是每星期一次。遠足前一日，組長副組長到廚房修女處預備食糧，把食糧裝在兩口大木桶裡，然後叫別墅看園工人去租一匹驢子，遠足日，清晨即起，彌撒後，一隊人一齊出發。別墅周圍都是山地，深林綿延，常數十里不見天日。我們的目的地，多是步行兩小時許可到的山林水泉處，因爲我們出發是不帶水的。同學等在林中行走，高歌互應，笑語驚宿鳥。組長或副組長，至少一人該伴驢子。我有兩三次，伴著這個畜生。牠馱載兩木桶食糧，的的答答，高一腳，低一腳，慢慢地走，等到我催的過於緊急，鞭打過於重時，兩支後腿一彎，後股一蹲，坐到地上，險些兒把兩大桶的食物都翻倒草面。第一次我氣極了，揚鞭亂打，驢子的前面兩腿也彎了，牠索性臥在地上了，驢頭半伸，長耳微動，牠的神氣很安靜，似乎若無其事。我只得往前叫回幾個同學，前拉後推，好容易把驢子推起，慢慢開步走。經過兩三次這樣的危機，我趕驢子的本領也有進步。我約三四個同學一齊趕，大家吆喝，間而用樹枝打一打。畜生不走時，則用手撫摩撫摩驢頭。驢子雖仍是走的不太快，但這畜生總不彎後腿而坐下了，而且像是很賣氣力，走的痛快。

驢子走到了目的地，柴火已經都預備好了。大家於是分杯盤的分杯盤，打水的打水，組長副組長架起鐵鍋，炒雞蛋，炒火腿。一刻兒，大家都席地早餐，早晨走了兩點多鐘的路，食量大增，每人一條長麵包都不夠飽。吃了早點，洗了杯盤刀叉，各自三兩成群，到附近村鎮閒逛。正午十二點，舉火的同學已回來，馬上燃起柴火，一面剝山薯，組長又來架鍋炒肉，炒薯片。別的同學也陸續歸來，各拿了刀叉杯盤。第一盤蒸麵，則是學校廚娘已預備好的，副組長捧著分給大家。吃了麵，便吃火上所炒的肉和薯片，誰都說比在校吃的更香。願意吃生菜的，可以要生菜。酒也來了，很可以盡量喝，最後還有水果。我炒過兩個暑期的肉，炒肉並不難，山薯片則不大容易，稍不經心。就被燒黑，黑的薯片，沒有人吃呢！

午餐後，大家都席地休息，睡午覺，柴火則不讓熄，火上放著一大鍋水。火燃又似不燃，一鍋水要經過兩小時纔開滾。水滾了，已快到午後三點半了。在滾水裡拋下茶葉，預備吃點心，每人喝了一杯熱茶，吃了一塊糕，便開步回校。一天遠足的辛苦，帶來一夜無夢的安眠。

遠足時有所謂登峰看日出，湖畔的嘉禾峰，高可九百餘公尺，峰頭看太陽出自東天，傳爲奇景。我曾登峰兩次。登的一天，我們深夜三時即超，悄悄結隊出校。出發時必選定有明月的一夜，林中可以稍辨途徑，穿林過嶺，須走一小時許，抵嘉禾山麓，尋羅瑪人的古路，直上峰頭。古羅瑪人曾在這峰頭設有神廟，常登山祭神。他們所造的石路，於今雖破碎不堪，但還可以攀行，而且較比登山的馬路，省時間多了。我們爬上山峰，大約已在清晨五時，東方早已發白，太陽也離東天的群山有數丈高了。但是太陽仍舊是一血紅的赤盤，少有光芒。東天群山昏黑，峰頭紫紅。太陽的周圍，堆堆雲彩，顏色由白而黃，由黃而紅，由紅而紫，變化有如各種彩球。我們佇立東望，雖悵然於沒有看見太陽升自東山；但所見的奇景，也可酬我們深夜步行的辛苦了。

假使若是全校出去遠足，那便不用足行，而用汽車代步了。每年我們常去遊覽羅瑪附近的一座名城古蹟，全校同學乘車往返，食糧也都由校內修女煮好，用卡車運去。

別墅的運動，足球、網球、壁球、排球、木球、籃球，各組互相比賽。壁球爲愛爾蘭國產，四入兩兩成對，以手擊球觸壁，球反落於球場界限以內，即再以手擊之觸壁，球落於場外者輸一點，球落地而對方不能擊之觸壁者勝一點。木球爲意大利國產，兩人或四人對打，六球或十一球，一小球爲目標，球擲近目標者勝一點。籃球爲美國運動，別國同學都不精明，故傳大以往沒有籃球，我同年的美國同學人數很多，我與同鄉郭藩神父兩人也習於籃球，因此我們那一年的美國同學約集我們兩個中國人開始打籃球，後來別國同學也漸漸學習，於是籃球便成了全校正式運動之一。

暑期結束的前一日，爲運動競賽日。早餐後，傳信部部長樞機親自到場，觀看競賽，競賽的節目很繁，上午有跳遠，有百尺跑，有跳障礙，有騎驢賽，有跳麻袋，有打枕頭，有時還有百足蟲。同學中誰願意參加競賽者，都可以報名參加。午後，則是各組年賽的最後決賽，籃球、網球、壁球、隊球、足球，都決一次最後的勝負。在午前的競賽裡，有幾種最有趣味，騎驢賽跑常引起滿場哄笑。七八個同學騎著驢，在足球坪賽跑，但跑到半路時，多數騎驢者都叫驢子拋在地上了。有的站著死勁拉蹲在地上的驢兒，跑到目的地總只有兩三人，這兩三人大約都稍有騎驢經驗，任憑驢兒走，只加吆喝，不加鞭打。跳障礙物也很可觀，競賽的同學，在各種臨時佈置的障礙物中鑽，鑽過了障礙物，正想開步跑，卻需頭上頂一顆山薯或一個蘋果走，這時神經正很緊張，氣喘喘地，很難馬上靜氣頂果子走路，跳麻袋也需要氣靜，越著急，想跳的快，越被麻袋纏倒在地。有些日本同學，身材低小，不跳，稍開兩腳在麻袋裡走，常有得錦標的希望。打枕頭算是傳大的特產，兩個架子架著一根離地約五尺高的橫木，木下堆著許多乾草，兩個同學對坐在橫木上，每人手裡提著一個枕頭，聽見評判員一聲哨子，舉起枕頭互打，手不要扶橫木，被打下橫木者則算輸了。有時一個同學看是被打下去了，他卻兩腿夾住橫木，倒掛在木下，對打的同學不留心，反被他一枕頭打在腿上，慌忙落地，竟輸給了他。有時兩人可以互打五分鐘，都不掉落，評判員吹哨，稍事休息，這時全場喝采聲，教宗在行宮花園散步都可聽見。

運動日常要競賽到天黑，第二日舉行部長樞機節，中餐時，奏樂，演講，運動會主任起立報告競賽結果，由部長樞機發獎品。當天晚上，學校演劇，演員都是學生，經過半個多月的演習，很能傳神，半夜劇散。第二日，開始反省週。整個別墅鴉雀無聲，散步的同學都低首徐行，各人反省各自的心靈了。

反省週畢，全校回羅瑪，預備學年開幕。暑期別墅的生活就此結束了。

一九五二年，八月，六日

四、學生生活

1.

我到傳信大學以前，在衡陽修院，曾讀哲學一年，進了大學，重新再讀哲學。

一共讀了兩年哲學，四年神學，三年法律。神學第五年，則因爲已任教授，豁免隨班聽課，只提博士論文。博士試曾經三次，考取哲學，神學，法律三科博士。

在一九三六年夏，神學碩士試畢，衡陽教區柏長青主教催我回教區，我因欲攻讀法律，乃向傳信次長剛恆毅總主教請示，剛總主教命我留校。一九四〇年法律博士試畢，剛總主教以衡陽教區需人，囑我回教區服務。我買了船票，把書箱郵寄布林忒西海港，不幸在船啓碇日期前五天，意大利宣戰，船停不開。當天是六月十日，我的日記說：『就在今天接到家鄉來信：柏主教一封，家父一封。柏主教來信慶幸我能回教區，祝我旅途順利。家父來信說：家中人得我回國消息，都預備送禮物。從兄羅榮又在上加寫：指點我帶些什麼紀念品回家送人。我捧著這一疊信紙，心中茫然無主。家中人空歡喜已好幾次了。這次又在他們歡迎我回國的信寄到的日子我歸國的計劃又成了泡影。我竟墜了幾粒清淚。』

我們進傳信學院時，都是人地生疏，水土和習慣不相合，而且又是年輕，經驗淺薄。因難很多，我們向誰去說呢？我們只有向訓育導師（神師）去訴說。睡眠不安，飲食不合，聽講不懂，校規不熟，無不向訓導師說明，聽他的指教。事雖小，然都是切身問題，迴了第一年的新生活，慢慢習慣了學院的規律和環境，困難逐減少了。

我在傳信大學當學生，有過兩位訓育導師。前一位名加奈思理蒙席（Mons.

AlbertoCanEstri——現爲教廷高等法院退林法官），後一位名白肋達蒙席（Mons. Felice Beretta）（去任後，升傳信部聖職人員協助傳教總部秘書長，現已去世）。兩位導師，外貌都似乎很嚴，內心則很慈善。我離開母校在使館供職，每年復活節和聖誕節，白肋達蒙席，常邀我到家一同過節，如奈思理蒙席居在羅瑪近郊鄉間，我每年常去拜會。

學生們對於院長，都有幾分懼心。我初次進校時，院長爲已經去世的蒂尼蒙席宦（Mons.Torquato Dini）。他那時只有三十七歲，有魄力，有手腕，待人接物，非常溫和，尤其懂得學生們的心理，知道體貼學生。傳信學院的學生，來自五洲，大家的民族性和習慣都不相同。住在學院裡，在唯一的規律受陶冶，難免有稜角相牴觸的地方。全靠院長善於管理，在無形中消除那些稜角使大家圓滿相處。若是院長強行威權，軋除稜角，青年人因痛而積忿，雖守校規，精神的修養必定有缺，管理學院也和孔子所說的治國一樣：『道以之政，齊之以刑，民究而無恥。道之以德，齊之以禮，有恥且格』。（論語爲政）

羅瑪各大學的教授，多是有名之士。我的教授中，馳名全球的學者，有已故的倫理神學教授唐墨（p．Damen）和宗教思想史教授加沙馬撒（p Cassamasa），有理論神學教授巴冷德總主教（Mons. P. Parente），有教會組織行政法教授古撒樞機（Card. Cousa），有教會刑法學教授羅白提樞機（Card Roberti），還有拉拉阿納樞機（Card. Laraona）曾任羅瑪法教授。其他有名之士，如傳信部長雅靜安樞機，曾教過我的神學聖事論，現任聖禮部次長但丁蒙席（Mons. E. Dante）曾教過我的理論神學引論。還有于斌總主教，曾教過我的中國文學哲學。

從名師受教，所得的學識自然是有系統，有根基，而且又不膚淺，求學而有名師，乃是人生之一大福。

我在一生所經的考試裡，只有兩次感到面臨絕壁的因難，第一次，是哲學畢業應碩士的口試。我受了宇宙論教授窘難，現已去世，他在教書時，半點鐘讀講義，半點鐘叩問學生。在考試時，他提出一個問題，學生答也好，不答也好，他只然默不言，有時臉上掛出冷笑。看箸他冷笑的情形，學生更心寒了，說話就要失去層次，有時連說也不敢說了。我應碩士口試時，宇宙論教授問我：物體在本體方面的構造若何。我便給他講「理」（FOrma）和「氣質」（Materia prima）。講了五分鐘，教授的臉上掛出冷笑了，而且慢慢說：『你在講中國寓言哩！』我的心不寒反而怒了，回過頭，又重新說一遍，教授的臉上只有冷笑。幸而十分鐘過去了，接著是心理學教授發問。心理學教授很懂學生的心理，一問一答，一切都很順利。結果，碩士試算是及格；但全靠心理學教授向宇宙論教授替我辯護。後來應博士口試時，宇宙論教授考試我的哲學史，出乎意料之外，他那一次臉上不是譏刺的冷笑，而是滿意的微笑，那一次的者試成績，也就非常的好。第二次面臨絕壁的考試，是神學第二年的「猶太古文」科。我們的教授爲一位阿拉伯蒙席教書很得法，脾氣也很好。可是我們一斑不專門聖經的學生，都把猶太古文不看在眼裡，兩年上課，僅僅只認識幾字母和讀音。但是第二年考試，除讀音外還要翻譯。教授從教科書上給我指一段猶太古文，叫我當面回譯，我勉強譯出一句，再不能完成全段的文意。教授說：『你沒有讀，暑假後再來考一次！』『讀是讀了，只是記不住！——我低頭答應著。——請看我在教室所抄寫的翻譯很多。』教授看我拿出好幾張寫滿了的紙，他點點頭，在名冊上畫了六十分，准我及格。本來再考一次猶太古文，誰也不稀奇。然而我從來沒有試驗不及格，一次不及格，心裡必定非常難過。而且神學第二年有『學士』試，這一年的副科考試，即不許考『學士』，猶太古文考試的及格很有重要性，因此我特別感激我的教授富有人情味。

2. 『弟兄同居樂無涯，渾似靈膏沐首時。靈膏流浹亞倫鬚，直下浸潤亞倫襘。又如黑門山上露，降於西溫芳以飴』❶

❶ 吳經熊譯，聖詠譯義初稿第百三三首。

傳信學院的學生，籍屬六十幾國，我在校時，非洲的學生剛開始他們的留學史，人數很少，後來加增，於今黑面目的學生，大約要佔學院裡學生的半數了。我在校時，按國籍算，以中國學生最多。

學院的組織很嚴，全校學生分成十一組，每組的學生，在行動上各成一個單位。自修室，寢室，運動場，各組都不相混。食堂是公共的，每組的學生同坐在一長桌上。坐位由組長指定，每月更換一次，出校散步或參觀古蹟時，也是每組的學生同行。僅在星期四和星期天以及大節日學生纔能在午飯後公共散心，不分組次。

每組的組長和副組長，對於本組的學生，負相當管理之責。他們參與學校的行政，向院長貢獻意見。院長對於指派組長，常要注意學生的國籍，組長應屬於不同的國籍。一國的學生多，宜選擇他們的一兩人爲組長或副組長。學生們都視組長爲榮譽，一個的學生中有人任此職，大家規爲國家之光。我在校任過一年副組長，兩年組長。

國家感，在我們學生中很濃。一國的學生，不願居於他國之後。節慶日懸國旗，遊藝中唱本國歌曲，大家都看作大事。在有些場合學校要派各國學生的代表時，蕞爾小國的學生，也不願被人遺忘。然而這種濃重的國家感，有博愛的精神以作調劑。全校的學生，大家受基督仁愛的薰陶，大家眞是宜兄宜弟。學院裡從來沒有因著國籍而起爭端的，大家愛國，大家也知道尊重別人的愛國心。當中日戰爭時，我們中國同學，天天注意戰爭的消息，彼此在公共散心時，談論國事。但和日本同學，對於戰事一句不提。同樣，在第二次大戰時，澳洲同學和日本同學，也抱同一的態度。因此同學裡，從來沒有因著戰事發生口角。當時傳信部次長剛恆毅總主教屢次公開地說，傳信學院乃是一所名副其實的『國際聯盟』。使不同國籍，在傳大聯盟相安的，即是基督的仁愛。

和五十多國的同學，共同生活，不僅可以捐棄種族的偏見，養成實際的博愛精神；而且能夠增加許多知識。讀地理，讀歷史，可以認識世界上許多民族的文化：然而書本上的知識，總趕不上實際和這些民族的人共同生活，所得的認識。在共同生活時，不知不覺地就可以知道各種民族的心理和文化遺傳。雖然，當時我們年輕，不大注意這種知識，但是無形中，這種知識已經加入我們的生活經驗裡，後來在我們判斷事情時，我們的眼界自然而然就放寬高了。

我常以這種不同國籍的同學共同安居的經驗，爲我在傳大讀書時，所得的一種最寶貴的知識。

另外還有一種書本以外所得的貴重知識，就是羅瑪環境所給予我們的知識。羅瑪城內外，幾乎每走百步，即有公教初期和中期的古蹟，聖伯鐸祿和聖保祿的陵墓，埋葬初期殉道聖人的隧道（墟墓），還有一千多年歷史的古聖堂，中世紀聖人的住室，這一切的古蹟不單單構成教會歷史的重要史料，而且特別顯示公教的精神。我們在讀書的青年時代，每天都去瞻拜這些古蹟，無形中就要吸收這種精神；再加以有意的反省和訓育導師的指點，我們的內心情緒慢慢就要融化在這種精神以內。這種精神，即稱爲『羅瑪精神』。

我們住在傳信學院裡，日夕和教宗的宮殿相對望。我們的讀書生活，眞眞如同羅瑪一句俗話所說：『住在聖伯鐸祿圓頂的蔭涼下』。在這種蔭涼下活著的人，而不養成敬愛教宗的習慣，則必是痳木不仁。中國古人教子，常擇鄰而居。孟母三遷，然後安心教養孟子。環境對於青年人的教育，具有極大的影響力。孔子曾說：『里仁爲美。擇不處仁，焉得知！』（論語里仁）

一九六〇年，夏。

五、教書生活

1.

八月十五日聖母升天節，傳信學院學生在別墅裡，有一項特別的習慣。午後五點，全校學生集合在運動場裡，傳信部部長和次長也都到場，場上排著兩條長桌。一桌上堆滿顆顆西瓜，一桌上列著成行的啤酒瓶。院長一聲號令，全校學生分瓜巡酒，慶祝聖母佳節。晚晌，天氣好，大家也在露天場上用晚餐。

一九三六年八月十五日，午後的西瓜啤酒節，過得很熱鬧。學院屠場的屠戶，身材粗胖，操著刀，在桌上劈瓜，一刀兩半。學院的靴匠，頭大軀矮，舉著長刀，拿半個瓜，分成兩半。學院各組組長，忙著開啤酒瓶。正在大家忙碌的時候，傳信部次長剛恆毅總主教走到我身旁，向我說：「部長機樞有句話告訴你。部長和我決定了委你在學校教中國文學和哲學。你同我兒樞機去。」剛公叫我到部長身退，部長說：『總主教已經告訴你了。你一面教書，一面讀法律，繼續住在學院裡。』

剛總主教又吩咐把中國學生叫來，當面吩咐說：『部長樞機派了羅光神父作你們的中文教授，我常囑咐你們不要輕忽你們的國文，今後要繼續努力。』

在那一年我剛登了司鐸聖品，我在神學畢業考了碩士，預備下學年往拉得朗大學讀法律。傳大的中文教授張潤波神父在那一年陞了宣化主教，剛總主教有意叫趙文南神父來羅瑪任中文教授，趙神父因有老母在堂，不敢遠行。剛總主教乃委我繼任，以部長的名義正式發表。

2\.

孔子曾說：『三人行，必有我師焉，擇其善者而從之，其不善者而改之』（述而）我開始幾年所教的學生，原先都是我的同學，我自覺有些不敢當。授課時，心裡也有些惶恐。另外是給外國學生講中國宗教思想史，須用拉丁文講授，當眞感到困難。但是學生裡沒有人以受教於我爲恥的。韓愈說：『生乎吾前，其聞道也，固先乎吾，吾從而師之。生乎吾後，其聞道也，亦先乎吾，吾從而師之。吾師道也，夫庸如其年之先後生於吾乎。』（師說）。

傳信大學之有中國文學教授，創於剛恆毅樞機。當剛公在中國任宗座代表時，曾催促中國各區主教派學生赴羅瑪傳信大學留學。主教們多有設難，所設的難題中，有謂中國修生留學羅瑪將忘記中國文。回國後，不中不西，對於傳教沒有補肋。剛公乃向傳信部長王老松樞機建議，派一位中國神父，在傳大專門教中國學生的國文。傳信大學的第一位正式中文教授爲張智良神父，張智良神父陞集寧主教後，由于斌神父繼任。于斌神父回國任公教進行會總監督後，由張潤波神父繼任，以後便輪到了我。

我進傳大時，中文教授爲于斌神父，每星期他授課兩小時：一小時爲全體中國學生，講授中國文學，一小時爲神學院中國學生，講授中國哲學思想。我那時雖是哲學生，于斌神父吩咐我和神學生一同聽中國哲學一課。後來傳大成立了傳教學院，設有中國思想史課程，由于斌神父任教授，當我任傳大中文教授時，這一講座改爲中國宗教思想史，另外又增設中國民律課程，都由我講授。我在傳大的課程，每星期便是四小時，每一小時課目都不相同。

3. 教書就是讀書，而且逼著教書的人繼續研究。教書而不繼續研究，就要變成一架留聲機；教書而做一架留聲機，已經失去教書的意義。

我教了已經六十年的書，我便讀了六十年的書。教書的生活，在講壇上的時間很短，在寓所書案上的時間很長。

在講壇上向學生們講書，我沒有特別的經驗。所有的一點特別經驗。則是最初幾年操拉丁文講書，有時想不出適當的名詞，既不能停止說話，該說的話又不來到嘴上，於是只有繞彎，慢慢把意思說出來，這種經驗不是一種很愉快的經驗。教了這些年數的書，講拉丁文的困難當然減少了許多。但是我仍舊不習慣說拉丁話，年前，我陪田樞機由臺灣回羅瑪，路經馬尼拉。馬城聖言會會士歡迎樞機，樞機命我操拉丁文替他致答詞，即席我講了十分鐘的話，看來很流利自然。田公回寓所後，向我說：『啊！

你講拉下話比講中國話還好！』張維篤主教在旁邊說：『樞機公，話不是這麼說！人家兩者都說的好』。田樞機聽我用中文演講，滿口湖南腔，聽不大懂，反而不如聽我說拉丁文，句句都懂，因此恭維我的拉丁文，他老人家大約想不到我在講壇授課時，對於拉丁文所遭遇的困難。

講書的樂處，是在發表自己的思想。無論說明或不說明某某點是自己的主張，大學教授講書，總以自己的主張爲線索，在講壇上發表主張，學生們不會起來辯駁，他們常是樂於接受。發表自己的主張，而受人接受；這是一椿最足令人快樂的事。然而同時也是使人感到良心責任很重，聖金口若望曾說：教員們好比塑像的藝術家，造下種種的模型，使青年人的頭腦和心靈按照模型而鑄定。工作的價值很高，責任也很重。❷

我因此繼續讀書，溫故以知新。每天在彌撒聖祭中，也常求天主肋我克盡教授的職責。第二次大戰時，我住在梵蒂岡城垣的德國寓所裡，冬天房內不能生火，吃的東西剛可滿腹，我伏在書案上，看書寫講義，身上擁著厚而重的大氅，不大覺冷，手指和足指，則凍得發痛。當手指凍硬時，便起身到陽臺上，一面邁大步，一面搓手掌，

❷ S. Joannes Chrysost omus Hom. 60. In cap. 18 Math・

等到手腳發了熱，再回到桌上。夏天盛暑時，也不能出城避暑，我便關閉房間的窗子，使陽光不能進房，白天在燈光下讀書寫作，倒也感到清涼。

我教書生活的唯一苦楚，是冬季風雨之天，和夏季驕陽之日，徒步登山，進傳大校門，傳大位於一山坡上，山腳有帝白里河。公共車輛多停在河的對岸。過橋上山，逢著雨天打著傘，上身服常被淋濕。遇著冬季大風，手要按住頭上的帽子，讓風從袖口一直吹入胸中，夏天驕陽下，則是滿頭汗水。於今有幾位教授駕著自備汽車，登山授課。我仍舊是徒步上山，有時遇著一位八十歲的醫學教授，慢步在山坡上走，我便自告有勇，讓他拉住我的手臂一同走。去年這位老教授已經去世；我雖再不能扶他登山坡。我卻忘記不了他的精神，至今我尚佩服他。有時我也想起我的畢業學生們，於今在大陸受盡共黨的磨難：有的被關在牢裡，有的被充到邊塞的勞動營裡，有的則藏在鄉下。還有沈士賢，侯之正兩位神父，已經在上海監牢殉難。想起來，我中心雖是非常沉痛，但也覺到非常有安慰。

六、司鐸生活

1.

我進修院，目標在成聖職員，聖職員一生獻身教會，任憑教區主教派任職責。在梵蒂岡第二屆大公會議前，聖職分八品，「剪髮」，「門人」，「驅魔」，「誦經」，「五品」，「六品」（執士），「司鐸」，「主教」。司鐸爲主位，前面六品，都爲預備領取司鐸品，主教品祇有被選任爲主教者才可領取。大公會議後改爲三品：六品，司鐸，主教，六品也可以獨立。

一九三三年十一月十二日，清晨我往聖大亞爾伯公學小堂領「剪髮」禮。「剪髮」是主體者剪下我頭上一掇頭髮，回到學校後，則由理髮師在頭腦中部剃一小圓圈，作爲聖職員標記，猶如佛教僧尼的剃度。

一九三四年十二月廿二日，清晨六點半，到聖若望拉德朗大殿領取「門人」品。「門人」爲教堂的看門者，主禮者授我一大鑰匙，我手摸一下。

一九三五年四月二十日，清晨，四點起床，漱洗畢，往拉德朗大殿領「驅魔品」。「驅魔品」，在有人附魔或家中有魔擾亂，可以被請驅走魔鬼，同日，又領「誦經品」，「誦經品」爲能在彌撒中公開誦讀聖經。

一九三五年九月廿一日，清晨，從傳大別墅往羅瑪城聖斐里伯能里教堂，領取「五品」，五品禮儀頗長，最主要者爲許諾終身守貞不娶。主禮者對站立一排的領品者說：「願許諾守貞不娶者，向前走一步。」領品者向前走一步完成許諾。

一九三五年十二月十日，在傳大教堂，領取「大品」。

2.

一九三六年二月九日，我在傳信學院聖室裡，領受司鐸聖品。次日清晨，在聖達義老墓上祭壇，舉行首祭。

晉鐸後，我在母校又住了七年。離開母校，我在羅瑪，住十七年。我的司鐸生活似乎常是和在母校一樣，每天行默想，獻彌撒，誦日課，讀聖書，拜聖體，唸玫瑰經，行省察，每月小退省，每年大退省。

但是這種生活，乃是一個修士的生活，不能包括一傳教士的司鐸生活。

於是每天清晨我便往修女院獻彌撒聖祭。修女院名聖心侍女院，離我的寓所頗遠，乘電車要換一趟車，需時約半小時。下了電車，該走上一山坡。山坡的區域爲巴里阿里區，乃羅瑪的富豪區。在大戰以前，山坡上的房屋較目前的房屋少三分之二，下電車，登山時，從一菜園中過。一九四五年四月十四日我曾作一段記述說：

『每晨，往聖心侍女院行祭，下了電車，要走五六分鐘的路。路直穿一菜園，菜色青青，饒鄉間風味上。』

『這座菜園，是最近纔墾植的。原先是一山窪，窪中有五畝平地，平地中一小屋，屋很破舊，門窗空缺，寂然無人，一個清早，忽見門上塞著破板，窗口黴冒黑煙。次早，看見門前坐著三個小孩，破衣赤足，第三天早晨，看見兩個男子漢，舉著鋤頭在門前墾土。以後每早看見鋤的士加多，列成了方方的菜圃，圃裡種了東西，圃外圍有鐵絲。再過幾時，小蔥發出了兩片綠葉，好似兩片薄紙，插在泥中；玉蜀黍嫩芽，則更粗大；扁豆一出土，兩片小圓臉，迎風微笑；胡羅蔔的嫩葉，有如少女的柔髮；山薯的細葉，有如小孩子的睡臉：黃白菜則欣欣地，嘻嘻地等待朝陽，面上帶著露滴。我雖腳不停步地走，眼睛卻左右顧盼，向每畦逗規。再過一個月，菜圃已是一片青色了。』

但是過了兩年，菜圃又荒廢了，我也不走過山窪，而另由山側小路上山，山側有一汽車大路登上山坡，但繞一大彎。繞彎處有一直經小路。小路傍澗。雨時，山水由澗中奔流下山，泥濘塞路，冬天我登山時，天尚未明，常要小心放腳。於今小徑成了汽車路，水澗填平了，上面已蓋了高樓。可是我的年歲已長。兩鬢半白，步行登山，已覺氣喘，幸而有一公共汽車，直駛山頭，我乃乘公共汽車登山，再步行入院。這路公共汽車每一刻鐘開駛一次。若誤了班，我又只有乘電車到山腳，然後氣喘吁吁地爬上山坡。

別人都奇怪我爲什麼每天跑這麼遠去行彌撒。在我的寓所附近，就有三座修女院，修女都歡喜我到修院行祭。寓所的近處又有一座本堂聖堂，本堂神父好幾年前就勸我到他的堂裡行彌撒。我卻至今還是照舊往聖心侍女院去行彌撒，聽修女的告解。覺得要這樣纔有點傳教士的風味。聖心侍女院。每日自早到晚顯供聖體，修女們跪拜聖體時，常爲我行祈禱。我去爲她們行彌撒，也是想賺得她們的祈禱。

3.

主日和大聖節日，我不往聖心侍女修院，我往寓所近處的本堂行祭聽告解。星期日到這座本堂服務，年歲已久很多，當我還住在傳信母校，已經就到這座本堂來。開始，我在主日，往城郊一本堂服務。每年換一本堂。過了幾年，羅瑪主教府給我派定了這座本堂。

當我來時，不單是本堂還沒有成立，連小聖堂也沒有，主日，假一修女院小聖堂給教友行彌撒。這座修女院的修女爲廬森堡的修女，她們同會的修女在湖南零陵辦小學。對我一個湖南人，她們待得很好。

第二次大戰時，德國軍隊佔據羅瑪，有一隊德國兵駐紮在這座修女院裡。盧森堡那時遭德國人的侵略，修女和德國兵士，互爲仇敵，但德國兵士不騷擾修女，修女更不咒罵德國兵士。德國兵士中的公教人士要入堂望彌撒，修女都予以方便。

德國人退出羅瑪時，羅瑪的橋樑，發電廠和交通工具都被毀壞，羅瑪的交通，大半靠步行，我那時在主日從梵蒂岡寓所往盧森堡修女小堂去，有幾次從朋友借得了腳踏車，我乃踏車前往。我坐腳踏車的經驗雖不多，但那時街上的汽車很少，不會有出事的危險。借不到腳踏車的時候，則只有步行。步行的習慣我是有的，年歲也正壯，一來一去雖要走四個鐘頭，我並不覺得太累。

大戰以後，意大利復興頗快，盧森堡修女院附近的房屋，年年加多，大街小巷隨即成立，儼然成了羅瑪城的富戶區域。木堂聖堂也修蓋了，名爲耶穌聖心和聖母聖心堂，本堂區的教友約有三萬人，十一年以後，我就寓居在這本堂區以內。

在羅瑪我有福氣，爲中國人授洗，如薛光前公使和夫人及小孩，已故高尚忠參事全家，已故朱英代辦，此外尚有幾位小姐。但是這些從我授洗的信友，不是我所勸化的，都是人家播了種，我去收穫。只有已故高先生和朱先生，在重病時，受洗進教，我稍有勸化之功。因此我於今常求他們兩位，在天堂助我克盡司鐸的職責。

七、使館生活

1.

一九四三年，正月二十六日早晨，我在羅瑪火車站歡迎中國駐教廷的第一任公使謝壽康先生到任。

那天早晨，霜寒逼人，天宇清明，羅瑪雖是大戰時期，車站人來人往，似乎很太平。列車站歡迎謝大使的，有十九個中國人，有教廷國務院的代表。八點三刻，火車抵站，謝公使偕汪孝熙秘書下火車，和歡迎的人寒喧後，乘汽車逕赴梵蒂岡城。

當時和意大利爲交戰國的駐教廷使節，都不能住在羅瑪城裡。按照教廷和意大利所訂的『拉德朗條約』，駐教廷的使節無論在太平日子或是在和意大利交戰的時期，都可以在羅瑪城裡設館辦公，享受外交官的一切自由特權。但是教廷爲避免一切可有能的麻煩，在第二次世界大戰時，把凡是和意大利爲交戰國的駐使，都遷入梵蒂岡城內。梵蒂岡本來很小，沒有可供使節設館辦公的房子，臨時由市政府把地方法院的房子讓出來，謝公使的寓所和辦公所，就在地方法院的第一層，大小房間一共五間。

謝公使到任的第一天，我就在使館幫忙。過了幾天，謝使呈請外交部給我以正式在使館幫忙的名義，按照各國駐教廷使館的慣例，館中多聘有神父一人，名稱或稱教務參事，或稱教務顧問，或稱教務諮議，外交部允予我以『教務諮議』的名義，謝使於是通知教廷國務院。國務院常務副卿孟棣義席。召我往見，說明對於我往使館服務，附有兩個條件：第一，在戰時，不列名外交名單，因若列上名單，便不能出梵蒂岡城，也就不能往傳大授課；第二傳信部限定此種服務不應是長久的，本區主教或傳信部要調動時，立刻可以調動。我認爲這兩種條件，都是很合理的，當然表示接受。

因著在使館有任務，我從傳信母校搬出來，遷入梵蒂岡城門側的德國神父旅舍裡。梵蒂岡城門，在戰時管制很嚴，進城的人都要領執照，出城時，把執照退還。然而仍舊有幾個被德意軍隊所俘又擄的聯軍兵士，逃入梵蒂岡城內。當意大利政府單獨停戰，德軍在羅瑪搜索意大利青年時，羅瑪青年都向梵蒂岡市政府報名，投身教宗宮廷禁衛軍，穿上禁衛軍制服；不要報名的青年，則躲藏在教廷各機關以內。我所住的德國神父旅舍，當時就藏著二十幾個羅瑪青年，和一家猶太人。旅舍裡的德國神父，誰也沒有去向德國軍部報密。

我住在德國神父旅舍裡，生活很平靜。旅舍離謝公使辦事處和傳信大學都很近，辦公教書以外，我在寓所房內讀書，草寫意大利文的儒家和道家思想大綱。每天傍晚，我到梵蒂岡城內教宗御苑中散步。御苑本不容他人出入，但當外交使節困居城內，沒處散心時，梵蒂岡市政府充許當教宗不在苑中散步時，外交人員可以出入御苑。苑中四時常綠，路上不見一根亂草或一片殘葉，處處收拾得很整潔。我在苑內，不分冬夏，每天常獨自步行三刻鐘，走遍了御苑的每個角落。

當謝公使困在城內時，不能越梵蒂岡境界一步，日常用品雖不缺少，但若想換換口味，菜蔬就不容易買。豬肉和豬腿，在羅瑪買不到。有時傳信學院的屠戶殺牛，我買兩三隻牛蹄，帶到使館。謝公使吩咐廚子燉牛蹄，作爲珍饈。廚子是一個山東人，嫌燉牛蹄費時間，嘰哩咕嚕，罵個不休，山東老脾氣雖壞，爲人很忠實。口裡嘰哩咕嚕，牛蹄總是燉好了，按時上桌。教宗御苑裡有一處種一叢竹子，春天竹叢生筍，謝大使的飯桌上，於是又如了一盤珍饈的筍炒肉。

一九四四年六月五日，聯軍人羅瑪，謝大使可以自由出入羅瑪了，便遷寓於『大使館』旅館，使館辦公處則設於梵蒂岡附近一古樓裡。夜間，辦公處只有廚子睡在裡面。爲愼重起見，謝公使囑咐我在辦公室過夜。我於是便度了兩年流動的生活，早晨在使館寢室起床後，往一修女院行彌撒，再回使館辦公。中午，往梵蒂岡德國神父旅舍午餐，餐後留在旅舍房中休息，寫書、讀書、晚餐。夜間乃赴使館就寢。中間的距離，步行約二十分鐘，當時，我正年輕力強，不感覺流動生活勞累。晚晌沿著帝白里河走路，所得的詩意頗多。

2.

吳經熊公使於一九四七年正月二十一日聖依搦斯節抵羅瑪，他一家十三個兒女，只有大兒子留在上海，其餘十二個都隨他來羅瑪任所，此外，還帶有二兒的未婚妻和一個親戚的兒子。全家共十六口，住在旅館，佔了七間房間，吃飯是一條特別的長桌。每天在旅館的花費非常之多。二月一日，新舊公使移交手續畢，吳公使全家臨時遷入使館辦公所。兩星期後，在聖依搦斯堂附近租得一座樓房，周圍有一個大園子。吳公使全家和使館辦公所，都遷入這座樓內。這座樓爲一個曾任意大利王國外交部長的貴族布朗男爵所建，稱爲『布朗別墅』（Villa Blanch），在羅瑪地圖上有標記。樓房的建築很精緻，禮堂也很大。三十年前，也曾租爲中國駐意大利使館。但是最後一位租客，爲美國駐意大利大使。他用白紙把牆面的金粉都黏糊起來，又將廳堂的華燈和地氈都捲入機房裡。而且第二次大戰時，他離開意大利，卻又不退租約。每月花租錢，房子沒人住，以致樓內電燈線都斷了，灰塵滿壁。吳公使雇人重加修理，添買一些木器，樓房便也幽雅可觀，不愧爲一使館館址。館址在聖依搦斯堂附近，每天上午吳公使到聖依搦斯堂望彌撒，他到羅瑪時正是聖依搦斯節，他相信這是天主的安排。

我上午到使館辦公，下午也到使館，替吳公使校閱新經譯本。吳公使對於譯經，很下了工夫。所帶來的譯本是第三次抄定本。我把他的譯本，同他種中文譯本，英法意德各種和拉丁文希臘文本互相對照，遇到有不妥的句子，便指出，和吳公使商酌，他再三思索，然後把句子改定。譯本對照完了，他又囑咐我寫註解。我起初便寫若望福音傳註，寫的頗詳細。後來他要乘回國的機會，把新經帶往香港眞理學會付印；我的註釋，便寫的很簡單了。爲審定付印，我把整個譯本攜往比國聖安德穩院，請陸徵祥院長審閱，由陸院長和我共同簽名審定，後由南京于斌總主教准許付印。這種手續，是種非常的手續，是由傳信部處置的。

吳公使一家的人口既然很多，家中雜物繁多，但我們兩人談話時，談家中雜務很少談館務也不多；他把這一些事務都信託於我。我們談話所談的，除譯經外，便是精神修養。吳公使對於這一點，非常注意。

吳太太是一位最賢淑的夫人。她目不識字，口不會外國語：然而氣度文雅，舉止從容，待人接物，有禮有儀。在外交宴會上，終席不發一言，臉上則常掛著微笑，同席的人，沒有不敬重她的。她治理家務，井然有序，每天早晨，還有時間去望彌撒。吳公使天天能夠靜心讀書寫作，也全靠太太照顧衣食。去年吳太太在美國因癌疾去世，吳公使頓時覺得生活失去了安定，穿衣吃飯的小事，都要自經心，頓覺心煩意亂。

吳公使於一九四九年六月十四日離開羅瑪，攜家由拿波里登船，取道美國，赴檀香山大學任教授。

3.

外交和國勢的盛衰，連接很密切，弱國的外交官，不僅是在外交上，費力不討好，在普通的交際上，也受人冷淡。

吳公使離館後，使館由朱英先生代辦處理。一九五四年秋，謝壽康公使再來駐教廷，吳公使在職時，外交部正式聘我爲駐教廷使館顧問。從吳公使走後，銷聲匿跡，在使館只做顧問的事，除使館職務以外，我閉門讀書寫作。僅只二三友人，尚繼續來往。在以往國勢興盛時，在各種場合裡，是人來找我，而且都很表示親切：政府遷臺以後，找我的人很少，遇著我的人，最多表示一點憐惜中國的同情。

一個教士在使館服務，在政府和教廷兩方面，都得不到正式的待遇。政府以教士爲教會的人不承認教士爲正式外交官，開始以雇員身份待我，後來纔認爲正式的顧問，然而名不列外交部駐外使節名單中，一個小小約三等青年秘書，也可以駕而上之。教廷則規教務顧問爲政府官吏，把名字列在駐教廷的外交團名單裡，予以外交官待遇，因此絕對不許兼任教廷的職務。連教廷的樞機正式出使時，教務顧問也不能任正式隨員。剛樞機在傳信部任次長時，常多次吩咐我回國，並且明明說：『你回國傳教，我們好用你。教廷很難派外交官做教區主教。』

八、教宗庇護第十一世崩駕（一九三九年日記幾則）

二月十日

昨晚，本校（傳信大學）爲教宗行特別祈禱，求教宗的康復，今晨五點五十分鐘，我特爲教宗獻祭。

早晨時，副校長與經濟主任在桌上交頭私語。我心疑有事，通常大家都守靜默。訓育神師轉首附耳答我說：『教宗已去世！』心中一涼，眼淚欲奪眶而出。早點畢，全校入經堂，神師向大家公佈了耗音，我忍不住流淚了。氣魄蓋世的庇護第十一，遽成了歷史的人物。

午後四點，我往梵蒂岡宮西斯篤殿。教宗遺體已顯陳殿內，殿前人相擁擠，汗流浹背。在石階上鵠候了一小時許，才得進殿。紅絨靈床居殿中，床週燭光高照。遺體乎臥靈床上，白袍紅靴，肩披紅絨矩氅，頭戴紅絨緩帽。閉目合嘴，狀如深思。我近床致敬禮畢，退至殿隅，恭立誦經，全殿陰森，只聞步履聲。

二月十一日

羅瑪全城懸半旗。聖伯鐸祿殿前人車擁擠，往拜教宗遺體者摩肩接踵，報紙上滿載各國的弔電。

今天爲教廷與意大利政府簽訂拉德朗和約的第十週年，庇護第十一召集了意大利全國主教，願在聖伯鐸祿殿內今天舉行紀念禮。發表一重要演說，指斥法西斯政府歷年的強暴，不守約章。

二月十二日

教宗遺體，昨天午後已遷往聖伯鐸祿殿內。

午前九點半，我往聖伯鐸祿圓場，場中成百成千的信眾，等候入殿。我登殿前石階時，腳已離地，被人擠入殿門。人雖擁擠，全體肅靜。

遺體顯陳在側殿聖體殿內。側殿鐵欄緊閉。遺體已改著主教祭服。身穿紅緞祭披，頭戴金色高帽，手著紅絲手套，足繫紅皮金線靴，雙手握念珠和一木十字。面色較前日更瘦。我想跪地祈禱，但前後人都不容留步。

午後，幾萬人在聖伯鐸祿圓場，等候入殿，瞻拜遺體。巡警怕不能維持秩序，以致擠傷人，乃提前緊閉殿門，我立在本校陽臺上，俯瞰一群一群的人頭，在圓場裡蠕蠕而動。我更理會了教宗的偉大。

二月十三日

本校，今早行追思大禮彌撒，弔念教宗。早餐後，全校往聖伯鐸祿殿，因十一點時，輪到傳大學生立侍遺體。

天雨霏霏，愁雲滿空，喪鐘聲聲振耳。人群似流水般從殿門湧入湧出，自正門至聖體側殿一步一停，費時一刻鐘。擠在人隊裡，首先看到側殿的燭光，後來看到貴族侍衛，隨即看到紅絨靈床，最後看到紅緞祭披。遺體斜臥靈床，頭高足低。我目不轉睛地注規遺體的安詳面孔。

午前十一點，我伴著傳大的學生代表，跪在遺體旁，祈禱一小時，眼與心都繫在閉眼閉嘴的遺體上。教宗昨天清晨駕崩時，據說演講稿已放在寢殿書案上。教宗突然逝去了，聚集羅瑪的意大利主教，今天仍在西斯篤殿內，舉行追思大禮。因是教宗的遺體，昨天午後遷到西斯篤殿，沒有照例顯陳在寶座殿內。

報紙登載，教宗於昨晨五點五十一分逝世。本月五號，午前，教宗於私人圖書室接見來客時，忽感不適，接見第二位來客後，即令近侍告退來客，然仍勉強出見一隊小孩，隨即登樓入寢殿，臥床不起。九號，教廷羅瑪觀察報謂教宗病況無變動，因願參加和約十週年典禮，故靜加休息。九號晚，十一點，教宗忽發肺炎，熱度驟增，然仍不驚惶，自以爲如去年可以勝過病症。次晨，四點，感到實不可支，乃告近侍，傳令召集宮廷要人。國務卿巴車里樞機，國務院兩次長，梵蒂岡城代理主教，華城市長等，都於半小時內趕入寢殿。教宗立令梵城代理主教執行終傅禮。五點時，教宗呼吸已告困難，御醫進以氧氣。來者俱跪地祈禱，梵城代理主教誦臨終經文，教宗點首作答。五點二十分，御醫告以事變已迫。五點半，梵城代理主教附耳告教宗曰：請唸『耶穌，瑪麗雅、若瑟，於爾等中我靈平安去世。』

一分鐘後，教宗頭向右偏，斷氣。

明天、爲庇護第十一加冕第十七週年。

二月十四日

下午三點半，我進聖伯鐸祿殿，參與教宗安葬典禮。殿外綿綿雨絲，殿內燈光陰沉，我心似鐵箍鎖著，呼吸不舒暢。

九、教宗庇護第十二世加冕大典（一九三九年日記一則）

三月十二日

清晨四點，窗外一車馳過，把我驚醒，靜臥一小時，起床，彌撒後，等約定的汽車，竟不見到，我知交通路線必已由巡警把守，不能隨便通行，乃急步行出校，想沿途找汽車，趕到顧維鈞專使旅館，以便於七點時出發往聖伯鐸祿殿，不料走過了九個停車場，汽車的影子部沒有，幸而於無奈何時，找到了一輛馬車，許下馬車夫雙倍錢，催他打馬飛奔，七點時，奔到顧專使旅館附近，迎面一輛汽車走來，車頭一面中國旗。我跳下馬車，把錢擲在車內，總算趕上了專使團參體的汽車。

專使團進梵蒂岡城，在聖伯鐸祿殿側下車，入更衣所，少待，他國專使團到者已多，禮官引導使團進聖伯鐸祿殿，又出殿至正門前遊廊，登遊廊右端的參禮臺，中國使團排列第二十四。意大利皇太子太妃坐第一行特位，太妃服白緞大氅，尾長丈餘，英國親王，盧森堡太子，比國大公爵，都陸續入座，特使團共四十一。

八點三刻，教宗儀仗隊由左端入遊廊，教宗高坐肩輿，金帽白氅，當教宗入遊廊時，殿前銀號齊鳴，圓場中民眾高呼萬歲，遊廊左端搭有臨時寶座，教宗下肩輿，登寶座，接受聖伯鐸祿殿司禮聖職員的朝賀，朝者伏地親足。

朝畢，儀仗隊入殿，當教宗過專使團參禮臺前時，意太子太妃都屈膝致敬，教宗既進殿門，專使團尾隨而入，全殿鼓掌歡呼，一尺以內兩人說話都聽不清。儀仗隊抵聖體側殿前，聖宗下輿，步行往拜聖體，專使團陸續前行，進聖額我略側殿，各就位次。側殿祭壇旁設有教宗寶座。教宗登寶座，樞機院行朝賀禮，樞機等按次跪親教宗足，然後起立，親手吻面，朝賀禮將畢時，專使團出側殿，往登正中大祭壇左側參禮臺，教宗在望額我略側殿更著祭服，樞機等也加穿祭披。更衣畢，教宗出側殿往正中祭壇，行近祭壇時，禮官一人手執掃帚，三次以帚著火，白煙突冒，禮官向教宗下跪高呼曰：「聖父，世上榮華，如此煙消！』（若以教宗尊位爲榮華，也有煙消的一天，不可久戀！登教宗位者，宜視尊位爲教會服務，繼續耶穌的救贖大功）教宗既抵大祭壇前，即開始行大禮彌撒聖祭。

教宗寶座，屹立於大殿正中後壁，白緞紅絨夾金帶，在電燈照射下，煊赫奪目。教宗端坐寶座，兩側各有一樞機陪侍，右側有『寶座侍郎』哥羅納王爵，筆立如筍。兩側再有貴族侍衛四人，持劍侍立，紅絨制服，金色高盔。

彌撒祭禮至念『書信』時，樞機院首席六品樞機，在聖伯鐸祿墓前，高聲唱誦爲新教宗祈福經文，全殿肅立。教宗寶座右側有教宗家族與羅瑪貴族，寶座左側有專使團，與駐教廷使團，大殿遍處擠滿了參禮信眾，人數約七萬，殿外參禮者數十萬。大家都同一心情，爲新教宗祈求天恩。

彌撒中，教宗舉揚聖體，全殿無謦欬聲，銀號數響，餘音繞殿柱。領聖體時，教宗登寶座，一位樞機恭捧聖體，由祭壇向寶臺，教宗跪迎，恭領聖體，以金管吸聖血。彌撒畢，教宗出殿，專使團登聖伯鐸祿圓場左側陽臺，等待加冕典禮。

聖伯鐸祿殿正門陽臺，滿掛彩緞，臺上紮一寶臺。圓場中與『和約路』人潮洶湧，萬頭攢動，無一絲隙地，大殿附近房頂與小山，都擠滿了觀眾。午後一點許，教宗出現於陽臺，登寶臺，樞機院院長誦加冕經文，首席六品樞機捧三級皇冕加於新教宗頭上，加冕禮成。梵蒂岡城雖沒有放喜炮，數十萬觀禮者的掌聲，歡呼聲，便代替了連珠炮響。教宗起立，誦讀祝福經文，舉手降福全球信眾。

聖伯鐸祿殿雖爲全球最大教堂，近年行大禮時已不能容納參禮的全體信友。加冕禮便在殿前廣場中舉行。

教宗退出殿前正門陽臺時，大殿鐘聲已報午後兩點。

十、欽定聖母升天信條大典（一九五〇年十一月一日）

十一月一日，成了這次聖年的頂點，看慣羅瑪各種大典的人，也都以今天的典禮，眞是空前。

昨天午後，聖母聖像出巡，由市府山崗遊行到聖伯鐸祿殿，紫衣成隊的主教們，已是羅瑪不常見的奇景，羅瑪城民張燈掛彩，夾道歡呼，也不是慣常所見的。今天，天剛亮，羅瑪街上已經就汽車如流水，初冬的太陽出來時，聖伯鐸祿殿前圓場已不見隙地。圓場的階臺上尙有數處空位，那是等教宗儀仗隊夾充滿的，階臺靠大殿正門處，紅絨寶座一所，座旁，列著鮮紅制服的貴族衛隊。朝陽射照，紅光奪目，魚貫走過階臺的外交官員，金線禮服，黃光閃閃。

八點半，場中遠聞歌聲，教宗儀仗隊入場了。各修會各學院和四大殿的代表，雙行地由梵蒂岡宮步出，各人指定地區，白冠白氅的主教們也雙雙地持燭登階臺，場中忽起了鼓掌歡呼聲，教宗已駕到了，圓場正中一條路上，盡是白冠白氅，盡頭處可見教宗的御轎。主教們慢慢就位，階臺已是一遍白，樞機等繞上階臺，樞機每人金線高冠，金線祭披，隨箸樞機們，便是教宗的御轎，肩輿十二人，紅綢短裌，御轎覆以金花羅蓋，護以兩支白羽盾牌，教宗頂戴三層金線高冕，身披金花大氅，舉右手祝福歡呼民眾。御轎抵階臺寶座前，肩輿者落轎，教宗登寶臺，樞機等趨前致敬，中國田樞機，步履很精神。

全場五十萬人民，都望看階臺寶座，鮮明的朝陽下，寶座的紅絨更加鮮紅如火。大家的心絃都緊張了，都知道歷史上千載的大事，就要開始了。

樞機院副院長提瑟朗樞機（Card. Tisserant），率領禮部要員，步至寶座前叩見教宗，操拉丁語，以全教會的名義，請求教宗欽定聖母升天爲教義的信條。無線電播音機，有人解釋樞機院副院長的打丁語，在場的五十萬教民，和散在全球的教友，在這一刻，大家的心，都和提瑟朗樞機同一心情。

教宗操拉丁語作答，以能接受全教會的請求，衷心喜悅，然命大家再共同祈禱，求天主聖神多加光照。

數十萬人的歌聲，悠然滿場。各國來的教民，同日歌唱伏求聖神降臨曲。初冬的朝陽，漸升漸暖。紅光自天而下，拂照全場，有似聖神聞歌而降，光滿人心。歌曲畢，全場肅靜，樞機和主教等都脫帽鵠立。全場只教宗一人，高冠白氅，獨坐寶座。教宗發音了，宣讀欽定聖母升天爲教義信條的詔文，這種詔文的語聲，由播音機由天空傳下人寰。我們與教宗似乎是天地懸隔了。紅絨的寶臺已是懸在半空，讀詔文的人並不是塵世人，乃是由天上降下來的天使，然而我們的眼睛，是看著教宗坐在階臺之上：可是我們的心，知道紅絨座位坐讀詔書者，這刻不是人，而是神的替身。

轟然如雷的歡呼鼓掌，答謝教宗的詔文，圓場內是一片歡呼，圓場石柱上的陽臺也多掌聲，圓場附近的門窗，附近的街道，附近的山崗，鼓掌聲連綿數里，奇雅儀歌樂山頭大砲，放唱喜砲二十響，聲振全城。

幾百隻白鴿，忽從聖伯鐸祿圓場起飛，素日巢居圓場石柱頂縫的鴿兒，此刻早已飛離殿頂。從場心起飛的白鴿，乃是報送喜信的郵鴿，鴿兒們帶著書信飛散天空，我們馬上想到，聖母當年升天，必較白鴿還輕，又輕又潔，直衝雲霄無人見。

提瑟朗樞機率領禮部要員，重至寶座前，致謝教宗。又請求頒發詔書，布告天下，教宗答以推行，乃起立，領唱謝恩曲。

在場信眾，誰不由心坎裡唱歌感謝天主呢？各人似乎看見天門洞開，聖母端立耶穌右旁，笑規人寰，喜悅人們的孝情。

教宗卸下金花圓冕，正立，向全場訓話，教宗以今天圓場裡的人聲，乃往古今來，千萬年的人聲。教會元首的詔聲，是千萬年不變的天主，假托人口而說的話；場內民眾的呼聲，乃以往和未來的教友們，超過時間，共同一呼。

欽定教義大典已到終點，教宗步下寶臺，登御轎，入聖伯鐸祿殿，舉行大禮彌撒，殿裡七萬信眾早已鵠立相候。圓場的人，只有樞機們，主教們，外交團，政府代表，可以進殿。

今天聖殿內，又另是一番景色！往常教宗寶座兩側，有金線禮服的外交團，有黑紗青綢的貴婦，有燕尾服的要員。今天則寶座兩旁，層疊著主教。正中兩行三十六位樞機，樞機坐位以後，層疊坐著五百八十三位主教，白冠相疊，似成兩道白牆，拱衛著教宗寶座，白冠下有各色的面孔，表出教會全球爲一。

當殿內銀號長鳴，教宗行完彌撒，坐御轎出殿時，我們每個人都覺得今天參與了歷史上千年難有的大典，吃晚飯後，我還到聖伯鐸祿殿，瞻看燈光輝煌的殿壁，聽信眾在圓場高呼教宗萬歲。

十一、剛恆毅樞機逝世

在教宗崩駕的悲哀中，我們中國人又加上了剛樞機逝世的痛苦。天主的聖旨眞是難測的！誰也沒有料到庇護第十二世急病駕崩，誰也更沒有料到剛樞機逝世的那般迅速！

今年（一九五八年）九月二十四日，剛公在醫院行手術。我在院內等候消息，手術完結後，醫生說：手術經過良好，但是流血很多，兩次須把血堵住。八天後，我再到醫院探視，醫生已把傷口縫好。十月十日，我見到剛公。剛公笑說：「我和教宗同年，病症也有些相同，教宗以先還打聽過我治病的經過和醫生。我們一齊賽跑。得獎的只有一個，教宗跑的快，他得了獎。』最後幾句話，是引葆樂宗徒的話，剛公並引葆樂書信的拉丁文。十月十七日上午，我同王尙德神父陪于斌總主教往醫院看剛公，剛公一見于總主教，高伸兩臂說：『看到你，我心中高興極了。我老了，但是你和這些親愛的中國朋友們，一定要看到中國的復興——看到中國教會的復興。看到中國政治的復興。以前羅瑪古帝國瓦解了，後來羅瑪文化又重新復興了，中國文化也要復興，我希望將來的新教宗。是一位傳教的教宗。全球人類還有一半不認識天主』

我那時忽然流淚了，看見剛公說話時吃力，看見他老人家面色的蒼白，我感到他老人家是在訣別贈言了，我的淚滂然下墜，急忙走到床旁几前，俯身觀看最近出版的剛公一冊新書。辭出時，我也故意問什麼時候出版了那冊書，剛公回說：這幾天剛出版的。

這是最後一次見剛樞機了，爲時不過三分鐘！

大家都忙著推測這次教宗選舉會的情形，報紙上也天天載著某某樞機已到羅瑪。剛樞機可以參加選舉會，大家都相信是一定的；醫生也保證他可以去。

七月十七日傍晚八點，我一面吃晚飯，一面聽無線電報告消息。在當天政治新聞後，電臺忽然廣播剛纔三刻鐘前，臥病醫院的剛樞機逝世了。我突然從椅子上跳起來，一時全身的感觸都麻木了。稍等了一下，跑到電話機，打電話找于總主教和杜蒙席，又找謝公使，當晚我們赴醫院，剛公已裝束停當，安臥在靈床上了。我們在遺體前跪禱良久，周圍又觀看良久，實在不相信他老人家眞的死了；牠的神氣完全像是熟睡覺了；一點死屍的氣色都沒有！

剛公是急病死的！逝世前半小時尚很好。這天午後五點鐘時，華肋里樞機來探病，兩人坐談半小時，剛公親自送華樞機進電梯，然後在房外通道中散步片刻。進房後，醫生們來看，他和醫生談笑良久，醫生走後，他和車夫談話，問所吩咐的事已經辦好否。這時大約是六點半，剛公坐在沙發上，忽覺氣喘，呼吸困難，便遣車夫往喚修女。修女進房，急扶剛公上床，急往召醫生，醫生趕來，診治爲肺部血管閉塞，打針、貫輸氧氣，一切都沒有效驗。打電話急請本堂神父，幾分鐘後，本宣神父跑到，剛公對他說自己已到終期，當天早晨領了聖體，自己心中很快活。轉首向醫生們致謝，吩咐本堂神父開始行終傅。終傅畢，本堂神父握住剛公的手，共念熱心短誦，七點十一分，剛公氣絕，結束了一生的勞苦。

剛公本人，預先覺到自己將不久於人世。七月初，他開始害病，要進行手術。醫生以剛公年歲太高，恐怕不能承當刀傷，遲遲不決，一直拖延到九月。剛公自己卻很爽快，多次對來訪的客人說：活到八十二歲，已經可以了。如果開刀後可以好，自己再繼續寫書；如果不好，也甘心聽天主命。九月二十二日進醫院，進醫院前幾天，剛公點清了家中物件，整頓了一切文件，自己對僕人說：『我似乎猜到天主的聖意，我怕不能再回來了！』

在醫院時，屢次勸修女們不要奢望，他不久就要跟教宗去。當十七號傍晚，發覺呼吸困難，修女們扶他上床時，剛分說：『我知道天主在叫我了。』

天主明自己的忠僕，忠僕馬上答應去。剛樞機向天主可以奉獻他一生的勞累和困苦，可以呈華他生平的建設事業。

剛公生於寒家，青年力學，縮衣節食，陞司鐸後，遭逢第一次大戰，身當意奧作戰的前線區域，在鎗彈砲火之下，搶救名蹟古物。大戰後陞駐華第一任宗座代表，正值北伐戰事之秋，不辭勞困，巡視中國各區，釐定傳教的新方策，改革以往的古習。終因不服水土，得了足氣病，腳痛不能行，乃辭職回羅瑪。休息兩年，謂任傳信部次長，在職十八年，日夕親理萬機，最後幾年，以七十多歲的高齡，天天辦公。僅僅在陞了樞機以後，生活乃得清閒，然而他老人家勤事著作，不願片刻休息。於今他登升天鄉，可以安享妙觀天主的眞福了。

剛公一生勤勞，常有一定的目標，因此能夠創建一些事業。在學術方面，他專門對公教藝術，極力主張公教藝術應該宗教化，同時又該民族化，每一民族的公教藝術，既應是本國藝術，又應是宗教藝術。在傳教方面他畢生提倡培植國籍聖職員，任命本籍主教，增高本國神父的學識。就是在目前這種傳教方策已成傳信部的傳教大綱時，剛公仍舊不斷提倡。於今他離開人世了，牠的這兩種事業將使他常留在人間。

剛公留在我們心中的，是他愛中國人的愛，愛情永遠不滅，剛公將長活在我們心中。

十二、拜訪陸院長

主編司鐸台鑒：

九月十三日清晨，由羅瑪乘火車到比國，十四日夜間，抵聖安德肋隱修院，特為（第二次）拜訪陸子興院長，興老自去冬感冒風寒，臥床不起，加以今春多雨，潮濕加重，興老身體，更感不適，入夏以後，天氣和暖，病態始除，然年老力弱，久病之後，遽難恢復精神，故尚不可出門步行，吳德生公使素敬興老如師，乘暑期，派光去比代為拜候，且興老於德生公使的譯經事業，關心很切，去秋得讀福音若望傳譯文，喜如獲至寶。今聞全部新經已告竣，切願一讀為快，德生公使既敬興老為先進，曾請校改，故這次即為攜帶新經譯本，到安德肋院，供陸院長的閱讀。

當抵隱修院時，全院已滅燈就寢，未敢驚動興老。次日正午，興老午前之神修功課已畢，乃往拜見，敲門，門上『請進』兩字牌發紅光，遂開門入，興老欹臥藤椅，近窗，伸半身，欲舉足下椅，光急請安臥勿動，寒喧畢，興老取示一照片，乃前次來時與興老所攝，笑謂照片後的年月，已不知那時是何年了。光答以為一九三九年八月，興老喟然說一別又是九年。他的形色并沒多加老態，兩眼仍精亮有光，只是額上的縐紋增深，兩頰更清　，語聲更輕微，上次來時談話，常在叢蔭的園道上，午前午後，慢步兩小時許，這次則依榻而語了，昨天卻坐在書房中，細談一小時。

抵院的那天晚上，興老秘書愛德華神父告我，適才電報局來電話通知，說教宗有一電報致陸院長，第二天早晨，電報將送到，光離羅瑪的前兩天，往見代理國務卿孟棣尼氏，以將有比之行相告，且言陸院長久病尚未康復，孟氏稟呈教宗，教宗即電陸院長，祝他早日復原，特頒賜宗座遐福，光見興老時，興老以電文相示，一時面上少去了許多縐紋，笑謂聖父之盛意，將勝於靈藥寶丹，使他早除病態。

第二樁使興老最適意的事，在能親見新經全文的譯本。當光把十一冊手抄本捧給他時，他說讀經可以療病。去年讀福音若望傳，心中常怡然自得，輒忘老之已至，這次接到手抄本的第三日，即上書 蔣總統，賀譯經事業之成功，深慶公教華人七百年後，今日終有一信達雅俱到的新經全書，被暮年幸得親睹，乃一生之大幸幸。

能有一個中國人，彼此長談：爲興老也是一樁樂事，他的秘書，以光這次來，爲興老的精神，很有補益。他說，近兩日，興老在房中已不用杖了。也可以多閱讀，精神一天比一天強健，再過十天，大約可以上祭臺行彌撒了。

興老住房很簡樸，一如平常修士，所餘的中外書籍，另存於一房，書房側，一小經堂，爲他舉祭之所。看他衣服的樸素，住房的貧寒，誰能想他曾四十年身歷官途，官至國務總理，久任外交部長：所存者，僅他一片愛國熱忱，與老云從進隱院到於今，已二十一年，二十一年如一日，每天爲本國祈禱，尤望中國教會先賢徐光啓利瑪竇能祭聖品，以助發揚中國之精神道德。光今晨乃奉贈一小詩，詩云：

(一)

蕭然一榻伴暮年，
已忘懷。
四十年官途景；
今日心與天相合。

(二)

二十年來學貧賤，
脱寒衣，
有多少不眠夜？
能絕世慮心何怨！

(三)

昔日使館今隱修院，
強半生，
在海外望祖國；
一腔熱血老更騰。

(四)

若說鐘聲淨世緣，
愛國情，
脫俗氣變經韻，
日夕悠悠飛上天。

聖安德肋隱修院未曾毀於兵火，戰時，德軍強佔隱修院作傷兵醫院，修士俱流亡外，於今隱修院早已恢復舊觀，修士數目則劇增，近已至一百五十人了。院居遠郊，林木週繞。院中花木繞廊，四時常綠，終日靜寂，入夜可聞微風動樹葉，來院暫住之賓客，日常數十人，此輩或爲司鐸，或爲教友，俱來院靜息，藉以反省，居院或兩三日，或一週，修士款客於迎賓館，服侍週到，光來院五日，每日隨修士班唱歌，日間，散步林中，閱讀神修書，自覺心清如鑑，雜念煙消。

(一)

兩日火車累，
隱修院息我身，
郊野樹綠連百頃，
路潔氣清地靜僻。
沒書沒事，
斂心察自己。

(二)

雜花繞庭廊，
綠柏映泉水。
百人住院院寂寂，
鐘聲經聲滿晨夕。

飯廳盤叉，
也怕亂人意。

㈡

出世二十年，
俗慮不相離。
隱修院五日聽經韻，
世界別有一天地。
心懷天主，
萬有皆我備。

夜已深，就此停筆了。明日有一澳洲同學，將自魯汶來訪，後天，光將動身往倫敦，由倫敦再轉巴黎，以後便無暇可執筆了，故於今夜趕完此信。敬祝

撰安！

一九四八，九月十九日，聖安德肋 隱修院，（益世週刊）

十三、中國朝聖團

『一九三三年六月十一日，聖伯多祿殿舉行祝聖遠東五位主教大典，受祝聖者有中華主教三位，雅州李主教，永年崔主教，集寧樊主教。

『在聖伯多祿殿裡，中國人，安南人，印度人，都有特別位置。清晨七點，我們即進殿參禮，中國人到殿者，有留學羅瑪的全體華生，有二十三位中國朝聖團團員，有米朗和亞細亞約中國修士，有比國魯汶大學趕來的兩位，還有瑞士來的兩位；共約百許人，排場已很可觀。』

『教宗於八點半入殿，仗儀隊很壯麗，祝聖禮在寶台祭台舉行，一直到十二點纔結束，我注視儀禮，心多感觸。當五位新主教升登座位，峨冠權杖，受全殿人的敬禮時，我喜極流淚，我不但慶祝中國人的光榮，我也慶祝聖教會大公無私的精神。』

『午後，六點，本校舉行遷葬聖亞敬多遺骸典禮，全體中華主教與中國朝聖團都來參加盛典，迎柩隊由舊校舍小堂出發，慢步登山，沿途唱歌誦經，迎柩隊繞校園足球坪一週，到面對梵蒂岡宮殿的松林中止步，林中搭有一臨時祭台，遺骸移至台上，教宗庇護十一世，親身從梵蒂岡宮一窗戶，遙瞻典禮，從松林移柩入本校經堂，禮畢時，已鐘近八點了。』

『一九三三年六月十三日，中華第一次朝聖團，今天開始朝拜四大聖殿，早晨七點三刻，剛恆毅總主教在聖伯多祿宗徒墓上行祭；中華朝聖團與禮，公誦中國經文，聲韻很和諧。

『彌撒後，中華主教，留羅中國聖職人員，陸續到齊，預備朝拜聖殿，九點，全體朝聖團員約一百人，在聖伯多祿殿前整齊隊伍，由大殿正門走向中央祭台，團長陸隱耕持十字爲前導，十字側有持燭者兩人，第二行爲三位執大旗者：一執教宗旗，一執中國國旗，一執中華公進會旗。執旗者之後爲男教友，男教友之後爲女教友，俱三人爲一行，教友後爲聖職人員，最後爲主教，主教共十位：宗座代表剛總主教，海門朱主教，順慶王主教，萬縣王主教，保定周主教，廣州楊主教，集寧樊主教，永年崔主教，雅州李主教，敘府唐主教，朝聖隊進大殿正門，起唱拉丁文聖詠，到正中祭台時，合誦預定經文，經文爲中國語，大家抑揚疾徐都合節奏，這是第一次，聖伯多祿大殿有中國朝聖團誦中國經文，也是第一次，中國教友在宗徒長之墓前，公開用中國話，表現自己的信德，自利瑪竇到今日已三百餘年，今日第一次，中國主教司鐸修士教友，結隊進殿。傳教士三百餘年的汗血，已見成效！』

『大殿外，聖年委員會派有電影攝製員，攝取中國朝聖團之動態，我們自己朝聖畢，已留影爲紀念。』

『一九三三年六月十四日，清早，七點半，乘電車往聖保祿大殿，八點三刻，中國朝聖團員都齊於殿前，朱主教、樊主教因事被阻，未能趕到，聖保祿殿處羅瑪城外，地極幽靜，殿內裝飾潔麗雅緻，朝聖團的經聲歌聲，嘹亮悅耳，聖保祿宗徒爲外教人之宗徒，今天見遠東一外教民族，第一次有朝聖團來朝他的墳墓，他在天也必喜極而歌！從聖保祿殿出來，朝聖團員往拜占墟墓，我們學生回校。』

『午後，雨點，乘汽車往聖母雪地殿，三點時，朝聖團員都到齊，我們開始整隊入殿，殿內已有旁的兩隊朝聖者，誦經聲與唱歌聲，彼此不免有些紛雜，可是在紛雜中，我們也覺得情形莊嚴熱烈，各國教友用各自的國語，在羅瑪的同一大殿內，齊聲讚美天主。』

『朝畢聖母雪地殿，中國主教們赴方濟各會總會的招待茶會。』

『五點三刻，朝聖團往朝拉德朗聖若翰大殿，正值殿內唱日課，我們朝殿時不敢放聲高歌，然而低聲誦經，大家似乎更覺經文的神秘，等到日課唱完時，我們朝殿已畢，正好合唱謝主聖詠。

『四座聖殿，都已朝畢，中華朝聖團的任務已完畢了，在這次救贖百週年特別聖年裡，中華公教開了朝聖羅馬的歷史，下次一九五〇年的聖年時，大約能有第二次朝羅馬的朝聖團了。』

十四、一九四六年中國聖統制與教廷駐華使館

五月二十二號

午前十點多鐘時，謝光迪先生到我辦公室說：請來接接電話，打電話者說意文。接談後，打電話者爲教廷國務院常務次長辦公室秘書，請通知謝公使，今日午前，常務次長願與公使會面。

過了十分鐘，傳信部次長辦公室來電話，請我午前到部，因爲次長剛總主教有話對我說。

兩方同時約使館人員見面，一定有重要事相談，謝公使與我猜想爲教廷第一位公使人選事，十二點一刻，我從傳信部出來，往Via Comdotla，迎面駛來謝公使的汽車，汽車在路角停止，公使下車，同我在路旁立談，國務院常務次長所談，即是教廷換使事，教宗已決議，設立駐華公使館，擬派Riberi總主教任駐華第一任公使，請求中國政府同意，傳信部次長面談，爲中國通常神職統序事，教廷決議將中國傳教神職統序改爲通常神職統序，新立教省爲數二十，省會代牧主教陞爲總主教，七十九代牧區，改爲教區，代牧陞爲正式主教，其餘三十八監牧區，仍維持原狀。

兩椿事件，都是中國教會歷史的大事，謝公使與我，當時竟不知有何話可說，約定今天午後，訪察多方情形，俟明晨，教廷正式文書到達，即刻擬電報報部。午飯前，我即刻打電話，招杜寶縉神父來談話，託他秘密問傳大非洲學生，他們對Riberi總主教印象若何。

傍晚出門，往照相館取照片，歸來時，在門房收一紙條，條上簽名爲衛青心者，他說聞我被選爲漢口主教，特來拜賀，我不禁笑，將紙條擲入字紙簍。

二十三號

今天時間表無法擬定，晚間，略一回思，一切事都還就緒。

彌撒後，到傳大授課，但提前半小時下堂，爲到聖心婢女女校聽告解，同時，本應去參與加斯巳里恩利樞機的出殯彌撒，因抽不出身，只好缺禮，告解於正午完畢，我等謝公使派車來接，以便趕早回使館，商議電報稿子，但車子久不見來，我乃回梵城寓所，進飯廳時，公使來找我，遂約定午飯後，即刻到使館。

國務院次長今天午前又與謝公使聚談，正式通知設立中國通常神職統序事，自認此舉爲歷史上一椿大事，同時教廷爲換使事，也正式備函通知我國使館，公使第一便擬定報告教廷派使的電稿，在教廷新使的人選上，我們很加躊躇，雖對新使，不甚滿意；然沒有重大理由，不好拒絕，而且也怕教廷再選一人，更不合我們的期望，那時決無法再不同意，教廷第一次非正式提出蔡寧總主教，謝公使已非正式拒受了，結果我們請求政府同意接受。

午後三點三刻，我乘汽車往梵城羅馬觀察報購報，今天午報登載了傳信部設立中國通常神職與調田樞機任北平總主教的部令，中國總主教二十、主教七十九、其餘監牧三十八，教區的數目很可觀，謝公使於是擬定報部的電報，中國外交部對這種改制的事情，當然不能明瞭其意義，所以報部的電報，尚須加詳細的說明，我們擬電稿，一直到五點半纔完稿，我趕緊辭出：因爲我已約定五點半往看意大利公教婦女協會，在婦協坐談一小時許，問問婦協對總選的宣傳工作。七時許，我往傳大，與杜寶縉、王尚德諸位司鐸討論舉行謝恩典禮，大致決定於卅號或卅一號，在傳大舉行一聖體降福，唱謝主經文，禮畢，備茶點招待，今晚，留傳大晚餐，大家爲中國神職統序事都很興奮。

廿九號

今天午前十一點一刻，隨謝公使覲見教宗，昨晚忘記把禮服帶來使館，今早趕回寓所，換著禮服，卻把紅帶忘記了，又須回去取紅帶，路上通著古歐司鐸，他第一次見我穿紅扣禮服，取笑說：『爲甚麼戴上墨水鏡？別人仍舊認識是你。』

十一點，進梵蒂岡宮，大廳小廳，瑞士衛隊，貴族衛隊，袍劍侍衛，我都已熟識；但那種堂皇嚴肅的氣色，不知不覺地使我也嚴肅了，只是那兩位袍劍侍衛，似乎是新手，舉止不靈便，神氣也生硬，十一點二十分，殿內電鈴響，在我們前面的覲見者將出來了，謝使便立在教宗書室門外，門開處，美國駐教廷代辦黎代曼夫婦退出，謝使遂入書室，我在門外等候，宮廷侍卿莞義直陪我談話，十分鐘後，電鈴響了，侍卿開門，叫我進書室，教宗、謝公使都坐著，教宗微笑注視我，我進門一屈膝，三步後再屈膝，到教宗椅前雙膝跪地，口親教宗手，我說話聲音忽然比乎日低，但故意吐音遲慢，因不願說錯話，我謝教宗升我爲宮廷『額外侍卿』之殊恩，教宗手指謝使說：『我們做這事也爲你們公使的面子』，我又用留羅瑪中華司鐸們的名義謝教宗建立中華通常神職統序的盛舉，教宗笑說『我們剛纔對你們公使說過，我們愛中華之心日益擴大，宗座與中國政府的交情，日加親善。』教宗遂接口問我的工作如何，有甚麼著作，我謹答：『今天本望能呈獻一書，但尙未裝訂完好』教宗說：『改日也好，這冊書講甚麼？』我說『中國一種哲學，道教思想，去年曾呈獻一書，講儒家思想，這冊書便是繼續去年那冊書的。』教宗笑說『我們記得去年那冊書，你願意有一個特別的降福！』教宗便舉手降福我，又伸手取一念珠賜我，轉首向謝使笑說：『知不嫌棄，公使也可有一副念珠』，便賜贈謝使一念珠，我們便起立，我二屈膝而出書室。

卅一號

今天午後五點半，留羅瑪的中國神職班，假傳信大學經堂，舉行謝恩大典，祭台前兩旁，右有傳信部長畢翁蒂樞機，左有次長剛恆毅總主教，來賓座位上有中國駐教廷謝壽康公使，教宗第二胞姪馬爾各安多尼王爵，前教廷駐法大使瓦冷里總主教，方濟各微賤會總會長，各傳教修會代表，濟濟一堂，約一百五十餘人，大家誦完了玫瑰經：聖體降福典禮即開始，陳哲敏神父供聖體，候之正神父五品，杜寶縉神父大品，我自己主禮，獻過第一次香，我起唱謝主經詠，樂隊與參禮人一啓一應，歌聲滿堂，夕陽斜照堂壁窗戶，彩色玻璃上人物鮮明，仁慈聖母像高駐祭壇中心，電光強射，聖像似浮於光火中，我立在祭台下，自覺過於渺小：代表全中國教會，在羅瑪主禮祭恩大典，未免有些擅自尊大，但我們原想請傳信部長主禮，剛總主教卻以爲最好由中國人自己主持，上命既如此，我也是名正言順了。

晚飯後，傳信學校舉行聖母月露天閉幕禮，我已兩年沒參加這種傳統禮儀，今天乘機留校晚飯，以便身與閉幕禮，彩燈花燭雖不如戰前艷麗，學生精神或較往年更熱烈，禮畢，回使館，獨步河沿，回思謝恩禮經過，以爲剛總主教的評論必確實，剛公離傳大時，曾說我說：『恭賀你們的設備週到，典禮一切都好！』

七月二號

午前，謝公使對我說：『今天來一電報，電文不長，大約是政府的覆電了。』

教廷任命駐華第一任公使，請求中國政府同意，等了一個多月，尙無消息，兩星期前，外部來一電，說使館報告請求同意的電報，沒有收得，我們只好重新發出原電，以爲一週後，回電必來，上星期五來一電，電文很長，謝公使有些懷疑，當天我因要去傳信部見部長賀主保瞻禮，未能等到電報譯完，已離使館，公使約定午後打電話通知我電報內容，午後一點半回寓所，門房說謝公使已打電話找我，我急與公使旅館通電話，然公使已外出未歸，第二天聖伯祿宗徒瞻禮，早晨八點三刻，我與謝公使通電話，得知前一天的電報，並不是關於教廷公使一事，於是只好靜心等著，今天正午公使找我看電報譯文：『Riberi使華我政府可予同意，望即轉達教廷』，我胸口一張，氣息輕鬆了許多，教廷與中國互通使節一事，今日已成功了，感謝天主大恩。

謝公使打電話與教廷國務院常務次長孟棣義，通知我政府同意事，許以明天再正式行文教廷外部，覆其來函，我則往傳信部謁次長剛總主教，剛公一見面，急問有好消息否，我答以是，剛公說：『那麼是同意了』我答說『今早得中國政府來電，予以同意』，剛公欣然笑說：『那麼是同意了』我答說『今早得中國政府來電，予以同意』，剛公欣然笑說：『我心很爲滿意，這次人選很好』，隨後剛公與我談論教廷公使的中文秘書人選。

中飯後，黎百里主教與我通電話，我賀他榮膺公使要職，他說謝公使方纔去找他，可惜他在外未歸，故沒有與謝使相遇，傍晚，我往傳信公學，公學校長約我去拜會黎公使，到黎公使寓所時，他正在後園乘涼，見面後，他就問中國字寫法，他手中拿著中國文規，很上勁地談說中國文化的特長，然後問我究竟還是只學說中國話，還是也談中國書，我說暫時最好只學說話。

十五、寓所生活

(一)寓　所

一九四九年共匪盤據了大陸，歸國傳教已遙遙無期，幼弟羅濟到了香港，在類思中學讀書，我想將來叫他到羅瑪來，於是打算在羅瑪買一幢小房以作寓所，乃往見傳信部次長剛恆毅總主教，請准購房。剛公說：『你不要想常住在羅瑪，你買屋做什麼？』我答說：『於今誰知道什麼時候可以回去！房子買了隨時可以出賣。』剛公點頭說：『也對！你就買罷！』

寓所的地區，不能離駐教廷使館太遠，房價也不能太高，房子又不宜太壞。在這三種條件下，各方面打聽，終於承一位中國朋友的介紹找到了一幢適合上述條件的房子。房子一幢，共五間正房，附有廚房和兩間浴室。處在一座戰前新修的樓內，地區爲住宅區，頗清靜。房子購了後牆壁稍加洗刷。十一月二十九日，我遂遷入。三間房子，一間爲寢室兼作讀書所，一間爲飯廳，一間爲客廳兼藏書籍。客廳兩壁，置高大書架，由頂到地，遍佈書籍。我在一九四〇年，曾收束行裝，準備回國，把書籍裝在木箱裡，後來再沒有拿出。置了寓所，纔把裝了九年的書取出，放在書架上。九年以來，新購的書又不少。客廳的大書架，頓時就滿了。

自己設寓所，便不能不有佣人。我從吳經熊公使原先所用的意大利老媽子中，選了一個最忠實可靠的，名叫『愛理』，叫她作我寓所的佣人。佣人爲意大利北方人，丈夫在第二次大戰時病死了，遺有一女一男。我吩咐她把女兒『雅特里納』和男兒『伯鐸祿』都從外祖母家叫到羅瑪。女兒在寓所附近一修女院作工，男兒送入一職業學校。假期他們都住在我寓所裡，便認我的寓所爲家。我又叫他們的一個小表妹，在我寓所住了兩年，替姑母『愛理』作陪，老媽子也視我的寓所作自己的家，事事勤快謹慎，而且還學會了煮中國菜。在羅瑪的中國和意大利朋友，都說我有福氣，雇到了一個好佣人。羅瑪人從這次大戰後，很不容易雇到忠實的老媽子。

在這座寓所裡住了九年半，一切都很安適，房子向後園，大街的車聲，不直刺耳鼓，老媽子睡在走廊過道隔成的小間裡，也還算安適。但是我的書籍，一天比一天多，客廳的兩支大書架，既沒有隙地，又如了兩文小書架，後來寢室也放了兩支小書架，最後在進門的走廊裡，安置了一支大書架。不久，各書架都放滿了，新到的書報，蹲在地上，等待安插。而且書籍分置各處，當我寫東西要參考書時，跑來跑去，耽擱許多時間，於是遷居的問題，就在我腦中，縈迴不已。

一九五八年夏，我看中了一幢新房，正房四間，附有浴室三間，廚房和老媽子房子，以及汽車所都完備。價錢講好了，我便去簽訂購房預約。房錢先付一半，另一半分期交付，一半於五年內交付，一半於二十年內交付。但是五年分期還款的利息，幾乎爲原價之一倍，我不願答應，乃暫緩簽約。過了幾個月，初冬，在往『雙聖心本堂』的路上，看到一座新建的樓，形式莊重而雅觀，頗具藝術性。樓外掛著招買的牌子，我就登樓參觀。後面一列的房子，每層都是四間正房，附有應有的附房。房外有一很長的陽臺，陽臺下是人家的別墅花園。房子的房間既大，建築材料又佳。我問了價錢，乃決定購買。爲預防再蹈前次的覆轍，便先向兩位好心人，借定兩筆款。

一九五九年二月十八日，聖若瑟節前夕，我遷入新寓，聖若瑟節日第一次在新寓開火造飯。

搬家的最大難處，是搬運我的書籍。用二十口大木箱，搬運兩次。書籍取出時，堆滿一地。爲安放在書架上，我費了整整兩天的工夫，一冊一冊按類集合起來，放入書架裡，書架都放在書齋裡，既雅觀又方便。

新寓的牆壁，潔白美麗，我不敢亂打釘孔，先細心把字畫的適宜地點，配置妥當，然後釘釘子。字畫掛好了，較比在舊寓裡光彩多了，因爲疏密合宜，不像在舊寓緊緊擠在一起。

朋友們來看新寓，都稱讚新寓很幽雅。謝壽康大使特贈竹一幅，畫上題詩云：

『焯炤蒙席學自怡，藏書萬卷意在斯。舊居窄少無旋地，更置高軒列玉池。』

謝大使畫竹，有元宋畫家之風，已爲中國畫界所推崇。至於題詩，謝大使這是第一次。

去年于斌總主教來羅瑪，適逢使館升格爲大使館，館中秘書新舊易人。一晚，于總主教到我新寓晚宴，宴畢題一詩云：

『華燈美酒寓嘉賓，慶升送往兼迎新。蒙席新居侖然煥，琳瑯滿目郁郁文。』

我所喜愛的，是新寓的陽臺。以往午後，我不赴傳大授課時，要下樓在街上散步半小時許，獨步誦日課經。於今我不要下樓了。在陽臺上踱來踱去，可以散步，可以誦日課，既無車響，也不撞行人，臺下且有花園的綠樹紅花，又有青青菜蔬。晚晌每當月圓之夜，在陽臺觀月頗有海上享月之感。初夜，圓月出東天，常夾在東方巷端一修女院的兩株柏樹中央，景緻極爲秀雅。夜漸深，明月高升，園中四處都是銀光，天上是碧空鑲著一個玉盤。佇立陽臺欄旁，我常起濃厚的鄉思。有時，靜臥躺椅上，清風曳衣，月光照髮，我不免撫今思昔，心生悵惘。我便起立，招呼老媽子，同立陽臺唸玫瑰經。

一位意大利朋友萊因夢老先生的太太，種有熱帶仙人掌一類的植物百餘盆，她送我十幾種。一種名叫『象耳』，葉小，肥厚而圓，有如象耳。一種莖長知蛇，滿莖長刺。一種幹粗如拳，四方凸凹直立而上，每兩年長一段。一種圓如人頭，長刺叢生，一種綠葉肥厚，圓生如荷花。還有小鬚形的草，手掌葉的仙人掌等等。熱帶植形的美麗，不在色澤，而在形狀的奇特。

小小的陽臺上，花盆密密地排了一周。中飯和晚飯後，我常一盆一盆地觀看，天天澆。不幸陽臺的方向，夏天多太陽，冬天常陰。梔子花擋不住傲陽，首先落葉彫謝。海棠盛開了一次花，次年，海棠枝枯了。

於今我寓所陽臺上的花，以玫瑰爲最多最茂，今年花色花香都勝過往年。其次是茉莉。一種葉稍大，深綠，花純白，香濃，每年春秋盛開。一種葉細，花白而略粉紅，香清而雅，自夏到冬，續謝續開。秋海棠也有數盆，雖不鮮艷，花常不缺。梅花一盆，則只見葉生葉落，從未看見梅花。一九五六年八月三十日傍晚，我到一家鳥店裡，選購一只金黃色的黃鶯，又購了鳥籠，興高采烈地提回寓所，把鳥籠放在臥房裡。

第二天早晨，黃鶯引頸長鳴，歌調婉轉，老媽子一聽，樂了。我乃囑咐她給黃鶯換水換食，把鳥籠收拾乾淨。

金色黃鶯，爲德國Harz種，一身純黃，無雜色，善歌。我給牠取名叫『慶慶』。『慶慶』歌時，引頸昂首，嘴不張開，歌聲在喉裡轉升。開始很低，次漸高漸響，後忽換調，聲音高而顫動，有似弦琴的顫聲，忽而高亢直上，最後戛然而下，餘音滿屋。

『後不久，我在鳥店裡，看見一只特別大的黃鶯，張著嘴大聲歌唱，買了，取名『琳琳』。

『琳琳』色白而淡黃，較比常鶯大一倍，爲英國種。初來時，和小霏霏同住一個籠子。霏霏看見牠在小錫匣內啄食，立刻張嘴驅逐，琳琳一聲不響，跳到另一錫匣啄食草種子。過了些時，大琳琳討厭小霏霏的無禮，牠也就張嘴趕霏霏，而且是不停地趕，小霏霏不能安心吃東西，又不能學唱，於是只好把牠們各置一籠。

『琳琳』高聲歌唱時，不單是引頸，頸下的毛都豎起，而且昂首搖頭，眞是氣蓋一世。牠的聲音很洪亮，但不如『慶慶』的圓韻，更不如『慶慶』的高下疾徐，多換聲調。

一九五六年冬，一天到鳥店裡購餵鳥的草種子，鳥店主人說：『請看，日本的夜鶯。』我看見一個籠子裡，裝有四隻深綠色的鳥兒，嘴紅，頸脖橙黃，腹淺黃，兩翅綠而夾紅條，頭和背和尾，色深綠。體格較黃鶯大一倍，我喜歡鳥的毛色悅目，問店主鳥是否會歌唱，店主答說唱得很好。我便買了一只雄夜鶯回寓。

『日本夜鶯』，在中國北平和東北也產生。北平和東北的朋友到我的寓所來，看見這隻鶯，立刻叫出他們本地的土名。意大利人習慣把遠東的東西，都稱爲日本東西，看見遠東人也指爲日本人。中國雖較日木大，在意大利一般人的心目中，遠東就是日本。

『日本夜鶯』並不唱歌，只是啞啞地叫吵；（後來我知道單單叫吵的夜鶯是雌鶯。）過了幾天，我回到鳥店裡，告訴主人夜鶯不唱歌而只瞎吵。他說這裡有一個太太送回的一隻夜鶯。因爲夜鶯唱歌聲音太洪亮，鄰居抗議，那位太太只好送回來，換去一隻雌鶯。我便把所購的雌鶯換了這隻雄鶯。

雄鶯聲音果然洪亮，而且是受過訓練的，歌唱時有一定的歌調，我樂極了，把牠名爲『烏絲』。『烏絲』爲意大利語夜鶯一語的起頭兩聲。早晨和傍晚，『烏絲』在陽臺上，歌興極濃，四圍鄰舍沒有不聽到牠的歌聲的，『琳琳』當著牠也要失色。然而『烏絲』很有些孤癖。當「『琳琳』『慶慶』和別的黃鶯都在陽臺時，牠閉口不作聲，讓牠們調弄歌喉。一見我們把黃鶯的籠子提進屋裡，牠就放喉高歌，一小時不休。

去年冬駐意大利使館秘書楊卓膺先生，被調往駐土耳其使館。楊先生的小女孩『莉莉』，養有一只斑鳩，很親熱，捨不得拋開，她曾經來我寓所看黃鶯，知道我愛鳥，便在行前，把斑鳩送給我。『莉莉』又多次通電話，問斑鳩怎樣；又在動身以前，再來看一次，知道斑鳩在我家裡比在她家裡，更待的好，於是心纔安了。

我給斑鳩起名『咕咕』，按牠的鳴聲而定名。

『咕咕』送到我寓所裡，我立刻給牠一個寬大的籠子。牠在籠子裡不動也不叫，也不大吃東西，我以爲牠素性是這樣，對牠不盛興趣。過了兩天，我把牠放在籠外，牠從籠子頂上跳到書案旁的字紙簍上，又再跳到籠頂，來回跳動，從不往他處去。我認爲牠很安定，很從容處置。再過了些時，一天，老媽子的兒子，把『咕咕』拿到了手裡，又放牠在頭上。再把牠取下來放在籠頂時，『咕咕』再不是安然不動了。

『咕咕』原來是常飛在『莉莉』的頭上，手上，肩上，常常讓『莉莉』抱在懷裡。初到我寓所，地方和人都是生的，牠不敢動；又失去了自己的女主入，一心很憂傷。於今老媽子的兒子，向牠一表示親熱，『咕咕』立時恢復舊態。

鳥籠放在我的書案邊，『咕咕』從籠門跳出，跳到字紙簍，馬上飛到我的頭頂。我把牠拿下來，牠在書案週遊一遭，走來藏在我的左袖筒裡，『咕』『咕』而鳴。再過幾天，牠捨了袖筒，跳到我的膝上，伏在雙膝間的長方襟裡，『咕』『咕』叫個不休。我厭牠打亂思索，抓牠拋在地上，牠在地毯上走了幾步，』『格格』一聲，飛上書案，走到我正在寫的稿紙上，向我胸前細看，尋找可以跳落衣襟的路。於是先跳上我的右臂，再跳到腿上，然後走入雙膝衣襟摺成的渦裡。每跳到一處，必『格格』發聲。在衣襟裡，牠變乖了，『咕咕』了幾聲，便悄悄靜止。這樣伏在衣襟下，可以一兩小時不動。夏天，我厭熱，不讓牠伏在雙膝間的衣襟上，時常把牠拋開，『咕咕』便飛上肩，由一肩走到另一肩，用嘴揹我的耳朵和臉腮，然後飛到椅沿上，棲在沿上不動。

旁晚，我在陽臺上散步，誦日課經。『咕咕』棲在我左臂上，任憑我踱來踱去，用左手捧書，牠總不跳動。

愛鳥愛狗，我每天可以有一刻工夫，解開心襟的思慮，我的精神藉以安定。我因愛鳥愛狗，便爲她們操心，生怕她們受飢受餓。她們雖然淘氣，我至多罵牠們一頓，或打狗幾下。牠們若表示親熱，我便更疼她們。我在天主前，便不知道學鳥學狗嗎？天主愛我難道不及我愛鳥愛狗？對於人事，我又害怕什麼？雖然我犯罪，我也可學莉莉，乖乖地和天主更親近，天主必定忘了我的淘氣，更加疼愛我！這樣想一想我就心安神怡了。

十八、戰時生活

1.國內戰爭

我的一生都在戰爭聲浪中度過，小時在衡陽有南北戰爭，吳佩孚率軍入湘。按著國民政府軍統一南北，由湘入漢口。我到羅馬以後則有八年抗日的苦戰，我和家人，音信斷絕，民國三十三年，才得到訊息，知道祖母和父母，都遭戰亂棄世。

民國二十九年，義大利總理慕索里尼宣佈和德國同盟參戰，我乃被捲入第二次世界大戰中，民國三十四年，日本無條件投降，當天于斌總主教在羅馬，謝壽康公使請于總主教午餐開香檳酒慶祝，駐教廷使館於九月八日舉行酒會慶祝，我先期持帖往請樞機主教，民國三十五年，教廷設立中國天主教聖統制，正式成立本地教會，又擢升田耕莘主教爲樞機。留學羅馬中國聖職人員於五月卅一日午後，在傳信學院教堂舉行謝恩祈禱，行聖體降福禮，由我主祝。傳信部部長畢翁蒂樞機，次長剛恆毅總主教和各傳教修會代表，都到堂參禮。

當政府軍和共黨軍在合肥地區會戰，蔣中正總統派于斌總主教往美國求援，繞道來羅馬，攜蔣總統函，申請面見教宗，教宗庇護第十二世延緩不見，吳經熊公使促我於于總主教預定離開羅馬前兩天，於夜間以電話向代理國務卿孟棣義蒙席求助，孟卿答應於次日面向教宗關說，次日中午得孟卿電話，次日上午可往見。見後，于總主教赴美，政府遷台後，在美困居到輔仁大學復校，由教宗若望二十三世任命為輔仁大學校長，乃來台定居。

2.羅馬被炸

第二次世界大戰開始，教廷要求英法美等國視羅馬城為中立城市，不設防，因為城內的古蹟，乃世界的寶物。英法美沒有正式聲明，但有這種默契。一九四〇年，美軍在義大利登陸反攻，運用焦土戰策，從中南部爆炸沿路城市，恐義政府暗中在羅馬城隱藏軍隊軍器，乃實行轟炸羅馬。

一九四〇年六月十四日，半夜，一點五十分，空襲警報把我從夢中驚醒，披衣跑上新校舍，樓梯上沒燈，幾經摸索，走入地下防空室，許多同學早已聚齊室中。三點一刻，警報解除。六月十七日，半夜又發警報。美軍飛機在十九日，向羅馬城投下了炸彈，我曾作了一首白話詩，描述當日情景！現在抄寫幾段：

剛自城市歸，洗去汗滴換輕袍，執筆舖信紙，避免便友人發牢騷。嗚嗚聲忽響，羅馬空襲嗚警報。習聞飛機過，繼續寫信心不燥。驟而響隆隆，好似飛機屋頂掃，跳身窗口前，羅馬一遍煙火冒，六機閃電下，火車站房著火燒。轟轟忽隆隆，高射炮連珠怒號。我手取念珠，恭誦玫瑰行祈禱，窗外略清淨，潛步上樓看火燒。鐵雁正飛旋，飛機場中煙火冒。車站連棧房，火團又上干雲霄。

警報解除後，教宗庇護十二世立刻驅車往被炸區，安撫民眾，發表演說，鄭重抗議，以後羅馬再不見炸彈。

一九四五年三月一號，晚七點半，忽然轟然一聲，全校房屋有如地震，一枚炸彈落在校園一角，這次投彈飛機，爲慕索里尼的飛機，恐嚇教廷，莫協助義大利新政府。

3.德國軍隊進入——退出羅馬

一九四三年九月九日，義大利國王任命老將軍巴多里阿（Badoglie）組閣，拘禁慕索里尼。次日九月十號上午，忽聞炮聲，下午，我從使館出來，看見滿街是人，男女老少都有，在傳信大學校舍山下的隧道中，我問一人大家走的原因，他說德國軍隊進了羅馬。次日，無線電報告，羅馬城防司令和德國司令簽訂暫約，德軍駐紮城外，城內祇佔電台，電信局，人心稍安。實際上在羅馬城內交通要點，都有德軍駐守。聖伯鐸大殿（聖彼得大殿）圓場和義大利國界交界處，駐有德軍數人日夜守防，攜有實彈警槍。一次義大利暗殺了德軍數人，德國司令官提羅馬民眾，以七人抵德國被殺軍人一人，在城外齊體射殺，拋埋於一地窟中。德軍於九月十日即解救慕索里尼，慕氏在義大利北方組一政府，但已沒有實力。羅馬城內在德軍控制下，禁若寒蟬，畏若小鼠，不敢亂動。少數達官和少數青年，藏避在教廷各部院內，部院享有治外法權，德軍不敢搜索。戰後義大利第一任總理德嘉思百里（De Gasperi）就躲在傳信部次長剛恆毅總主教家中。

羅馬民眾日夜等待英美聯軍人城，眞「如大旱之望雲霓」。直到一九四四年六月四號，清晨出門往修女院行彌撒，在聖伯鐸大殿圓場外，已不見德軍。十點三刻回寓，在梵蒂岡城外下電車，稍駐足看步行的德國軍隊，過天神門時，狹巷中停著一輛鐵甲車，車外圍著一隊民眾，民眾不作聲，車上德軍頹然不作色。聖伯鐸圍場向北走的路，絡繹不絕地過著德國軍隊。軍隊都步行，垢面褸衣，精神頹喪。野炮由馬拉著，車身掛滿樹枝。我駐足看幾分鐘，偶見隊中有兩個十三、四歲的童子，軍裝如大人，但面上困苦的神氣，使我不忍久視，遂進梵城寓所。

這一天爲星期日，羅馬民眾都聚齊在街上，看德國敗兵，我雜在民眾中觀看。大炮，鐵甲車，步兵，都滿身污泥。當他們進羅馬時，氣宇軒昂，今天則走不成行，入不抬頭了。

4. 聯軍人羅馬

一九四四年六月十一日，清晨，趕往廣慈修女院行彌撒，午前將伴謝公使參加聯軍勝利彌撒。彌撒後，修女對我說：「星期一我們嚇壞了，德國在機場聚齊了數千人，死勁抵抗美軍從城外高處炮轟，我們房子的窗戶都被彈打穿。」

午前十點，我們使館全體人員，往天神母后堂參與美國第五軍團的感恩彌撒。全堂擠滿了軍士，秩序井然。彌撒中，或跪或立或坐，一律依次而行，纖毫不亂。誦讀聖經，獻餅酒禮時，軍士都獻錢。每行軍士互遞一軍帽，各把紙幣投入帽中。第五軍團司令官克拉克將軍（Clark）著軍隊便服，在近祭壇坐位，態度從容，面色微顯瘦黃，兩眉互聚，靜默有憂思。彌撒後，外交團近前和他握手。

當天天微雨，天神母后堂外，車輛魚貫相接，閒立的民眾，結成兩翼。謝公使約全體館員到一中國飯店用中飯。

5. 戰時生活

第二次世界人戰，義大利未參戰時，物資已經很貧乏，民眾生活日形苦惱。我那時住在傳大；傳大，教廷的一團體，可以由梵蒂岡購買食物，傳大經濟主任自已也可以從外省購買肉牛，在舊校舍地下室宰殺。經管廚房的修女大量餵養兔子，學校每餐尚可吃飽，菜蔬和酒都不缺，麵包還是純麵作成，可以當禮物，送給羅馬友人；義大利當時的麵包，雜有多種植物，呈黑色。

義大利參戰以後，謝公使來梵蒂岡，我遷入梵城德國神父宿舍，廚房用物，全從梵城市場購買，麵包和牛肉、蔬菜，從未缺乏。德國人習慣吃洋山芋（馬鈴薯），每天兩餐必有，水煮或油煎，我也就習慣了。

戰時的苦澀生活，我是沒有度過，衹是較比平日更簡樸。所難的，是和國內郵件不通，家中音信斷絕，國內報紙不到，國內消息衹間而在外國報上看到。戰爭隔離人民，失去人類合一感。

在羅瑪戰時生活中，我參加了「靜默教會」組織，由波蘭隨營總主教任團長，按時公開祈禱、公開演講，呼籲各界注意在共產黨政權下的教會，一九五八年三月，以露德朝聖委員會委員，陪龍加里樞機後為若望二十三世往露德，祝聖地下大教堂，同年八月赴德國探望因車禍受傷田耕莘樞機。

台南五年（一九六一—一九六六年）

辭別羅瑪

在羅瑪住了三十年，按照目前的情形說，我想自己大約要在羅瑪白頭到老。

三月二十四目，傳信部長雅靜安樞機（Card. Agagianiam）召我到部，當面說明教宗委我任臺南教區主教。我何嘗不想堅辭。但是教宗的意旨就是天主的聖意，我不願違背；而且我堅辭，人家都要以爲我愛羅瑪生活的舒服，怕到臺灣吃苦。我所以雖是急得在部長前流淚，我還是接受了。我不是不知道臺南教區一切都該從頭建設，主教沒有地方可住，可是既不能辭，便只好預備自己的精神。當天傍晚我在聖堂內守了一小時聖體，把一切事都託付天主。

接連幾夜都不能安睡，而且消息還沒有正式發表，我的女僕看見我行坐不安，也很驚訝，我也不能說出原故，四月一日，消息公佈了，我的心反而平靜了。似乎有『事已如此，無復何言』的氣概。

我愛我在羅瑪的房子；雖只有小房四間，然而很雅緻，很美麗。我愛房子外面涼臺上的花，我尤其愛我所養的小雀。我也愛惜十二年忠心服侍我的女僕『愛里』，她料理屋裡一切家務，不用我操心，我愛專心讀書。每天我的物質生活，完全仗恃她。我愛羅瑪城市，甚至也愛羅瑪的氣候。這一座純淨現代化的城市，充滿了古代的遺蹟。三十年來我已經以羅瑪爲家。

怎麼搬家呢？書房裡幾乎藏了一萬冊書，怎麼搬運？搬運到臺南，安放在那裡呢？腦子裡，我常常這樣想，也和女僕『愛里』多次討論。最後我決定什麼也不搬，羅瑪的房子保持原樣，等我下年來羅瑪參加大公會議時，纔收拾一切什物和書籍，運往臺南。到那時臺南的主教公署必定也成立了，書籍也有地方安置。也決定在這一年女僕『愛里』仍舊住在屋裡看家。

這樣我動身就簡單了。我只撿應用的衣服，和主教禮服放在隨身的兩口皮箱裡。又選了要緊參考的書籍，裝進兩口木箱，請坐船往臺南的神父帶去。

五月二十一日，我受祝聖爲主教，典禮由教宗親自在聖伯鐸祿殿中舉行。在典禮以前，我沒有日子可以休息。打算在典禮以後，休息幾天，恢復精力，預備長途旅行。不料越來越忙，不但不能休息，連睡眠的時間都要減少。於是我決定七月九日動身，辭別羅瑪，往女僕的本鄉，地處意大利北部的一個小山鎮裡云休息一週。然後由意大利北部赴瑞士，轉德國，路經荷蘭比國往美國，由美國到臺灣。

七月九日爲星期日。前一晚，謝次彭大使夫婦設宴餞行，我因整天疲乏，席間，幾乎不能說話。九日晨，赴羅瑪最小的一座聖母堂行祭。這座小堂號爲『吾樂之緣』。堂中設有恭敬聖母之書會，我爲會員之一。這天、我行彌撒時，會員都到堂與祭。彌撒中我講道，許下將來在臺南建造一座『吾樂之緣』聖母堂，以紀念我的羅瑪生活。午飯和晚飯，我在家中吃，女僕和她新自瑞士工廠趕回來的女兒，以及幾個鄰近的朋友給我作陪。

火車是在晚晌九點半離開羅瑪。羅瑪這時已是暑假期了，中國神父大多數都到別的國家去渡假了，留在羅瑪和住在附近的中國神父都趕來送行。意大利朋友也有許多人來到車站,謝大使和使館的同仁也到,我和『王尚德』蒙席乘車由家中出發赴站，女僕『愛里』和她的女兒『雅德麗』則先上了火車。

月臺上的橙光，半暗半明，夏夜微風，暑熱消散。我和陸續到站的朋友，握手言笑，心頭頓覺輕鬆。九點半已差兩分了。我忙著向朋友們繞了一週，握手道別。和謝大使王蒙席及中國神父等互相親面，心情很覺辛酸。今後再來羅瑪，只能算作客了。

從一九三〇年十一月十五日清晨一點抵羅瑪，到一九六一年七月九日，還不夠三十一整年。但是所差已經很少了。謝大使的夫人恭喜我說：『衣錦還鄉』：我自己卻反而覺得是出外旅行。以往我每年都要到羅瑪以外去避暑，也曾經好幾個夏天到女僕的本鄉『芬佳郎』（Fingaran）山鎮住兩星期或十天。『芬佳郎』鎮位群山之中，高約海拔八百呎，夏季氣候涼爽。鎮中本堂司鐸住宅頗寬敞，能容客一兩人。司鐸住宅上層，爲本地教區主教避暑房屋。我常住於第一層，作本堂司鐸的嘉賓。木年的木堂司鐸係新來上任，與我不相識，但招待頗週到。

從羅瑪到『芬佳郎』鎮，由女僕和她的女兒陪我到鎮中本堂。本室裡住有前幾年常來避暑的修生，他今年已升神父。在本堂附近又有本地教區的四班小修生，也在那邊避暑。神父和修生每天輪流來陪我出外遠足，在山道上散步。鎮裡的人都是熟人，相逢時都打招呼。我在鄉下住了五天，很覺安靜，寫了我致臺南教區神父和教友的第一封牧函。我不覺得是長久地辭別了羅瑪，彷彿和往年一樣是在那裡避暑，不久又要回羅瑪。

七月十五日晨，我動身往瑞士。山鎮的本堂神父和我的女僕及她的女兒，同乘汽車，送我到五十公里以外的『委謙匝』城（vicenza），從城內車站，搭國際車赴瑞士西部。在『委謙匝』車站看看女僕和她女兒的顆顆淚珠，我心中悽楚悲傷。車出了站，我獨自一人坐在車廂裡，頓覺自己是辭別了羅瑪，而且還辭別意大利了。以後要自己照顧自己，沒有旁人替我操心了。長眺窗外景物，離情滿了胸懷。

在瑞士住了一週，在德了住了十七天，身體實在支持不住了。飲食既不適合，尤其是睡眠失常。德國房屋的窗戶都沒有木製的百葉窗，只掛著布簾，中午陽光很強，不宜午眠，清晨天亮，屋內即有陽光。我在意大利素來是習於關著百葉窗在黑暗裡睡覺。因此在瑞士和德國常失眠。八月七日，結束了在德國旅行的行程，本來該赴比國。但計算由比到美，由美到臺灣，中間尚有一個月，而且到臺南後，一定不能休息。若繼續這樣失眠，再加每天有許多拜訪的節目，我一定要病倒，病在美國最不適宜，到了臺南馬上就病，也不為佳。我便臨時取消赴比赴荷，決定休息一週。德國朋友勸我在德國休息，我認為休息一定以羅瑪為最宜，乃於八月八日，乘飛機返羅瑪。飛機場裡有王尚德蒙席駕車等候，我逕往羅瑪寓所，女僕已在所內等候。我心頭一鬆，像是遠途旅行回了家，睡眠非常安穩，又延醫檢察身體。只是血壓過低，精神疲倦而已。羅瑪朋友沒有人知道我回來，我只和謝大使通通電話。從八月八日午後到八月十二日，我獨自在家，享了幾天清靜福。十二日早晨，做了彌撒回家，在門前忽然遇到了『于峻吉』大使。我國駐意大利使館和我的寓所同一條街，于大使看見了我，把車子一停，下了車一看，似乎不大相信。他很驚訝地問：『你怎麼是在羅瑪呢？妳不是已經到美國了嗎？』我把情形向他說明後，他說巧極了，上次你離開羅瑪時，我在瑞士開會，這次我可以送了。明天，我設宴爲杜寶縉主教餞行，正好也可以爲你餞行。』我堅辭，于大使堅請，無奈何只得去。別的朋友驟然看見了我，像是在作夢，于大使還對一位在座的小姐說：『昨天對你說今天有羅主教來吃飯，你說我糊塗，弄不清人名，只有杜主教，羅主教早就走了。你看，我纔不糊塗。在別的事上也是一樣。』因爲于大使不糊塗，反倒把我弄糊塗了。朋友知道我又在羅瑪，又有來拜訪和請宴了，卻之不能，應之又增疲累。

八月十七日午後一點由羅瑪動身赴美，抵紐約時是午後七點。動身前，囑咐女僕好好照顧小雀，明年夏天八月或九月，我將回羅瑪，參加大公議會。

在去美國以前，我心裡忐忑不安，想著第一次到那邊去，人地生疏，諸事摸不著門路，何況要爲教區勸募。到了美國，紐約和芝加哥等城的各位中國神父，尤其是周幼偉神父，替我計劃了行程和訪問的節目，因此我在美國兩星期多，雖說很忙，但並不亂，夜間頗能安睡。九月三日，我離開『洛杉磯』，經過東京直飛臺灣，九月五日抵臺北，九月八日到臺南接任視事。起初兩個月，既沒有住處，又到教區各堂口巡視，又多次因事赴臺北，我沒覺到是在臺南定居。身邊所有的只有隨身的幾口行李箱子，總似乎是在外面旅行。

十月底，忽接傳信部長『雅靜安』樞機來信，以籌備大公議會傳教委員會將於十一月二十日舉行第二次全體委員會議，邀往羅瑪出席。我係傳教委員會委員，從去年九月到今年五月，我常參加了傳教委員會分組會議，又在五月中參加了第一次全體委員會議。這第二次全體委員會議，對於傳教委員會爲籌備大公議所有提議案，將爲有決定性的會議，我遂決定赴羅瑪。私心也想在羅瑪稍爲休息，恢復精力。

十一月十八日午後兩點半，飛抵羅瑪。機場謝大使和王蒙席以及謝光迪先生已經在機場等候了好幾小時，因爲我所乘的泛美機從香港起飛時，已經晚了四個鐘頭。謝大使一見了，很熱情的向我說『又回家了。』

我眞覺是回家了：進了寓所，把行李交給了女僕，躺倒在床上，一直睡到夜晚九點。女僕敲門請用晚飯，我纔起床。女僕說：『于大使和干總主教，在寓所等主教出去一同吃飯，等到了八點半，見主教并不醒來，他們纔走了。』

我又拜託王蒙席轉告謝大使和朋友等，千萬不要請吃飯或來拜訪。我午前要開會，午後要預備開會的資料，還想休息休息。朋友們都很諒解我的情形，間而有二三中國學生打電話請約時間來訪，女僕則擋駕。委員曾開會十天，十一月三十日閉會。我再住了二十天，十二月二十號動身回臺灣。但是而定的飛機誤期不到，改放十二月二十二日動身回臺灣。羅瑪寓所的東西仍舊沒有動，一切如同從前一樣，女僕常住在寓所裡。要等我明年再去羅瑪參加大公議會時，纔收拾書籍和傢俱。大公議會後我離開羅瑪回臺灣時，纔可以說是眞正辭別羅瑪了。在羅瑪住了三十年的時間，辭別羅瑪眞不容易。

一、住所

民國五十年九月五日，杜寶緇主教和我，從羅瑪繞道美國，飛抵臺北。臺北上空是密雲，下空是驟雨，飛機在天上繞飛了一刻鐘，終於衝破密雲，安然降落松山機場。機場裡站立成千的教友，一百餘位神父，田樞機、高公使、于總主教、郭總主教、成主教、藍總主教等都在機場相迎，還有靜修女中的樂隊，站在驟雨之下，吹號擂鼓，杜主教和我，又感又愧。

九月八日，高公使陪我乘汽車往臺南就職，中午抵臺南縣新營鎮，鄭天祥主教在方濟會院相候。飯後，稍事休息，三點，動身赴臺南。就職典禮在成功大學禮堂舉行。我當時除認識來參禮的主教和神父外，臺南教區的神父和教友我都不認識。車抵成功大學時，一位身材高大的神父來歡迎我，他自稱是華克施神父，我乃知道他是美國遺使會在臺南的主任，就職典禮是由他負責籌備的。在成功大學的校園裡，四處都是教友，禮堂裡更是地無空隙。典禮畢，在成大餐廳聚餐，來賓陸續散去。

高公使和華克施神父陪我到遺使會會所，鄭主教請我去看臺南教務以前負責的道明會神父爲我預備的住所。高公使和十多位中國神父陪我到臺南復興的一處小屋前，我下車，進門，看房間是上下兩間臥室的小房，上爲我住，下爲秘書神父住，樓上尚有小廳一間。房間簡陋，上下緊靠鄰家。我出門觀看鄰居。門側，豎著一塊招牌，牌上大書『基督教東門佈道所』，抬頭一看，樓上在兩房之間又掛著一塊很長長的招牌，牌上又寫著『基督教東門佈道所』，招牌周圍虹霓燈甚亮。我乃進房向高公使及鄭主教說明，我不能住在這間房裡，不然臺南市民要以爲我是基督教的主教了。我雖可以不嫌房屋的簡陋，臺南的教民們都將表示不滿意。陪我來看房子的中國神父們（不是臺南教區的神父），也都說絕對不能住在那間房裡。我們又都回到遺使會會所，我遂決定臨時住在會所內。

夜間已快十點了，藍總主教、蔡文興主教、費濟時主教等，因等候十一點半的夜車北返，還在遺使會會所閒談。天氣很熱，大家喝著啤酒和汽水。送客以後，我回到房裡，吩咐秘書郭潔麟神父收拾行禮時所用的禮服。午夜，我獨自誦玫瑰經，心裡漸覺清涼。熄了燈，登床就寢。

心中的氣早就乎了，我在黑暗中反而自己笑說：你看，你就職了，你是臺南的主教，第一天就連住所都沒有，眞像耶穌降生在白冷時，在白冷城找不到住所。我又答應我自己說：『我比耶穌還強得多哩！我還有人收留，而且所住的還是會所裡最好的兩間房子。』

我遂沉沉入睡了。

次早起來，行了彌撒，許多教友在小堂外等候，他們都問：『主教好嗎？一定很辛苦了！』

華克施神父給我介紹遣使會會所內的神父，美國會士神父四位，中國神父兩位。他們都很親熱，又很有禮貌。

第三天，八月十日，星期日，我北上往新竹，參加杜主教就職典禮。下車後，就望見北大路的聖堂，雙塔高聳。沿路懸燈結綵，堂前搭有牌坊。進了主教公署，又見樓房高敞，門窗整潔。杜主教乘坐花車，前有數十輛汽車開路，就職時，幾乎有兩百位神父，至教座前叩見，表示服從。

禮畢出堂。高公使一半帶笑一半認眞地向我說：「不要怕！」「有什麼可怕！」我也一半笑一半認眞地答說。

在兩次就職典禮相形之下，臺南是相形見拙。臺南沒有行禮的聖堂，沒有主教的住所。新竹有主教大堂，有主教公署，新竹神父的數目高於臺南不知多少倍了。高公使心裡有點過意不去，也有點對不起我的感覺，因此鼓勵我說：不要怕！

那天夜晚我到楊梅看修女們，在甘主教住所過夜。忽然整夜大風大雨。我是沒有經過颱風的，不知道夜間就是各處拔樹倒屋的大颱風，早晨起來一看，園子裡的木瓜樹都拔出來了。修女們住房相連的農會會所，周圍的圍牆都坍塌了。當天南下的火車不通。第三天回臺南，路過新竹，我看見主教座堂的瓦三分之一被吹掉。

在臺南，隨即視察縣市的各本堂，又赴澎湖視察。一有餘暇，就同華神父在市內各處看房子。在一個月內，找到西華街一巷，有一棟新式樓房。房子落成後，尚沒有人住過。上下兩層，上層可由牆外石梯登樓，樓外有些許隙地，可供散步。屋有圍牆，自成一家。我就租定這棟小樓，租期六個月。華神父和郭神父備辦傢俱，力求樸素。十月十八日，我遷入小樓內，我住樓上，郭秘書神父住樓下，日間有兩個太太（楊太太、陳太太）來掃房煮飯。圍牆門上，釘著一牌，上書「臺南主教公署」。神父們來看，都稱讚住房甚合體統。

華神父又陪著我在市內市郊看屋看地，預備購定一處作長久的公署，免付每月很高的租金。在十一月初，看走了東門路四巷和博愛路約兩所樓房。博愛路是臺南市內的大路，直通火車站。路邊四十五號有一高樓，圍牆堅厚，牆內樹木清綠。樓為三層，房間不多，灰塵滿屋，久無人居。房東不肯出賣，卻很願出租。十餘年來，沒有人敢進門，傳云日本戰敗時，有日軍軍官在樓上自殺，樓中乃鬧鬼。我看這樓很適合做神父們的住宅。當年十二月，將有五位中國神父，從羅瑪來台南服務。我於是便請華神父與房東規定租約。

東門路四巷五號的房子，院落很大。房東在七年前遷居臺北，樓內空寂無人。我進屋看房時，有地政所的測量人員臨時住在一間房內，其餘樓上樓下的房間都是紙屑狼籍，蛛絲滿壁。院內樹木參天，藤蔓蔽路，草沒人徑，一片荒涼氣象，發人浩嘆。我深愛此處樓房，既在城中，又不在鬧區；既有高樓，又多大樹；庭院既廣，氣象雅緻而莊嚴。便囑咐郭秘書神父，進行購置。得龔偉英女士的斡旋，兩方價值已相當接近。

十一月十二日，我離開臺南，動身赴羅瑪參加大公會議的傳教籌備委員會。十三日，在臺北將購房簽約的全權，委託龔女士。在羅瑪時，得郭秘書神父函報，東門路四巷五號樓房購買契約已簽字。我不禁感謝天主大恩。

十二月廿三日晚，我由羅瑪回到臺南，次日聖誕，往博愛路看神父們。他們的住屋收拾得很清潔，園中雜草已除，房中傢俱各得其處。他們的心境很好，我也因此心喜。

民國五十一年正月底，東門路四巷五號的原有房東，把舊傢俱搬走，臨時住著的測量人員也遷出，房東把樓房庭院一併交出，我就動工修理。樓上樓下，從屋頂到牆腳，內外都加以粉刷。在正樓西側，添建浴室，增設客房。院內則剪修樹木，我和工友拔藤斬草。已經枯乾的水池，重加水泥，池旁建一聖母洞。

三月廿一日，臺南教區設立第一週年，遂舉行主教公署落成禮。

五月，再興工，在正樓東側建築神父住宅。八月中，工竣，神父由博愛路遷入新樓，博愛路的樓房，已爲臨時修院。

九月八日，我來臺南就職第一週年，高公使總主教南來降福司鐸住宅，臺南天主教大專學生活動中心，和玉井聖母堂。

當晚，在園中散步，高公使對我說：「我心中有些妒嫉了！你有了公署，我則還沒有使館。」

別的主教大約也有這種心情。一時，臺灣教會同仁，都傳說臺南主教公署最漂亮，氣態大。

然而，臺南主教公署並不是富麗堂皇，更不是高樓大廈；所可說的，就是雅緻美觀。正樓是略帶日本式的兩層樓房，樓下爲秘書室、客廳和飯廳。樓上爲主教住房，有正廳、會議室、辦公室、寢室及小聖堂。正廳高敞，陳列古雅，壁間多名畫。會議室和辦公室則多書架，架上多書。小聖堂祭壇，木刻龕桌，純粹中國宗教藝術氣色。東側神父住宅，與正樓毗連，門戶相通，住宅爲二樓，地下爲聖堂、客廳、會議廳。樓上爲住宅。神父每人一房，房間書籍充斥。

西側客室，有客房四，首爲主教客室，共內外兩間，其餘三房各一間，可住來客四。客室樓下爲廚房和工友室。

正樓與東西兩側新建之樓，上下相通，外面形式和顏色，調和一致。驟見以爲同一建築，饒有東方風味。院中水池已有水，水中畜魚。池分三段，中設兩橋。池旁多巨石，多古榕。我種植聖誕紅於聖母洞側。葉紅時，在榕樹綠葉中，鮮艷奪目。

正樓大門右側有古榕一株，垂根成幹。一株三幹。狀甚古雅。一枝橫貫大門前，連門左側，一根下垂。

樓房前後週圍。大樹參天，樹多果木。芒果四株。葉深綠。蓮霧十餘株。葉密如蓋，陰覆十乘。盛夏。樹大亦有涼意。由外門進內門，兩旁大樹拱護。夾竹桃陪步。來客立覺已身入幽境。胸懷清通。

我常向來客說：這座樓房是天主的恩惠。我來時沒有下榻之所，心中不亂，天主乃賜我一座雅緻的公署。然而我心中，則常懷著聖保祿的心情：「我已學會了在所處的環境中自足。我也知道受窮。也知道享受；在各樣事和各種環境中，或飽飫，或

饑餓，或困窮，或富裕，我都得了秘訣。在那加強我者內，我一切都能。」（斐里伯書。第四章第十一—十三節）

二、主教公署生活

民五十一年三月十九日，聖若瑟瞻禮，我遷入臺南主教公署居住。臺南教區建立週年，我在公署設酒會，招待臺南市各界人士，又爲臺南高等法院龔偉英女推事，贈送教宗獎章。

公署的房屋，不大不壯麗，但是很雅緻，園中的樹木格外令人愛。園門有兩層：走進第一門，有一條樹木掩蔭的大道；進第二門，迎面一株鐵樹岸然獨立。園牆周圍，樹木相接，綠葉滿天。公署正門前，榕樹一株，一枝橫過大門，分根下土，再成枝幹。正幹旁，根由樹枝下垂入土而成粗幹者，已有兩枝，樹形奇特，遊者嘆爲奇觀。

我所喜歡的也是公署的樹木，綠蔭成材，能減暑熱，能清空氣。高樹掩蔭樓房，不示奢華，不示塵俗。臺南主教公署，是一座適合中國民情的住宅。來見的人，不是走進辦公的大樓，也不是走進或長或力的洋房，乃是走進一座幽雅的中國人家庭，心裡覺得親切。

在臺南公署裡，我自己眞覺得一切都很親切。同居同食的神父們，常是有說有笑。我住在正樓上，神父們無事不上樓，有事隨便可以上來。到了吃飯的時候，留在公署一同吃飯；願意寄宿的，便引到客房休息。過往的客人，常常向女工說，臺南主教公署的客房，算是臺灣天主教會最幽靜清潔的客人房間，我聽了心中很高興。

在公署裡，我的生活，除了祈禱以外，就是見客寫信。每天的生活，大致都很規律。祈禱是在我的私人聖堂中。聖堂毗連臥室，中間一門相通，晚晌，小堂只有聖體前的小紅電燈，堂中靜穆異常，最宜於默禱。我的辦公室，通於會議室，會議室通於大客廳，各室的門常開。客人上樓，脫鞋而上，工友也是一樣，他們步履很輕，常有時進了辦公室內，我埋頭寫字，並不理會。相見，不覺一笑。

晚飯後，沒有客人來，我可以看看書。星期日，午後，若不出門行禮節，則磨墨作畫，畫竹畫馬。但是不能寫作，寫書是要繼續寫稿，思想纔可以一貫；我則沒有可以中繼的機會。每天我讀幾分鐘的臺灣話，一個臺灣本省女工楊太太給我指點。學習幾分鐘，馬上就忘，總不能有進步。我樓上的女工，爲一日本籍的陳太太，有時她講講，中日戰後流落東北，乃嫁給中國軍人，以及遷徙來台的歷史，我憐惜她的境遇。楊、陳兩太太，晚上回家，早上來署，男工都宿在公署內，我看工友如同家人，普通我不管他們的事。

公署的一隻狼狗，名叫莉莉，我很喜歡牠。我到臺南後四十天，搬到西華街所租的房子裡，一位養雞的陳先生送我一隻狼狗，狗剛五個月大。起初幾天，我不大理牠，後來看見牠不吃飯，又看見牠打顫，於是特加注意。我在羅瑪，本是喜歡養鳥養魚的，一注意狗，也就喜歡莉莉了。在西華街時，清晨起床，開開向外的樓門，莉莉馬上由梯子跑上樓，搖尾請安，跟隨入內。晚上，我門開向陽台，又跑上來，跟在腿邊走來走去。搬進公署後，莉莉在午飯晚飯後，陪我在園中散步。晚飯後我登樓，莉莉也上來躺在書桌下。女工捧茶上樓時，莉莉乃跟著下樓吃飯。吃了飯，獨自又跑上來，到我就寢時纔下到園子裡守夜。莉莉最不喜歡公署有第二隻狗，好幾次，有人送狗來，莉莉毫不客氣的咬，我們只好把送來的狗又送回去。莉莉最怕的是爆竹響。農曆年節時，每晚便要躲在我樓上，怎樣趕也不下去。

公署園內一個日本式的水池，池內養魚。第一年，公署王先生買了一百條紅金魚，放在池裡。一次颱風大雨，街水湧進園內，這時水深一尺許，池裡的金魚隨水而逃。德光校長李神父乃買幾條大魚放在池內。大魚生卵，卵生小魚。池內的小魚成群。我因閒時不多，沒有常到池邊看魚。後來，在中飯後，我手拿一個饅頭，分塊拋入池內，小魚大魚蜂踴而上，圍著饅頭吞食。每年春夏，池內的青蛙，生卵很多，小蝌蚪成百成千伏在池邊。我用小網，把牠們撈走。夏夜，青蛙哇哇，又響又鬧。公署張先生拿著電筒，到池邊捉蛙。園內原先有蛇，蛇是吃青蛙的，後來蛇卻被人打盡了。

公署還有一種鬧聲，那是背後勝利小學學生的念書和吵鬧。我們習慣了，倒不以爲煩。午飯後，我照常可以睡。所不能習慣的，是學校放大播音機，播送歌曲或是訓話，聲音刺耳，使人不安。若逢附近人家有喜喪，喜喪人家放播喜劇悲劇，更使人心煩。

夜間，祈禱畢，我常到陽台上看星辰，觀月亮。一片藍天，皓光滿園，心中多有所思。可惜很久不再寫詩，此時的感思，就常停滯心頭。

臺南主教公署是我的一座可愛的家。初搬進來時，魔鬼有點妒嫉，故意給我開玩笑。一晚，我關窗就寢，忽然一隻壁虎掉在左額上，我只吃了一驚，若無其事。過了幾天，左眼忽腫，左額忽爛，全身發燒。請西班牙醫生來看，看不出病症，他給我一付退熱的藥，熱退了，左眼左額的腫不消。我常笑向臥室門外聖堂裡的聖體說：「將來公署一定很好，魔鬼不服氣，要報復。」過了一星期，腫退了，傷口合了，只是左額一片青黑，西班牙醫生說，黑斑不會消失，我也就慢慢習慣看像片上，我是黑額花面了。一次，遇到湖南一位同鄉，尚標準局長，尚先生的小姐看到我的黑斑，問知是壁虎所造，便陪我去看一位中醫。中醫配了一瓶藥水，塗了幾天，黑斑竟退了，不留痕跡。魔鬼的玩笑，也就失敗。

民國五十五年四月八日於羅瑪

三、臺南一家

來到臺南主教公署吃飯的客人，都覺得那頓吃得很好。飯菜本是很平常，廚子也不是以煮菜爲業的大師傅；可是飯廳裡的空氣眞輕鬆，眞愉快，大家有說有笑，眞是一團和氣。今年還有兩次，修女也參加了這種家常便飯，一次是盧森堡修女總會長，一次是聖心修女區會長，她們兩位，又驚訝，又高興，說是平生第一次和主教同桌而坐。

我素常不喜歡聊天；接見客人時，爲使客人輕鬆，便常有說有笑；不見客時，則常是對案獨坐。我雖不覺得孤寂，但是也喜歡有散開心思的時候，我開心的時候，就是在飯廳裡和神父們同桌吃飯，沒有一頓飯不因著笑話而開心大笑。

同桌吃飯的神父，常是十幾人，中國南北東西的神父都有。北方有河北人，南方有湖南人，東方有江浙人，西方有山西人。天津人取笑山西人，山西人還笑天津人；北方入笑浙江話難懂，大家更挖苦湖南的土音。意大利留學的人稱呼德國留學的人爲日爾曼，被稱爲日爾曼的也稱留學意大利的人爲想念意大利本堂的思家者。你一句，我一句，吃飯的時間就過去了。我從來沒有聽見說菜好吃不好吃，只是看見北方神父不大吃魚。

吃了飯，我獨自牽著狗，在園中散步。走了十幾分鐘，我就登樓，散心的時間便結束了。可是在每天兩頓飯的一小時裡，我覺得臺南這一家人眞可愛。

民國五十年九月，我抵臺南，跟隨我的只有秘書郭潔麟神父，那時臺南教區裡只有倪幼民一位神父，屬主教直接管理，住在新化，其餘的七位中國神父，董、高兩位屬味增爵會，方、蘭、宗、元四位屬方濟會，李恩導神父則屬靈醫會。那年冬天，第一批從歐洲回來的中國神父抵臺南，共五位：賈彥文、賀紹欽、楊成斌、逯寶瑛、李震。他們住在臺南市博愛路四十五號，我則住在西華街。兩處相近，晚飯後，我常去看他們，看見他們五個人就像一家人。民國五十一年八月，主教公署司鐸住宅落成，他們中四人遷入公署，和我同住；楊成斌神父留博愛路任成人修院院長。

道明會神父離開臺南縣後，四處本堂沒有神父。幸而李惟添、郭欽三、郭飛三位神父由花蓮和嘉義轉入臺南教區，立時塡補了空缺。民國五十一年冬第二批由歐洲回來的神父石俊德、劉俊餘、鄭再發三位，來到主教公署，同時項退結神父也由德國來臺南。王玉川神父由澳洲轉入我的教區，主教公署的司鐸住宅便住滿了。

碧岳神哲學院院舍既成，院內有司鐸住樓，項神父、鄭神父，由臺北轉來的傅神父都住入樓內。後來又來了李鴻皋神父，章齊安神父和德國籍道明會士的溫神父。碧岳修院的神父，也成了一個小家庭。每當往修院授課時，常留在修院，和院內的神父同進午餐。

最後來至臺南的則有郭先廣神父、陳金星神父、高旭東神父和雷震遠神父，他們也住在主教公署裡，賈副主教和劉神父則已遷入大專學生中心，逯、王、賀三位神父，搬往各自的木堂。但是在用飯的時候，在大專中心和本堂的五位神父，都來主教公署共餐，寒暑風雨無阻。我很佩服他們的精神，他們並不是不能在所住地開火造飯，乃是爲保持彼此如一家人的感情，甘願犧牲。就是因爲有這種犧牲的精神，臺南一家的氣象纔是一團和氣。

中國神父成了一家人，修會神父也同我們和好，如一家人。南寧街味增爵士，勝利路耶穌會士，後甲慈幼會士，中山路道明會士，影劇三材的聖言會士，還有新營總鐸區的方濟會士，以及遠在澎湖的靈醫會士，莫不是親親熱熱的，有事大家做；能幫忙大家爭著幫忙。臺南教區的修女，聖家會、無染原罪會、道明會、仁愛會、玫瑰會、寶血會、聖心會、和德蘭文教團都和我合作。

沒有料到我離別臺南這樣快！但是在離開臺南以前，天主賞賜我親身體驗到臺南教區眞是一家。今年二月八日至十日，臺南舉行了第一屆教區傳教會議；二月十一日到十三日，臺南又舉行了教區第一屆聖體大會。在傳教會議裡，全教區的神父聚齊一堂，堂內還有教區修女院長，有教友的代表，大家都感到是討論自己的事，別的教區來的觀察員，都很羨慕那種和樂的氣氛。舉行聖體大會時，全教區兩萬一千多教友中，一千人出席大會。全教區的神父、修女和教友，確實把聖體大會，作爲教區奉揚耶穌的大事，大家盡力往好處做。在聖體大會閉幕後的晚晌，我獨自跪在公署樓上小堂裡感謝天主。

臺南教區親如一家，不能說是我的功績，乃是天主賞賜的大恩。我到臺南就任時，曾自己規定奉耶穌爲教區之主，奉聖母爲教區之母。我只是一個管家的人，諸事聽耶穌和聖母的吩咐。

不把教區作爲我自己的私有物，教區的人都願意變成我所有的和我合成一體。主教不以教區爲自己私有物，本堂神父也不以本堂爲私有物，辦教友組織的神父也不以組織爲私有物，一切爲教區而屬於教區，教區屬於基督，大家在基督以內相親，相合作，教區乃成爲一家。

四、主教座堂——中華聖母堂

臺南是臺灣的故鄉，所可以自豪的是歷史古蹟。臺灣的歷史古蹟以鄭成功爲中心，延平郡王祠便是臺南古蹟的第一名勝地。第一名勝地經久未修，古陋簡樸，不配今日臺灣的新興氣象。政府在前年改建了延平郡王祠，今日延平郡王祠的綠瓦紅牆，氣概宏偉。

在延平郡王祠的斜對面，我竟能買得一座院落，爲建立臺南教區的主教座堂。臺南的主教座堂建築在鄭成功紀念祠的同一路上，而且對面相望，可以說是得其所哉！

民國五十二年五月卅一日，舉行了座堂基石祝聖禮，院內有三棟小屋，庭前花草叢生，沒有人可以想像到將來座堂的形像究竟怎樣。

座堂依照地形，將是六角形。建築的式樣，將是中國宮殿式。內部的佈置，則是羅瑪大殿的佈置式，主教教座靠於正中牆壁，祭壇居於中央。祭壇四週四根大柱，柱上有一高塔，塔爲中國宮塔形，聖體供於殿側一小堂內。天花板將爲彩畫板，顏色淡而雅。樑棟也將爲畫棟，象徵教會禮儀。窗戶爲綠磚花窗，大門爲朱紅玻璃門。

過了兩個月，院落裡的房屋拆完了。營造廠老闆顧卓庭先生和范紀明工程師親自督促工人乎地，挖地下室，主教座堂本堂神父逯寶瑛司鐸也每天在場監工。地基乎了，地下室挖了，我看他安置鋼筋和水泥，又看見他們豎立鋼筋，圍作大柱。

九月中，我動身往羅瑪參加第二期大公會議。在羅瑪我常接到賈彥文副主教、郭潔麟神父和逯寶瑛神父來信，報告座堂建築的情形。

五十三年正月底，我由瑞士回臺南，座堂的建築已經完成了，只有內部的細工，和棟樑的彩畫尚沒有做完。三月十九日的前幾天，趕了幾次夜工。到了祝聖的一日，一座宮殿式的聖堂，矗立在開山路側，黃牆綠瓦，紅柱青窗，遊者都嘆爲前所未見。三月十九日，聖若瑟瞻禮日，舉行了座堂祝聖大典。

進了聖堂，迎面是一座白色大理石的祭壇，壇後有主教的教座，座上不置華蓋，只有座背靠牆豎立的主教教徽。祭壇四週，紅柱鮮卉。壇上層塔彩畫，豔麗奪目。登教座，自居全堂中央高位，一目看到全堂信眾，我自覺身爲禮儀的主持人。下祭壇，面對信友，經韻互相應對，如是全堂入一同參與祭禮。捧聖體，舉聖爵，千視高塔的穹空，心有祭祀在天大父之感。我行彌撒已經三十年，只有在臺南主教座堂行祭，我纔體驗了彌撒祭祀的意義。

出聖堂，由側門上登堂頂，平台寬闊，可眺望臺南市景。前爲延平郡王祠，綠瓦綠樹，青青一色。左望臺南市郊，飛機場機房、跑道，隱約在望。右有古城市街，樓房鱗次櫛列。背後，擠有法院住宅，兩三椰樹，遙相點綴。平臺中央爲高塔，塔兩層。綠瓦瓷甍，塔巔高豎白色十字。

座堂正壁，有彩石鑲嵌中華聖母像，係由新營德國樂根修士所造。仿東閭中華聖母像形。聖母端坐寶座，左手抱耶穌，右手持權杖，衣飾有似慈禧太后，形態則肅靜幽閉，令人愛。

民國五十五年元旦，我在座堂行祭。祭畢，降福彩石鑲畫。面對一鑲壁的大幅中華聖母像，我覺得在臺南的工作算是完成了，我的心願已經滿了。

五、玉井聖母堂

民國五十年九月中旬，我到任臺南後的幾天，往臺南縣視察道明會移交的幾處本堂，車到左鎮附近，路被水衝斷，不能通過。乃由玉井叫來一部計程車，由被衝斷的路的那一端，把我接到玉井本堂視察。

玉井的本堂，有一座平房。平房有房六間，最大一間爲聖堂。平房屋頂爲平台。登台繞行一週，見平台已開始裂縫，不能再經一次雨季。陪我的社、盧兩位神父告訴我，這座平房是道明會一位神父所建，原定建築兩層，下層爲神父住所，上層爲聖堂。建了下層，那位神父因病在菲律賓去世，上層聖堂便沒法再建，平頂本不是屋頂，經過幾年的日曬雨淋，便漸漸破裂了。

我看本堂週圍風景很好，又看下層平房建築的很堅固，便決定建築上層聖堂。

民國五十年十一月十二日，我離臺南到羅瑪，參加大公會議傳教籌備委員會。

到了羅瑪，朋友們立刻請我到吾樂之緣聖母堂行祭。

羅瑪的吾樂之緣聖母堂，爲古羅瑪街道的一處街角改建成的，面積不過兩丈見方。在這一處街角，原供一張吾樂之緣聖母像，像前有一路燈。當拿破崙轉戰歐洲的時候，歐洲惶惶不安。一夜，燃燈的燈夫，忽見聖母的眼睛轉動，大呼奇蹟，羅瑪市民群來朝拜，乃改街角爲小堂，供奉聖母。

吾樂之緣小堂，有一善會，爲維持小堂恭敬聖母的儀禮，又爲推行各種慈善工作。我在羅瑪時，爲這種善會的會員，常到小堂敬禮吾樂之緣。民國五十年十一月，由臺灣第一次回羅瑪，又到吾樂之緣小堂行祭。彌撒中講道，我便說明將在臺南玉井建造聖堂，這座聖堂將是我就職後所造的第一座堂，我願奉獻於聖母，稱爲吾樂之緣堂，以紀念我寓居羅瑪三十年的生活。善會會友聽我的話，非常興奮，便許下請人倣效吾樂之緣聖像繪一聖像，寄送臺南，供玉井新堂內。

玉井聖堂的工程，在民國五十一年春季動工，范紀明工程師繪圖，圖有中國式。上下兩層增建遊廊，廊柱倣宮殿廊柱，門前一塔，原爲西班牙式鐘樓，改爲中國宮塔形。新任玉井本堂元秉恆神父，住在下層平房，監督工作。

五十一年八月教廷國務院寄來吾樂之緣聖母像，像由教宗若望第二十三世親自降福，交教廷國務院航寄駐華公使館轉交。

吾樂之緣聖像送到臺南後，先供在主教公署小堂。八月十五日，我偕數位神父護送聖像往玉井，玉井教友列隊在鎮口橋端恭迎。九月六日聖堂落成。

玉井吾樂之緣聖母堂，成了臺南教區的朝聖地，每年聖母月和玫瑰月，臺南的本堂和大專學生活動中心。常組織朝聖隊往玉井朝聖。

我自己每年至少往朝聖母兩次：一次是二月二日，我率領聖碧岳修院的修士去朝玉井聖母；因爲是在民國五十一年二月二日，聖母取潔瞻禮，我決定辦碧岳成人修院；另一次是五月廿一日，我受聖主教的週年紀念日。在這一天我偕臺南的神父、修女、修士往玉井。向聖母謝恩又求恩。

民國五十五年，我從正月五日，開始視察臺南縣市的本堂，日無間斷，最後四天，從早到晚，視察三個或七個本堂區，拜訪百數教友家庭。二月二日，視察玉井本堂，在吾樂之緣聖母堂內。結束視察的任務。碧岳修院的神父和修士，也來到堂內，舉行彌撒。

五月二十一日，臺南市縣的神父和教友。將組織一個盛大的朝聖隊。陪我到玉井朝聖，作爲我的送別典禮。

聖母爲吾樂之緣，五年在臺南主教任內，我親身日常有這種經驗，我到臺南就職的第一天晚晌，無家可宿，客人都替我不堪其憂的時候，我心裡坦然，「不怨天，不尤人」。以後見了人，我常保持原先的笑容，人以爲我是樂天主義者。我固然是樂天主義者，然而我的樂天，是有可靠的把握，我所有的把握，就是聖母。聖母不虛我所望，臺南教區的建設，一樁一樁的繼續成立。人家又以爲我對於金錢很有辦法。實際上我只有一個辦法：我所有的辦法，就是求聖母。求了聖母，聖母便指示我募捐求助之道。

主教的快樂，是在於看見教區的神父，一心一意，共同合作。有憂大家分憂，有難大家共難，有喜大家同喜；教區便成了一家。臺南教區是一個很和樂的家庭，我在臺南常有了家庭之樂。這種快樂，也是聖母賞賜的：因爲家中的快樂，常出母親培養。我奉聖母爲台南教區的母親，所修主教座堂爲中華聖母堂，聖母怎麼不便臺南教區「和樂且泱」呢！

我因此很愛玉井吾樂之緣聖母堂。

六、臺南天主教大專學生活動中心

民國五十年八月下旬，我由羅瑪赴美，繞道日本往臺灣，就任臺南主教，道經美國中部聖路易城，宿於聖文生會院，聖路易城的聖文生會士，在臺南市傳教，攝取了他們傳教工作的影片，製成了一套幻燈片。我抵聖路易城會院，省會長和傳教秘書，請我欣賞他們的傳教幻燈美景。在幻燈片中，有一片是一塊長草空地，空地上站著一位年輕體胖的美國神父，臉上有一半笑容，一半無可如何的神氣。幻燈附有聲帶，解釋這張影片說：「我們年輕的卡神父，等著一座大學生活動中心，可是到如今還只有一塊空地。」我當時拍手大笑。

九月五日，我同杜主教由東京乘飛機到了臺北。臺北飛機場擠滿許多歡迎的人，田樞機、高公使、于總主教、成主教等都到了。不幸，天下大雨。靜修女中的學生，站在大雨下面表演。當我要出機場時，人群裡擠來一個青年，捧著一個醬色小冊子對我說：「主教，我是臺南成功大學天主教同學會的代表，特來歡迎主教，這個冊子，是我們同學會的會員名冊，獻給主教作紀念。」我看會員名冊上，寫著獻者的名字，知道那位青年是謝國權君。

九月八日，我到臺南就職，就職典禮在成功大學的禮堂舉行。就職後，我寓宿在聖文生會傳教士的會院裡。會院的院長爲華克施神父，他駕汽車陪我去拜會臺南市各機關首長，又引我視察臺南市聖文生會神父的聖堂。聖文生會神父所建的小堂，共有八所，每到一所，都看見小孩前呼後擁，大家歡叫「華神父，華神父。」華神父向他們說：「你們該叫主教好！」看了八所小堂，最後到了成功大學的校園內，看到在聖路易幻燈上所見到的那塊空地，華神父說這塊地要做成功大學天主教學生活動中心，可是聖文生會士不會幹學術工作，管理大學生的事，還是請主教派中國神父去做。成功大學開學後，聖文生會舉行第一次迎新會，歡迎新來的同學。迎新會在南寧街聖文生會院舉行，華神父請我去參加。開會後，同學會發言的人，都向我請求建築一座大學生活動中心，作爲他們同學會的會所。我看見那一群青年很可愛：又想起我從歐洲請來的第一批五位中國神父裡，有賈彥文神父，他曾在比國魯汶專管中國學生的。我便一口答應了學生們的要求，建造臺南天主教大專學生活動中心。

十一月十二日，我離臺南赴羅瑪。十二月廿四日傍晚回臺南，下車急往臺南社教館，參加天主教大專學生聖誕聯歡會，臺南天主教大專學生同學會已經正式成立了，賈神父任指導司鐸。

民國五十一年元旦後，我開始計劃建築大專學生活動中心。華神父把他所買的那塊空地讓給我。空地共兩百坪，成三角的長方形。賈神父介紹成大建築系四年級的兩位天主教同學：朱均、陳邁，擔任繪畫工程圖樣並負責施工，有地有圖，卻短建築費。我乃寫信向留美的周幼偉神父求援，他慨然把自己兄弟的蓄積，都無息借給我，又承臺北錢公博神父無息借款，於是學生活動中心就動工了。

九月八日，我就職臺南的第一週年，大專學生活動中心落成。

臺南的天主教大專學生活動中心，樓房兩層，紅磚木窗。樓不高而雅，窗雖多而美。下層，一聖堂，一會廳；懸藤爲燈，編竹爲椅。上層，教室連客廳，寢室帶廚房，小巧玲瓏。成功大學的天主教同學，都喜歡聚於中心了，他們不以中心爲會所，而以中心爲家。上午，家中寂靜無聲，晚晌家中多景多彩。外語班、教義班、談話會、遊藝會，層出不窮。賈副主教一個人應付困難，我又派劉俊餘神父爲助。過了兩年，樓房不足用了，中心顯得過狹，家中人多，幾無地可容。我於是向瑞士求助，想在中心側旁購地加建房屋，未成。又向德國求援，也不成。轉向荷蘭乞捐，我正等著好音，乃被調往臺北，要離開這座大專學生活動中心之家，調任消息發表時，我已來羅瑪參加傳教委員會。臺南大專活動中心之家，給我來信說：

「親愛的主教：在您的護翼下，我們成長茁壯，大專同學會有了今天。我們記得—您到臺南第一件事，是爲我們建立起『中心』。今天，這裡已成爲我們共同祈禱、工作、快樂的家庭。我們記得—許多大的活動。聖誕節，送舊會。您和我們一超。五年來，給予了寶貴的訓示、鼓勵與力量。您，一次次在會刊上給我們寫的忠言，一次次在彌撒中給我們講的道理，都還正縈繞於心；但，今天，您卻要離開我們了。我們爲您的重任祈禱、祝賀；可是，實在說，在我們內心深處，滿是依依之情。敬愛的主教；我們寄上這一紙；帶著至誠的心，以及孺子思慕之情，不論時間或空間的隔離，我們會想念您，也需要您永恆的照顧。祈主祐。

臺南天主教大專同學會總幹事、副總幹事、股長及同學代表三十九人簽名，五五年三月十二日臺南」。

我捧讀這封信時，熱淚盈眶。我馬上答覆了他們，降福、鼓勵這一群可愛的青年，人家說我在大學教書二十五年，自己愛讀書，所以特別喜歡天主教大學生。性之所好，見於行動；這是事所不可免的。可是我也因爲大學生是將來社會的主腦，我便特別注意他們。在成大的天主教同學裡，很少是臺南教區的青年，多數是其他縣市來的，還有許多是僑生。我和中心負責人賈副主教、劉俊餘神父，從來不問他們的籍貫，常是一視同仁。因此，我到臺北，到香港、到歐洲，成大的天主教舊同學，常是以歡迎家長的熱情歡迎我。這是最使我高興的事。

民國五十五年三月廿八日於羅瑪

七、聖碧岳神哲學院

由臺南市天仁兒童樂園側，轉入開元路十三巷，兩旁旱田，或種高粱，或種芝麻。華成食品罐頭廠的煙囪矗立雲表。沿華成廠圍牆右行，見黑瓦白牆的樓房數棟。

由旱田小道再前行，抵所見樓房門首，門側懸兩牌：一書「聖碧岳神哲學院」，一書「徵祥學社」。

過鐵欄，渡月門，見一行白柱白棚的遊廊，廊端有灰瓦紅磚的聖堂。遊廊左右連接四道遊廊，右通兩棟樓房，左通四棟。右樓兩棟，前爲教室，後爲司鐸住樓，左樓四棟，兩爲修生宿舍，一爲餐廳，一爲禮堂。每棟分立，連以遊廊，中間多青草花圃。遊者步行廊上，清風習習，小雀吱吱，周圍幽靜清潔。聖堂牆根，週以深水，水中荷花迎人，魚兒成群游泳。

碧岳神哲學院的修生，看來面貌都是年輕的青年。察看他們的履歷，則知道都是三十而立以上的壯丁，還有一兩個四十歲的中年男子。壯丁和中年人，離開書桌都已經多年了，於今再回到課室裡去，熟讀文規複雜的拉丁文，研究文理精密的哲學，講習義理深奧的神學，他們感覺記憶力太薄弱，理解力太遲鈍了！

他們明知壯年讀書可以遇到的困難，又明知壯年修道爲遵守院規可以有的煩惱：可是他們來了，一心要成司鐸：他們是有志向的人。

我看重他們的志向，也看重他們的努力，所以纔創立成人修院。建築了碧岳神哲學院幽雅美觀的樓房。

民國五十年九月八日，我抵臺南就職。次年二月二日我上書傳信部長雅靜安樞機，建議在臺南設立成人修院。九月二日，聖庇護第十瞻禮，六個青年壯丁，由楊成斌神父引導，來到臺南主教公署小堂，參與彌撒。我爲他們行祭，彌撒中我向他們講道，說明他們是成人修院的第一批修生。

第一批修生。住在臺南博愛路四十五號的小樓中。小樓是上年我租的，第一批來臺南教區的五位中國神父住的，五位神父這時已經搬入主教公署了，小樓便改租爲修生住。

次年正月下旬，我由羅瑪回臺南，有暇便去博愛路看修生，常常鼓勵他們，要快樂要輕鬆，莫緊張，莫愁悶。神父們都說，壯丁修生們的精神不錯，讀書也很下工夫。我聽了心裡很高興。

牛主教曾經警戒我說：「你收退伍軍人進修院。要多加小心。」于總主教也指示我說：「我們不要修生速成班。」

辦理了一年，我已經有了把握：成年修院可以正式成立。壯丁進修院，眞有預備成司鐸的志向，可以養成良好的品格。成年男子讀書，記憶力雖差，理解力則強。成年修院的課程，可以是七年：三年哲學兼拉丁文。四年神學兼傳教學。我於是定名成年修院爲「聖碧岳神哲學院。」

第二年成年修生加多了，耀漢兄弟會的修士也來讀書，博愛路的小樓住不下了，便在附近的青年路口再租樓房一間。同時，我在開元路十三巷裡面，購買旱田四千坪，建築修院，民國五十二年五月卅一日，我祝聖主教座堂基石，同日也祝聖了聖碧岳神哲學院的基石。次年，建築了樓房四棟，修生於二月二日遷入。八月二十二日，聖母聖心節，院內聖堂落成。是年冬，第二宿舍啓用。去年，建築禮堂，全部院舍完工。

碧岳神哲學院的建築圖樣，爲成大教授衡陽同鄉賀陳詞先生所繪，爲中國新式書院式，圖樣上本有樓房九棟，最左兩樓爲中學生，修生用。但因壯年和青年，不便同院，於是在碧岳修院外左角，興建兩樓，自成獨立小修院，取名「聖達義修院」，於去年八月底落成。

每當我在羅瑪聖伯多祿殿內，出席大公會議，每天常到聖庇護（比約）第十遺體前，長跪祈禱，求聖庇護教宗肋佑碧岳修院。碧岳本是「比約」兩字的同音字，看來更文雅。實則成人修院即是奉聖庇護第十爲主保。

創院時，我曾想以徵祥學社稱呼成人修院，因陸徵祥院長，年半百，入院修道，可爲成人修生的模範。但是徵祥學社成立時，我規定爲文化工作的組織，不便又以修院稱呼，乃以聖碧岳爲修院的院名。

碧岳修院的第一批修生中，有兩人，去年被我送入羅瑪傳信大學。近日他們來看我，說拉丁文不大懂，神學課程跟不上。我囑咐他們要輕鬆揄快，莫緊張愁悶。

在傳信大學我送七名修生：五名是由其他小修院來的，兩名是成人修院來的。我明知道成入修生留學，在求學上有許多痛苦：但是他們受點苦，使人家知道聖哲神哲學院是一座正式的修院，修生的品格學識，不下於別的修院的修生。

民國五十五年三月二十八日於羅瑪

八、盡責

耶穌苦難修女院的周圍，空曠無人，前面臨著一條小澗，澗旁一大路，隔澗斜山坡上，半坡兩家農舍，舍後杪叢集。院後背依高山，山峰密密杪林，山腳有牧場數頃，白雪厚積。院右離三百步遠，有溫泉浴室一所，地因溫泉而得名，名「雅谷浴室」（JakObSbad）。

女修院爲方濟會修女院，特敬耶穌苦難，因名耶穌苦難修院（KlOSter Leiden ChriSti）。院內住修女三十餘人，修院設有客房，爲夏季來客休息之所。客房中有一主教室，室爲三間：書室、寢室、浴室。我於民國五十二年十二月中旬來院，寓於主教室內，小住三週。地靜氣清，精神舒適，爲三年來我惟一的休息期：且在期內自行退省五日。初來時，天上地下，一遍白雪，氣溫下到零下十七度。聖誕日，天忽晴明，陽光溫煦。聖誕後，每天常是太陽，夜間常見明月。修院對面山坡，白雪日日消融。過了三天，山坡已露青草，後來連雪花都不見了。院後牧場積雪，因而西北，積而不化，青年男女，滑雪馳行，笑聲滿山谷。入夜，明月懸中天，旁綴幾點星辰，山谷白雪，反映成光，谷中明如白晝。我嘆一生未曾見過這樣光明的月色。

每天午後，我在修院客房右側小園。散步半小時許，園中積雪五寸，足陷雪中，水浸靴襪。我用木鈀，掃淨園徑一段。次日客房一老女工，將園徑積雪全加掃除，讓我在園中，上下左右，隨意遨遊，但是在零度以下的寒氣裡，我所穿的羅瑪冬季服裝，都不足禦寒。修院的訓育司鐸特爲我購一雙厚靴，修院近處的本堂神父，將自己的重外套借給我穿,溫泉浴室主任司鐸又爲我送來毛絨衣褲。人情暖熱使我在雪地步行時，身上也暖熱了。

今天是新年元旦，又是我的五十三歲生辰。我不在臺南主教公署等著神父、教友來賀年賀生，我卻在距離雅各浴室十幾公里的本堂裡行彌撒、講道理。這座本堂處在山谷裡，本堂區三百多教友，散居在周圍的山坡上和樹林中，都以畜牧奶牛爲業。我在堂中講道時，所看見的面孔，都是飽經風霜，臉多縐紋的面孔，只有幾個青年男女，臉上紅暈光澤。我卻向這班教友操著中文講道，他們竟睜眼看我，穩坐不動。等到辛達謨神父把我所說的翻成德文時，他們都睜眼豎耳，靜聽我說臺灣和臺南的教務。

我知道這班教友是家中沒有多少積蓄的人，我卻用耶穌的聖名，向他們勸捐。他們竟爲耶穌的聖名，拿錢送到募捐箱裡。

彌撒後，本堂神父在家中爲我設宴，盡情盡禮，還怕有所不週到。眞是捐了錢還要捐人情。

這樣的募捐，從十一月十五日開始，到今天已經是第六次了。下星期日，還有一次，那一次將在這一洲的都會的本堂勸募。別人告訴我說都會的人頗富有，捐款的數目必多。

捐款的數目，爲到這裡來勸募的我，當然有很大的意義。數目太少，不是冒雪冒寒，而又不能使臺南教區有所建設嗎？可是這幾次勸募，我所滿意的，並不在於金錢數目，而是在於捐款人的誠心。畜牧的農家，竟願意拿出自家所需要的錢，捐給一位從不相識，又遠住臺灣的主教，農村的本堂竟先期勸教友捐獻，後又盡情盡禮招待這位從未見過面的募捐人。他們心中所想的，就是在於耶穌。募捐的主教是耶穌的代表，又是爲宣傳耶穌的聖名而募捐，這班信仰耶穌極誠懇的瑞士農人和本堂，盡量獻款。他們所能獻的雖然數目不大，他們的誠心則很大。拿著誠心所獻的款，我到臺南教區去建設，建設的事業不會很多，可是這些事業的成績，則可以很多。誠心而做事，將能感動天心。

傍晚，修院背後牧場上今天滑雪的少男少女，較比上星期日更多。我去園中散步獨行，聽見他們的歡笑，我心中爲他們祝福，祝福他們今年一年內，常保全心中的快樂。

我在青年和壯年時，住在羅瑪，心中既不愁衣食，也不忙於職務。靜心研究學術，埋首寫作。有時逢人敲門，求助金錢。另外在聖誕和復活節期，來勸募的人特別多。雖然我沒有惡聲拒入，但總覓得麻煩。沒有想到於今我自己卻四處勸募了。心裡常想到別人將有的感覺，常怕別人的冷笑，不敢開口直說。

我唯一的勇氣就是爲耶穌的聖名而募捐。別人獻金，是獻給耶穌，我乃受之無愧。獻金多，我接到時喜歡；獻金少，我接到也喜歡。獻金的人，誠心而有禮，我更喜歡；獻金的人，面帶勉強的神氣，我的面上仍舊是微笑。我是耶穌的工人，我是代耶穌去收錢，我的心於是輕鬆多了。

我爲耶穌做工，耶穌決不會虧我。若是我尚在羅瑪，必定不能來瑞士休息。瑞士生活這樣高，羅瑪冬天又沒有假期，夏天來瑞士的旅客又太多。我於今爲耶穌募捐，耶穌便賞賜我兩次在瑞士休息了，享一享瑞士的安靜福，看一看瑞士的山水美。

不過這是一種附帶的享受，我心裡所眞享受的安樂，是自己盡了責的快樂。耶穌給我一個教區，我爲教區盡一切的責任。假使沒有這一肩的責任，我是更寧願不享受瑞士的清福，不必開口向人乞助。

今夜月亮很圓，清光更亮。「雅各浴室」旅舍窗戶多有燈光，滑雪的少年，寓居旅舍度年，昨晚除夕半夜，我聽見紙炮響，必是這輩少年的娛樂。今夜，我是過年過生；我不能不想陷落在大陸的妹妹弟弟。對著月亮獨念玫瑰經，懇求聖母，照顧弟妹的家庭。

一九六四年正月一日於Jakobsbad

九、我和聖家會

民國五十年九月九日，我至台南就主教職的次日，早晨彌撒後，有兩位修女要求見我。我那時住在台南市南寧街美國味增爵會會所裡，會所主任華克士神父告訴我，來見的是高雄聖家會的會長林修女和區會長鐘修女。我跟兩位修女是第一次見面，實際上當時我利台南的人都是第一次見面。我和林會長、鐘區會長坐在聖堂旁會客室談了二十分鐘，修女們表示願到台南來服務，也願意成爲台南教區的修女會。

當天早晨，我的心情非常沉重。前一晚台南就職後沒有自己的住處，臨時接受華克士神父的好意，借住他的一間房間，跟我的中國神父衹有倪幼民和郭潔麟兩位神父，郭潔麟是我從台北帶往台南的秘書。在羅瑪時，我聽到台南教區沒有教區神父，台南教區是個新教區，一切須從頭做起。我便邀請了留在歐洲的中國青年神父，到台南服務。到了台南就職，假成功大學禮堂行禮，場面熱鬧。到了晚餐後，大家散了，留下了我一個人想想教區的狀況，自己赤手空拳，隻身一人，怎樣可以建立一個教區呢？晚嚮，天氣又熱，久不能成眠。清早，彌撒時，問問耶穌該怎麼辦呢？彌撒後，兩位修女來說要到台南服務，我認爲乃是天主給我一項保證：「他會給我必要的助力。」我的心雖然輕鬆多了，我立刻答應歡迎她們來台南。果然，以後，歐洲的中國神父一批一批地來了，聖功會修女，慈幼會神父和母佑會修女，寶血會修女，都被邀來台南辦學校，方濟會的高神父、馬神父也從南美來台創辦中學。因此，我對於聖家會常懷著一份感激和愛惜的心情，因爲當我束手無策時，她們作了天主願意幫助我的象徵。

第一次，我和林、鐘兩位修女談話，沒有詳細詢問她們修會的情形。過後，我向華克士神父聊天，漸漸知道聖家會是由大陸遷來的修會，在高雄由一位德國聖言會紀神父，協助恢復會院。後來，從台北的田樞機和神父們聽到了許多話，田樞機鼓勵我幫助聖家會，我便決定協助這個中國本地修女團體。

首先，她們在台南市租了一間小房子，住有保守生，院長是洪修女。一年後，在東門外買地辦學校，先蓋教室，洪修女和林會長自己監工。教室造好了，修女們遷居教室內，開始招生，給學校起名「德光」，爲紀念兗州主教舒德祿和台南主教羅光。

我看修女們的精神，非常誠樸耐勞。她們住在德光，隨著校舍的建築往上走，由二樓、三樓到四樓，一切衛生和餐廳設備，則都在樓下。學校夜間鬧蛇鬧賊，她們受驚不淺。

林會長和洪院長時常來看我，陳說關於修會的事。當時，駐華大使高理耀總主教得教廷宣導部訓令，凡從中國大陸遷來台灣的教區修會，應暫時脫離先前的教區，而屬於台灣的一個教區。聖家會原先屬於兗州教區，現在願意屬於台南教區，我爲這事呈文宣道部，宣道部部長雅靜安樞機回信照准。當時會中沒有一位發過永願的修女，因爲會章規定在初願後，過了九年才可以誓發永願。我認爲時間過長，而且會長和區會長都尚是暫願修女，修會過於薄弱，乃上書宣道部申請修改會章，宣道部回信批准初願後六年誓發永願。第一批修女誓發初願已滿六年，使在民國五十一年六月十日在台南舉行誓發永願典禮。台南那時還沒有一座大聖堂，台南主教公署適在建築中，下層牆壁已建好，可以形成一大廳。把磚頭、木屑掃淨，用彩色紙條把四壁磚牆加以裝飾，儼然出現一座寬敞聖堂。在這臨時聖室裡，我主持了聖家會第一屆六位修女的永願大典，六位修女中有林會長、鐘區會長和洪院長：修會在統制上有雛形的基礎。再過兩年，第二屆修女永願禮則在新落成的主教大堂舉行。

民國五十一年八月十五日，在簡單的禮儀中，我正式宣佈聖家會爲台南教區修會。次年二月十一日，我主持了德光女中破土典禮，任命李震神父爲校長。

當時聖家會的修女，都是年輕女子，會長和區會長都不到三十歲。有的主教給我建議邀請一國際修會修女任會長，有的建議由紀神父以主教代表名義管理修會，我都沒答應。中國本地修女會應由修女自行管理。修會內外的事，我不自動過問，會長來報告會務或詢問處理問題的辨法時，我就據實予以答覆。

我在台南的時間很短，在民國五十四年秋，田樞機有意叫聖家會加入台北總教區，成爲台北教區修會，我便贊成，但是問題是聖家會在台北還沒有修院，衹在景美大坪林聖三堂有三位工作的修女。我到了台北，住在田樞機原有的天母住所。聖家會兩位修女幫我經管家務，主管的人爲洪修女，其他五位修女也同住天母，等到景美的聖家修院落成了，聖家會才有總院。

修會復會以後，先由主教代表管理，選舉代理總會長和委派區會長。到了台南後，於民國五十一年八月廿二日召開首屆總會會議我親自監督，大會按會規由總會人員及各院代表出席，選舉第一任總會長，林麗卿修女膺選。全會會務由會長管理。到了台北，於民國六十一年八月下旬召開第二次大會，選舉會長和參議。林會長連任，任期六年。民國六十七年八月第三次大會，林會長又膺選。在第三次大會時我爲徵得更多修女的意見，乃暫時寬免會規的選擧規定，允許全體發願修女都有投票權。第二、三兩屆大會全體修女都投票。

第二屆梵蒂岡會議所造成的風氣，這時已吹到台灣，修會都興起了改革的聲浪：改革會衣、改革會規、改革日常生活、改革修女教育。修女受教育，我很鼓勵。我希望她們都能接受高等教育和事業訓練。如果有機會，也遴選修女出國留學。

聖家會的改革，由會長和總參議會負責，也常請神父充顧問。修女們年輕，又在神學院讀書，容易接受新的智識，在神修方法和禮儀生活上，年來都能有新的氣象，顯出年輕的活力。但是聖家會在台灣建立不久，沒有修會的傳統，我常囑咐她們要建立一種聖家會的精神，作爲修會的根據。聖家會的精神是中國家庭的精神，數代同居，每人都有相愛、相助、容忍的善德。每座會院爲一家庭，院長形同母親，照顧同院修女，患病者予以特別照顧。全會更形成一大家庭，會長是母親，關心愛護修女，照顧她們的工作，使她們身心愉快。

我所求的，則在天主賞賜聖家會出聖女。普通每個修會都靠會祖的聖德塑定修會精神的模型。沒有會祖長期培育的修會，則靠從會士中出有聖者，同他們的祈禱和克苦，爲修會爭取天主的寵佑，爲會友建立聖善的模範。

我求天主賞賜聖家會能有不求學識、不求虛榮，埋頭做人所不稱讚的事的修女，時刻和天主相結合，以達到聖人的境界。

在我年老的人看來，修會的興盛和光榮，不在有高深的學識的會士，也不在有多才多能的修女，而是在聖德出眾的聖人。我現在年歲老了，想住在修女的會院旁邊，就是想協助在聖德上前進，也藉她們的祈禱，使我自己步步走近天主。

十、大公會議的傳教委員會

1.

人生最可紀念的事，是參加富有歷史性的事業，我一生最可紀念的事，便是參與第二屆梵蒂岡大公會議了。這屆大公會議，在天主教的歷史上，將和脫利騰大公會議和第一屆梵蒂岡大公會議，同樣的重要。他們這一輩主教們，可以說是生逢盛時，能親與盛會。我則更是幸中有幸，能夠參與大公會議的傳教委員會。而且我參加大公會議的傳教委員會，是從第一次會議到最後一次會議：這又是幸中的更幸了。

大公會議的籌備委員會，在一九六〇年五月五日正式成立。籌備委員會共十個，我被任爲籌備傳教委員會委員。十月廿四日，星期一，籌備傳教委員會在傳信部部署舉行第一次會議。主席雅靜安樞機，秘書馬迪烏總主教，委員及顧問等，都到傳信部部署小室內，舉行宣誓禮。

籌備傳教委員會分爲五組：第一組研究聖事和聖儀，第二組研究教區行政，第三組研究聖職員和教友的規律，第四組研究修生和修士的教育，第五組研究傳教合作問題。我被分在第四組。十月廿八日，第四組開第一次會，只有委員三人。我們第一步工作，是研究初步籌備委員會所收集主教們和教廷各部的意見書，第二步工作，則草寫建議。第四組委員從當年十月到次年（一九六一年）三月二十一日共開了十三次會，委員人數後來增至六人。

一九六一年四月十七日，籌備傳教委員會，舉行第二次全體大會。那時我已被任爲主教。第一次集會時，雅靜安樞機公開向我致賀。這次共集會十天，從四月十七日到廿六日，中間休息兩日，共集會九次。集會地點，在傳信大學的畢翁蒂樞機廳。四月廿一日，則在梵蒂岡宮內集會，教宗若望第二十三世親自主持。

當年九月八日，我至臺南就職。十月底，忽接雅靜安樞機的信，召開籌備傳教委員會，會期定於十一月廿日開始，我乃於十一月十四日由臺北起飛，赴羅瑪，參加會議。十一月卅一日，籌備委員會結束了任務。

這次籌備會議，草定了將來大公會議的傳教議案。並定了議案共七章。第一、第二、第五組各草了一章，第三和第四組，各草了兩章。當籌備會議開會時，我們沒有得到教宗和中央籌備委員會的指示或規定，我們只按照主教們和教廷聖部的意見書草寫建議案。議案裡所有的建議多就傳教區法律方面的問題，提出建議。我是喜歡法律的，在每次開會時，常參加辯論；又因爲我在籌備傳教委員中，我是少數不是修會會士的委員，每遇修會與本籍聖職員的問題，我心爲本籍聖職員力爭。

籌備傳教委員會所草定的議案，付印後，每章成冊，共七冊，呈送中央籌備委員會審核。中央委員會批駁草案太長太雜，侵入了其他籌備委員會的研究範圍，指定多加刪改。

2.

第二屆梵蒂岡大公會議，於一九六二年十月十一日，正式開幕。十月十四日，投票選舉十委員會一百六十位委員。中國主教團爲傳教委員會曾提名兩人：提田樞機和我。結果，田樞機當選。十月廿九日，教宗按照會章任命委員九十人，我被命爲傳教委員會委員。當時大公會議的十個委員會，每會委員廿五人。傳教委員會仍由雅靜安樞機任主席，主席向教宗推薦副主席二人，一位爲法國主教，一位爲西班牙主教。

在第一期大會時，傳教委員會沒有正式開會，只在委員會成立後，舉行了一次見面禮。但自一九六二年十二月到次年二月，居在羅瑪的顧問，由委員會第一副主席召集開會，籌備委員會全體大會。因大公會議的中央調度委員會已下令傳教委員會將籌備委員會所籌的七章議案，裁爲兩章。

一九六三年三月二十日到二十九日，傳教委員會舉行會議，田樞機偕我，都到羅瑪參加。開會地點是在傳信學院大禮堂。傳教委員會委員，這時尚是二十五人，然十分之九，都是新人，沒有參加過籌備委員會，因此對於兩章草案，以及第一副主席和羅瑪顧問等所設備的資料，大表不滿。兩章草案，不但很短，又是無頭無尾。而且大公會議的目的和趨勢，在第一期大會裡已經表示得很清楚，是反對法律性的提議案。可是第一副主席和羅瑪的顧問們認爲中央調度委員會，既已經指定保留草案約兩章，則只可就所保留約兩章，予以修改和增加。於是委員會開會九次，爭論頗烈。

第二期大公會議於一九六三年九月廿七日開幕，傳教委員會委員，多要求在大會期內舉行會議，因爲聽說中央調度委員會對於三月裡所擬的草案，多有非難。委員會乃於十月廿三日，舉行第二次全體大會，委員對於保留原有提案或另草新提案問題，討論很久。雅靜安樞機因已擔任大公會議監督委員會委員之職，不能常來主持傳教委員會議。因此每次開會，大家都覺得沒有主腦。一位法國年輕主教，一位非洲年輕總主教和我，算是年歲較輕的委員，我們幾個人，極力推動，乃決定組織小組委員會，重草提議案。小組委員會共四組，我任第二組主席。第二組草定了提議大綱，經全體委員會通過。於是各小組委員會，按照大綱，重草議案，到了十二月三日，一共開了九次全體委員大會，通過了傳教新提議案。提議案共四章，冠以緒論。第一章論傳教神學，第二章論傳教工作，第三章論傳教士訓練，第四章論傳教合作。

正在這期段中，教宗增加了委員會人數為三十人，又許委員會選舉一副主席，傳教委員會乃投票選舉副主席，我當選。傳教委員會遂有三位副主席了。

3\. 草案擬定後，送交中央調度委員會，委員會核准，乃呈教宗，教宗批准付印，分送大公會會議全體教長，請於一九六四年三月卅一日以前，送到意見書。是年五月四日，傳教委員會舉行全體會議。這時，中央調度委員會，為縮短大公會議的開會時日，決議把傳教提議案，列於第二等提議案，議案須縮成簡單的十幾條提議。傳教委員會開會時，大家為中央調度委員會的指示所限制，只好將上項提議的四章，完全予以修改緊縮，同時參考大公會教長所送到約六十七件意見書。委員會先按上次開會的程序，分為四小組，每組研究上次提議案的一章，指出該保留之點。然後出大會選出新議案起草委員會。起草委員三人，一爲我，其餘二人爲兩位顧問。我們根據四小組委員會所指定之點，草寫條文，交由全體大會討論，略加修改後，全體贊成通過。可是全體委員都不甘心，不喜歡傳教議案，只成了十九條簡單的條文，條文所可說的事過少過短，頁數由二十頁縮成了六頁。

在這三年，委員會迭次開會，討論的問題很多。其中有幾個問題最重要而又最難解決。傳教事業的定義，本來是第一個該解決的問題，然而三年來每次開會，每次必定對這問題引起熱烈爭持，以往傳教事業的定義，是以法律爲基礎，法律又以地區爲根本，即是傳教事業以傳教地區而加定義。南美的許多主教，反對這種定義，他們的工作情形，和傳教區的情形一樣，但是他們不算在傳教區以內，他們所以要求把傳教工作的定義伸張到傳教區以外。同時，歐洲、法、意等國組織了工人區佈道工作，也稱爲傳教工作，傳教區的主教們反對將傳教定義伸張涵義，以至於和法、意的工人區佈道工作而起混亂。

傳教工作的重要性，也是一個難題。目前，有幾個神學教授，主張在天主教以外，教外人幾乎都可以得救贖。傳教士們於是都請求大公會議把這事說明白，假使若是外教人幾乎都可得救，那又何必傳教呢？不過，我們也不能說外教人都不能得救，這是相反天主的仁慈，問題是在怎樣可以求出中庸之道，不過也不及，這是一個神學的難題。

誰是傳教士呢？以往常稱外籍的傳教士爲傳教士，本籍聖職員則爲本地聖職人員。可是按神學上說，外籍聖職員和本地聖職員在傳教區，做同樣的工作，則應都稱爲傳教士，在委員會裡，我獨自一個人，極力這樣主張。

非洲新興的國家，都不喜歡聽本處是傳教區；因爲以往的傳教士，大半都是殖民國家的主教神父。他們脫離了殖民統治，便不高興直稱爲傳教區，他們願意稱自己爲新興教會，可是亞洲的國家，在他們看來，則可稱爲傳教區，我爲這事，在委員會裡大發勞騷。

還有修會和本籍主教的關係，也是一個難題，在委員中有六位傳教會的會長，他們爲修會說話，委員會的亞洲委員，不大感到這個問題的棘手，非洲委員則對這個問題非常關心，因爲他們有切身的難題。

其餘別的傳教問題，在議案中所論到的，雖都是很重要的，但在委員會中，沒有什麼爭論，因爲大家的意見都差不多。

第三期大公會議開會後，傳教委員會，自九月廿四日至十月六日，舉行全體大會四次，研究大會教長所送來的意見書，將草案的條文，稍加修故，又通過我所寫的委員會向大會報告書。這一切都予付印，發送大會全體教長。十月六日，大會開始討論傳教議案，教宗親自出席，向大會致詞，極力肯定傳教工作爲教會的中心工作，又讚譽傳教議案草稿適合需要，可以取得大會的贊成。大會在我提出草案報告後，經過三天的討論，有二十七位教長發言，我自己也因非洲主教之請，在大會中發表意見。發言的人，都一致批評草案太簡單，草案中所說固然好，但是沒有說的大多：大家所以要求重加編寫。十月八日爲星期日，大會休會，雅靜安樞機召我赴傳信部部署談話，午後四時，我赴傳信部，部長和傳教委員會秘書在座，我們三人商議結束大會討論傳教草案的辦法。按照通常的程序，在討論結束時，大會就草案舉行投票，票決贊成或不贊成。大會就對傳教草案舉行票決，一定是不贊成的：可是教宗已經就草案表示贊成，尙且希望大會能夠通過，若是大會就傳教草案投不贊成票，對於教宗所表示的意見，明相衝突；而且這次教宗參加討論會，尙屬第一次，又是自動來參加的，並不是如外間所傳說的，是因雅樞機的要求而來，於是雅樞機決定，由我代表他次日在大會結束討論時，聲明傳教委員會自動收回草案，另寫一新草案，於第四期大會時，送交大會表決。這樣大會一可以不舉行投票，對草案不表示意見。十月九日，在大會開會前，我往見大會監督委員會四樞機和大會秘書長，取得了他們的同意。大會開會後，繼續討論傳教草案，約一小時，値日監督樞機，宣佈結束討論，請我發言，我乃代表雅靜安樞機，聲明委員會重編新草案，全堂報以鼓掌。可是大會秘書長認爲按照開會程序，在結束討論時大會應該舉行投票表決。於是他向大會提出，請根據我所聲明的：傳教委員會重新草寫議案一點，舉行投票。結果，一六〇一人贊成，三一一人不贊成。會後，大家都稀奇這次投票的方式，以爲是我在弄外交手段。實際乃是雅樞機苦心不要大會明明反對教宗的意見。

4.

十一月十六日，傳教委員會舉行全體會議，研究編寫新草案的步驟，決定組織一小組起草委員會，並選舉委員五人。五人中有我們三位較年輕的主教（一位非洲總主教，一位法國主教及我），有第二次加入委員會的年輕聖會總長，還有副主席中的西班牙主教。十一月廿日小組委員會，在傳信部部署由雅靜安樞機主持第一次會議，決定選擇專家顧問六人，專家中，選聘神學家三人，又決定小組委員會於次年正月中，在耐密鎮聖言會院，舉行會議。我於是留在羅瑪度聖誕，等候小組會議開會，一面草寫一部份草案初稿。

一九六五年正月十六日，五人小組委員會，在耐密集會。先行閱讀大會教長在上次大會中，口講或筆寫的意見書，發表意見書者，共一百一十三人。五人小組委員會再分爲五組，每一委員主持一小組，分草一章議案。我主持第一組，草寫傳教神學，由一位法國神學家和一位德國神學家主筆。從十六日至廿四日，上午下午不斷工作，新議案草稿寫畢。草稿共五章：第一章傳教神學，第二章傳教工作，第三章傳教士，第四章傳教工作的統序，第五章傳教的合作。我於廿四日離耐密，廿七日動身回臺灣。專家顧問則於廿七日完畢了編寫工作。

三月廿九日，傳教委員會舉行全體會議。上次五人小組委員會在耐密開會，大家日夕在一起，會議聖言會會長舒德神父主持，我們覺得經驗很佳，很適於做事。這次全體會議，也就在耐密聖會會院舉行，也由舒德神父代雅樞機主持，會議由三月廿九日到四月五日，先分五組開會，每組由五人小組之一委員任主席，後開全體大會。委員和顧問，一共四十餘人，聖言會盛情招待，多與便利不收分文。會院園地廣大，樹木叢集，下瞰小湖綠水，上對迤邐山峰。工作之餘，散步園徑，心曠神怡。

第四期大會於九月十五日開會，九月十八日，傳教委員會舉行全體會議，通過舒會長所寫向大會報告書。十月七日，傳教草案提交大會，大會發言者共四十八人。大家的意見，都表示贊成草案；只是對於幾個問題，不同的意見也多。南美的主教反對草案所給的傳教定義，因爲他們的工作，不能包括在內。傳教區主教認爲草案對於傳教工作的重要性，說的尚不夠分量，應該把話加重，本籍主教們不滿意草案以傳教士只指外籍傳教士，傳教草案形成外籍傳教士的文章。非洲主教界求草案明文規定修會與本籍主教的法律關係：另有其他主教則以原有草案關於在傳信部設置指導委員會一點，說的更強。提交大會的草案，經過委員會於九月十八日加以修改，修改之文字，過於軟弱。

我在大會中也曾發言，就三點發表意見：第一章傳教神學對於傳教工作的重要性，已經到了中庸之點，並不過弱。第三章以外籍傳教士爲傳教工作的主體，絕對不合事實，應將第二章論本地教會一段提出，自成一章，以表示本地聖職員乃是傳教工作的主體，而且在外籍傳教士之先，至於傳教定義，無論若何不能變更。草案說明傳教工作是向不信仰基督的人，宣傳福音，以建立自給自足的教會，我們不能接受南美主教的要求，以傳教工作，「另外」是向教外人傳道。「另外」兩字，暗指在向教外人傳道的工作以外，在教內人傳道，也可稱爲傳教工作，這樣傳教定義等於沒有定義。並且南美的傳道工作，可以包括在傳教工作以內，因爲他們雖是向已經領了洗的人傳道，但是當地的教會，還不是自給自足的當地教會，而是外籍傳教士所組織的代理系統。

十月十五日，傳教委員會舉行會議，研究處理大會教長所發表的意見。教長口頭或筆寫而發表意見書，共一百七十一人，意見書成五百五十頁。委員會決定出起草約五人小組委員會負責研究。小組委員會約五委員偕同顧問十人，重赴耐密會院，於十月十九日到廿三日，擬定了議案的修改條文。這是我第三次寓居耐留了。十月廿二日到廿六日，全體委員會分五組，舉行會議。廿七日，舉行全體大會，通過小組委員會所擬各款。傳教議案乃由五章變成六章，新加第三章，論地方教會。即照我的提議，以原稿第二章論地方教會，予以補充，自成一章，列在論傳教士之前，成爲議案第三章。這是議案修改之點，最顯明可見的。其他重要修改之點，是對傳教工作之重要性，特別加強；對於在傳信部設指導委員會一點，說明委員有表決權，委員由教宗諮詢各國主教團後，自由任命。印度主教團要求指導委員會由各國主教團選舉，再出教宗任命。我以爲這在事實上爲不可能，指導委員的人數不能過多，舒德會長也認爲選舉委員一事，既複雜又紊亂，且不能取得適宜的人。

修改的傳教議案，於十一月十日和十一日提交大會，分章分段，舉行投票表決。議案全文，雖被贊成通過，但照例所附意見書很多：多至一千餘，十月十二日，傳教委員會的議案起草五人委員會偕同十顧問，又赴耐密，以兩天的功夫，就教長的意見決定可取或不可取。教長的意見多屬關於少數問題的同一意見，如關於傳教定義的意見，關於傳信部指導委員會的意見，關於修會和本籍主教的法律關係的意見。本來對於這些問題，委員會研究的已經很詳細，舒德神父向大會報告時，也加了說明。不過教長們願意利用自己的權利，再表示一次意見。我們委員會認爲議案全文既經通過，沒有更改的餘地，相反的意見雖多至三百或四百，也不便採納。

教長們最後一次的意見，經過委員會研究後，採納了幾點關於修改條文文字的意見。委員會對研究經過，印成厚冊，於十一月卅日提交大會，大會票決通過，又就議案修正之全文，舉行投票，結果，二千一百六十二人贊成，十八人反對，兩人廢票。十二月七日，在公開大會中，再就傳教議案最後一次投票，結果二千二百九十四票贊成，五票不贊成，沒有一張廢票。當天教宗保祿六世，在大會中，公佈了傳教議案，成爲傳教法令。

傳教委員會的工作，於是結束了，完成了教宗所委託的任務，擬定了傳教法令。傳教法令雖曾五次易稿，又曾受多方面的攻擊；但是最後的定稿，大家都譽爲這次大公會議所頒佈的法令中，最佳的法令。傳教法令既有傳教的學理，又有傳教的實際規律。法令中所說的，不是抄襲陳舊的一貫學說，而都是很新穎，又很深奧的學理。對於傳教工作的看法，以及傳教工作的方針，法令是用現代學術的思想去說明。尤其是法令把傳教工作完全歸於耶穌，以耶穌的精神爲精神，以耶穌的目的爲目的；又因傳教工作是耶穌的工作，而成爲整個教會的工作，由教宗、主教，一直到神父、修女和教友，每人對於傳教工作，都應負一份責任。將來傳教法令見諸實行後，傳教工作必有一番新的氣象，傳教委員會約五年辛苦，便頁有功於教會了。

5.　爲實行大公會議的法令，教宗保祿六世，在今年正月三日，頒佈諭令，設立五個執行委員會。三年前，教宗已經設立兩個執行大會法令的委員會，執行法令的委員會，合計共七個。七個委員會中，有傳教委員會。教宗在正月三日的諭令上，指定所立的五個委員會，以大公會議間原有的委員會的委員爲委員，原有的主席、副主席爲主席、副主席。

正月十八日，我在臺北八里鄉聖心女中主講修女講習會時，接到臺南主教公署電報，報告教廷國務院送來任命，教宗任命我爲執行大公會傳教委員會副主席。二月十五日，我收到雅靜安樞機來信，通知於三月七日，在羅瑪召開執行大公會傳教委員會。我本來在接獲任命後，曾經上函傳信部長樞機，建議在復活節後開會。於今接到了三月開會的通知，乃決定赴羅瑪出席。二月十九日，忽接教廷公使高理耀總主教電話，告以教宗已決定調我赴臺北教區，不久就要公佈，我問是否尚可赴羅瑪開會，高公使答以可往。三月一日，我離開臺南，赴彰化，向在彰化行避靜的臺南神父講話，當天赴臺北。次日，午後二點半，我搭泰國航機赴曼谷轉羅瑪。乃竟在這一天早晨臺北報紙公佈我調任的消息。

三月七日，傳教委員會往傳信學院大禮堂舉行第一次會議，我進會場稍晚，雅靜安樞機在致開會詞。樞機很客氣，等我就座後，在致詞中，特賀我陞任臺北總主教。五年內兩次在開會時，受了雅樞機的祝賀。我的任命本是雅樞機定的，但是他的第一句話，則說教宗任命了我，似乎和他沒有關係。足以表示雅樞機的謙虛知禮。

第一次委員會議，決定當天赴耐密聖言會院，繼續開會。當天晚，在耐密舉行第二次會議，決定分成三小組委員會，根據傳教法令研究每章所應有的執行條例。三小組的主席，推定以前五人小組中的三位年輕的主教：一位非洲總主教，一位法國主教，一位是我。三小組分別開會兩天，三月十日，傳教法令的執行條例，已經草擬好。全體委員傾投票通過。這次開會兩位樞機委員也到會，中午雅靜安樞機也到。當天，我進羅瑪晉謁教宗，中午，趕回耐密。晚，回羅瑪。

委員會散會時，大家熱烈道別。大家覺得做完了一樁大事，心裡很愉快，很輕鬆。雖然沒有正式舉行感謝天主的儀禮，但是每個人都至聖堂感謝天主，使我們生逢盛時，很幸的能參加富有歷史性的大公會議；而且幸中之幸，是在委員會中，我們創造歷史；因爲大公會議的傳教法令，乃是創造傳教歷史的文件。

6.會議閉幕禮

大公會議已經在昨天閉幕了，閉幕大典的隆重和美麗，超過世界任何其他國家的大典，眞如張群特使所說：看了這次大典，其他任何典禮，都可以不看了。聖伯多祿大殿殿前圓場裡，擁滿了三十萬信眾，殿前平場兩邊搭上特使團、外交團、貴賓、主教和樞機主教的參禮台，中間還有教宗的寶座和祭壇。昨天上午，羅瑪天氣不冷不雨，且有一陣一陣的太陽。兩千多位主教頭頂白色高帽，身披白綢氅。六人一排，魚貫入場。似乎一條銀龍，悠然而進。教宗乘肩輿殿後，抵祭壇前，下輿，舉行彌撒，全場數十萬人，同應答，彌撒後，七位樞機宣讀大會收到社會各界通電，大會秘書長頌讀教宗閉會諭令，最後五位主教代表五位主教歌唱祝辭。五位主教中，我充亞洲代表。

張群特使於十二月五日晚間抵羅瑪，我國駐教廷和駐意大利的兩館館員，由謝壽康大使率領，全體至機場敬候，教廷與意大利政府代表，我國在羅瑪開會的主教，以及留學羅瑪的中國神父，也在機場歡迎。翌日，十二月六日中年，謝壽康大使設宴，爲張特使洗塵，八位中國主教作陪。七日上午，張特使參加大公會議最後一次會議，下午在西斯篤殿，張特使與副使及團員，和各參觀特使團，集體覲見教宗。覲見畢，張特使單獨拜見教宗，呈送 蔣總統親筆函，與教宗對談十分鐘，談話畢，赴教廷國務卿酒會，晚間，意大利總理漠洛以意大利特使身份，宴各國特使。八日，中國特使團參與閉幕大典完，接受中國主教團歡宴。九日晚，張特使離羅瑪。

張群特使在六日中午歡宴席上，答覆謝大使的盛情，曾說他本人信奉基督，知道事事都有天意。在國家大事上說，臺灣的割讓，和臺灣的歸還，冥冥中實在有天意的安排，使我們有一個復國的良好時機。在他自己私人小事上說，這次奉命出使，也有天意主使。他自己去年，曾有意來歐洲遊歷，于總主教曾邀他參觀大會。因時局變化，致未能成事，這次在不想出國時，忽然能夠有好機會，來羅瑪參與大公會議，豈不是有天意嗎？

在八日晚開，中國主教團的歡宴席上，張特使則陳說參加大典的感想。七日和八日的大典，飽足了他的眼福，看了這種大會，其餘的會都不必看了。只可惜自己不懂拉丁文和法文，在會場裡作了聾子，但是眼睛看了儀禮的莊嚴，進退的次序，心中油然起敬，所得印象甚深。對於大公會議的經過，他雖沒有研究，但對於大公會議的影響，則頗能理會得到。我們在臺灣的建設，很要緊有教會精神力量的支持。張特使表示七日傍晚拜見教宗，心中非常滿意。在教宗百忙之中，能夠和教宗交談十分鐘，在九十個特使團中，算是很特別的。張特使見教宗時，先送上 蔣總統親筆函，又送英文翻譯，教宗對 總統的美意甚表感激，又表示對 總統的敬仰。臺灣在各方的進步，另外是天主教的發展，教宗說本人常有禱告，心中很爲關懷，也很爲愉快。張特使乃向教宗陳述臺灣進步的成績，又說明臺灣建設的精神，是三民主義。本年是創立三民主義的 孫中山先生百年誕辰，國家盛大慶祝，以加強這種建設的精神。同時希望天主教會也以基督的精神協助臺灣的建設。張特使說教宗的智慧很卓越，見識很高。

在參加大典的餘閒，張特使驅車參觀羅瑪的古蹟和博物館。離開羅瑪後直飛威尼斯，由威尼斯赴米蘭，再赴翡冷翠。張特使笑謂：在六十年前讀書時，只知道意大利是靴子，於今樂意的看看靴子裡究竟有什麼？

大會的最後幾天，會務很少，禮節和應酬特別多，十二月五日主日上午，七位中國主教在羅瑪一本堂共同行祭，爲中國祈禱。六日午後，有爲大會舉行的音樂會，演唱新制的聖伯多祿行傳曲。七日午後有羅瑪市政府的酒會，我因在兩處本堂爲大公會議閉幕三日敬禮講道，更一番疲倦。

大會留給主教們的紀念，有教宗賜與每位主教的戒指，戒指爲金質，不嵌寶石，金葉上列有耶穌伯多祿保祿的聖像，內面刻有教宗的徽章。還有頒佈大赦年的諭令。每位主教自明年元旦到聖神降臨節期，在主教座堂，舉行特別大赦聖年，我在元月元日在臺南主教堂開啓聖年，在二月聖體大會，得到聖年大赦。

我對四次本會的經過，曾給高雄善導週刊，寫有通信報告，都收集在牧靈文集第二冊。

台北總教區十二年
（一九六六—一九七八年）

一、就職台北總主教

1. 就職

民國五十五年（一九六六年）五月十五日，到台北就職。上午九點一刻，赴台南主教座堂拜別聖母，轉赴車站，台南葉市長、成功大學羅雲平校長以及各界朋友、神父、修女、修士、幼稚園和中學學生教友千餘人，在車站送行，車過新營，劉博文縣長偕新營區神父到站歡送車過彰化車站時，單國璽神父登車，送行到台中，午後三點，車抵台北，幼稚園小朋友成世光主教率神父和教友代表在車站歡迎，赴站長室，換禮服，登汽車，由台北後車站赴主教座堂，重慶北路和民生西路兩旁俱是教友和學生，列隊迎接，車抵主教座堂前，下車，人群擁擠，不能舉步。入堂行就職禮，誦讀教宗委任令。五點半，台北教區在中國飯店舉行酒會，張群秘書長、立法院黃國書院長、監察院李嗣聰院長、司法院謝冠生院長等到會。七點半，台北教區聖職員在中國飯店聚餐歡宴，我即席發表任命毛振翔、胡德夫、狄剛三位神父爲副主教。

在台南和當地政府首長，和睦相處，有朋友相交的情誼。到了台北，不能像在台南的彼此關係，單純而容易，但彼此見面禮不可缺，乃於五月二十五日開始拜會部會首長，首先拜會監察院李嗣聰院長，考試院莫德惠院長，司法院謝冠生院長，立法院黃國書院長。五月二十四日拜會張群秘書長。六月一日拜會國民黨中央黨部秘書長谷鳳翔，六月三日拜會副總統兼行政院長嚴家淦和行政院副院長黃少谷。六月十四日拜會經濟部長李國鼎。六月十五日拜會警備司令陳大慶：六月十七日，拜會財政部長陳慶瑜：六月二十二日，拜會台灣省主席黃杰，教育部長爲在台南舊友，故未作禮貌拜會。七月二十九日，拜會外交部長魏道明。八月十六日，訪台北市長高玉樹。完結了政府首長的禮貌拜會。同時和台北教區的神父修女見面，五月十五日任職晚宴時，我向神父們發表了談話，五月十九日，在耕莘文教院，上午九點，爲修女們行彌撒，講道時發表談話：下午，赴淡水本篤修女院，訪問郭若石總主教。當天，在和平東路主教公署接受成世光主教辦理移交。

2.台北總主教公署

民國五十五年五月，我到台北總教區就職，當天晚晌，我在主教團秘書處過夜。以後幾天都住在那裡，白天則在總主教公署。

那時，總主教公署在和平東路一段的一個巷子內，巷子剛可以進一輛小汽車，公署房屋爲日本式平房，係郭若石總主教所買；田耕莘樞機繼續在那裡辦公。成世光輔理主教和牛亦未蒙席住在公署，田耕莘樞機住在天母。我到台北的時候，成主教搬到新店主顧會會院去了，田樞機則早已在嘉義聖言會會院養病。

我在羅馬住了很長的時期，習慣看教廷各部會人員，住在自己的寓所，白天到辦公室辦公，也看到有些國家的主教，把辦公地方和住所分開。我在台南住在主教公署，當時台南教區在草創的時期，事務非常多，又正當梵蒂岡第二屆大公會議時期，我每年常有四個月在羅馬開大會和委員會，沒有時間研究學術或寫書。到了台北，接受了輔仁大學和文化大學的哲學研究所授課，就要有讀書的時間。台北又不像台南，人際關係很多。我便決定住在田耕莘樞機以前的天母寓所，離台北市區遠，晚晌不會有人來訪。在天母寓所有胡德夫副主教和施予仁神父。我請胡副主教搬往總主教公署，施神父搬往景美聖言會會院。

住所選定了，我將從台南搬來的書籍衣服，搬到天母寓所，定名『牧廬』。有修女管家，有女工做工，有郭麟神父任秘書。

天天到和平東路總主教公署辦公，感到公署實在太小，眞正的辦公室，只有我的一間辦公室，秘書小姐在大間榻榻米地板的客廳一角，放張辦公桌。牛亦未秘書長、李秘書神父都在自己臥室辦公。我就決定興建一座總主教公署。但不能在原有地址上建造，因爲兩百坪的位置太狹，巷口又太小。（目前，改爲社會服務修女會院，已面臨大路）祇好委託龔偉英女推事代覓建地。龔推事在台南高院任職時，曾替我購得台南主教公署房地利台南主教座堂建地。所購地好，價錢公道，不要介紹金，一切法律手續清楚。

田樞機在台北任署理總主教時，葉公超外交部長曾替高理耀大使介紹一塊建地，爲建造教廷駐華大使館。同時，也在附近給田樞機介紹一塊建地，地價很低，爲建造總主教公署。田樞機有種忌諱，不願公署蓋在大使館附近，免得常遭監視，便婉謝了葉部長。

台北市向東部發展，復興路和光復路空地很多，稻田縱橫。龔推事在和平東路和基隆路交叉的圓環附近，購得一塊地，共八百多坪，地形方正，交通四通八達，各路公車頗多。我請台南市市長林錫山先生的夫人王女士，替我設置公署的建築圖樣。

王女士曾獲十大女青年建築師獎，爲我畫圖，不收酬金。我建議公署外形爲中國式，屋頂蓋琉璃瓦。內部爲西洋式辦公所，全樓三層，第一層爲大客廳，大會議室，餐廳，圖書室。第二層爲辦公室，後面神父臥房。第三層，中間爲聖堂，兩邊有總主教辦公室、神父寢室。聖堂爲四方形，祭壇居中央。王女士於民國五十六年二月二日，送來建築圖樣，向台北市政府領取執照。建築工程委託邱擎天神父負責，自己買材料，自己監工，自己組織臨時建築小公司。

當時工地附近都是空地，公署的建築雖爲三層，實則有五層的高，屋頂蓋了綠色琉璃瓦，屋頂中央豎立一支十字，看來高聳天際。大樓進門大廳地板和樓梯，俱爲白色大理石。大樓正面牆壁貼鋪淡紅色和絳色大理石，乃大理石公司作廣告，不收費。樓內廳房寬敞，陽光充足。全樓在台北市尚四處充滿違章建築的時代，看來氣態十足，還十分闊氣。立時，暄起一片指責聲：指責太奢侈，太講究，太高大；政府各部會都居簡就陋，教會卻蓋大樓。我沒有答辯，但是我心裡認爲自己做的對。政府不想在台灣生根，隨時預備回大陸，不計劃建設各部樓房。我們教會則是要在台灣生根，台北總主教公署常在台北。公署的建築物不說可以用一百年，至少用五十年，絕對不能在二十年後，就不合用，必須重新改建。事實上，現時，台北總主教公署已經被周圍的樓房擋住了，公署的大理石已經趕不上理髮店的地板了，教會人士已經在說公署太小了！

我爲就合當時人的心理，公署落成啓用，沒有舉行大禮，僅於民國五十七年八月十五日請教廷大使艾總主教來署祝聖。

和平東路的舊公署，因教廷大使高理耀總主教說田樞機曾答應賣予社會服務修女會。社會服務修女會由美國來台北服務，總會給與兩萬美金爲購會院。高大使勸我按田樞機的許諾，成全社會服務修女會的需要。我平生最不喜歡賣地：但也接受了高大使的高見。新公署剛修好，第二樓地板磨石子還沒乾，修女們說要改建舊公署，催公署的人搬家，把第二樓的地板弄髒了，到現在還看得不美觀。

過了一年，在公署後面的空地，我又造了友倫樓。公署雖大辦公室並不多，而且都爲公署機關用。爲教友組織和教區事業，便另蓋一座樓。建築費係由德國科倫教區所捐贈，因此取名『友倫樓』，於民國五十九年八月十五日落成。樓內房間不是爲住宿，房內沒有半房衛生設備，建築也簡樸。但當初，也有幾位神父住在樓內，感到有些不方便。

我當時由天母往公署，隨著台北市交通的改進，換過好幾條路線。當時，好處是汽車少、不堵車：就是繞點路，半小時可以到。目前，就是走高速公路轉建國高架路，若遇塞車時，半小時也到不了。

前台北市長高玉樹先生屢次對我說，總主教公署的地方選得對，因爲他任市長時，計劃將台北公車站移到那邊，將來台北發展是向那方面走。

民國六十六年（一九七七）天母牧廬房地共三百坪出售，我乃遷入附近建的齊賢公寓式住戶，既沒有庭院，也沒有獨自門面。民國七十年，再遷入天母，聖家會大樓，上下兩戶，內面樓梯相連，我住樓上，樓下爲客廳、飯聽、廚房、修女和女工住房。上下二樓供我使用，獨自一門出入，門旁懸掛「牧廬」小牌。這樓第一層的前後有小走廊，便於種花，種蘭花數十盆。二樓書房，供有聖母像一座，座前常有蘭花。

若家中缺少蘭花時，便到花市購買。二樓有書房、起居室、寢室、聖堂、修女辦公室。廳房牆壁俱設壁櫃，藏書約萬冊，自輔大校長退休後，生活常在牧廬中，平靜安祥，不受外面事務牽連，心靈向天主，安度暮年。

二、教區工作

我在民國五十五年，調任台北總主教，在任內十二年，於民國六十七年改任輔仁大學校長。台北的環境和台南的環境不同，教會的情況也相差很遠，台南的社會很單純，祇有地方政府的各種機構，全國性的機關祇有標準局和鹽務局，這兩局的局長都是湖南人，都扯上同鄉之誼。台南的教區是新成立的教區，同我工作的神父，都是從國外新來的，對於教區工作，大家新作計劃。台北是中央政府所在地，政府機構林立，教區則已成立有年，堂區多爲本堂主任司鐸草創，教區工作已有成規。我到台北，一般單身就職，沒有我自己的人。另外一種情況，是在梵蒂岡第二屆大公會議以後，一般改革的風氣，吹翻整個教會，大家以爲不必拘守法條，司鐸得有教宗核准，還俗結婚者，一時全球幾有壹仟件。台北還俗結婚的神父多有其人，而且多爲青年才俊。修女還俗者亦不少。在這樣的環境中，我展開在台北教區的工作。

我在民國六十七年（一九七八年）向台北教區給我送別的會上，我提綱擇要地說明了在教區的工作。

1.建造了主教公署，公署爲四方形，聖堂位居全樓最高層的中央，祭壇又位居聖堂中央，聖體櫃又位居祭壇的中央，全樓的中央，便是耶穌聖體。這是代表以耶穌爲教區一切事的中心。

2.買了羅斯福路的一所房子，約三百坪地，作爲徵祥學社社址，發行學術刊物和書籍，以作文化傳教，徵祥學社在台南成立，接辦〈現代學人〉雜誌。我到了台北，把學社和雜誌遷來台北，所購之地爲一位立法委員的住宅，爲一所單獨有庭院的別墅。徵祥學社後來因負責主管的人，脫離司鐸品職，沒有繼任的人，便停頓了。〈現代學人〉雜誌改爲〈哲學與文化〉，由輔仁大學接辦。

3.在萬里海濱買了八仟坪山坡地，作爲青年中心。當年暑假時，比國聖母聖心會的一位修女帶領三十多個光仁小學生的天主教學生到萬里海濱露營，打帳蓬。我去看過他們，他們精神很好，很快樂。我乃托呂朝芳副主教在這裡找地方，便買了這塊地，在地上建築了三所房屋、一所爲大廳，供學生活動場所，兩所爲學生宿舍，可以容納約一百人，對於青年不僅在暑期，平日也要關心他們的生活，如大專學生，有天主教同學的聯誼會；如青年工人，有天主教職工青會；如中學生，各本堂都有或大或小的青年中心，使他們有運動，有聯誼，也有學習要理的場所。天主教會素來關心青年，因爲福音上紀述：耶穌基督對童子青年有特別的愛心。現在政府和社會各種組織，多多建設青年活動所需場地。目前社會另外產生銀髮族問題，以後我們教會對這種新的需要，應多費心力了。

4.在主教公署後面，建造了「友倫樓」，和公署的樓房相連，供教友各種組織辦公之用。「友倫樓」的命名，是因爲建築這座樓房的經費，由德國哥倫教區資助。組織教友參加教會工作，是我在台北的主要工作，因爲司鐸們的工作，已經有了定型，要想予以改變，難而又難，教友組織以往都是爲個人靈修，稱爲各種善會。我到台北不久，馬尼拉的基督活力運動員，組團來台北，開啓活力運動在台灣的組織，現在活力運動的成員已有男女幾千多人。活力運動雖不以傳教爲目的，但也很注意參加善會的各種社會活動。最主要的，是在一九七一年，創立「教友傳教協進會」，爲教友傳教工作的發動和連繫的總機構。在當時遇到的阻力很大，傳統派的神父認爲教友的組織已經很多，不要再加一種新的組織，而且教友傳教在傳統裡沒有：維新派的神父則認爲這種組織應由教友自覺，由教友發起，由下而上，不由上而下。在當時我認爲若等教友自行發動，再等十年也不能有成。所以先組織一個機構，由機構負責人向各方解釋，作宣傳工作。現在教友傳教組織已遍及全國各地，使各處教友都盡心盡力爲教會工作，就是堂區捐獻，也由這種組織經理。這不是人的力量，是天主聖神發起的應付時機的組織。

5.到了台北，我鼓勵修女會開辦聯合進修班，在青田街耶穌孝女會開辦，我自己也去授課。修女們覺得進修班很有益處，很有趣味，她們修女會會長聯合會自動繼續辦理。

本來地想辦神父進修班，可是新受祝聖的司鐸很少，要別的教區合辦，主教們的意見多不相同，要傳教已經多年的神父關著門進修一個月，他們在心理上不能接受。所以沒法舉辦。後來我在主教團建議，集合全國的新神父。在受祝聖後的十年中，每兩年一次，進修一個月，建議被接受了，但在實行上有困難，到現在還沒有見諸實行。

6.建築司鐸靜養樓，爲需要長期醫藥照顧和年老需要休息的神父公用。靜養樓建築在耕莘醫院的對面，便於醫務人員來往和住在樓中的神父就醫。

耕莘醫院由田耕莘樞機向德國天主教慈善機構募捐所建立，德國慈善機構許諾供給第一期、第二期和護士學校的建築費，由田樞機的秘書美國籍的施神父任院長，主管第一期造院的建築。我到台北以後，耕莘醫院的經濟主任和建築公司負責人，多次來公署，向我索取建築欠款，我乃委任呂朝芳副主教和公署總務主任郭潔麟神父往耕莘查帳，結果，教區沒有欠款，反倒是建築公司已經多支了幾十萬元台幣。我換了院長，派狄剛副主教接任，呂郭兩位神父兼管經濟。醫院完成了第一期建築，遂行落成典禮，開始作業。以後第二期工程和護士學校，德國慈善機構，拒不付建築費，醫院遂自費建立。

司鐸靜養樓建立後，剛開始是需要來樓靜養者不願離開本堂和工作單位；但目前已住了十位司鐸，賈彥文總主教也住在樓中，還有要來者，樓中已沒有空房。

我在台北教區，先視察了全教區的本堂，後來單身往城中中國神父的本堂，和神父單獨晚餐，談論生活情況和本堂工作，聽神父傾吐苦衷。每星期六往一修女院，爲修女行彌撒，和修女們晚餐。神父們的生活很清苦，教區經濟力有限。有人以爲我住在天母，生活很講究，實際上我在天母的生活很簡樸，我所求的是晚上寫書。

三、社會和國際工作

台北是中央政府所在地，政府和社會人士，都盡力發展民生所需要的各種社會事業，組織各種社團。我因朋友們的催促，承擔了三項學術組織的主持責任，一項是船山學會，一項是中國哲學會，另一項是宗教座談會。在國際方面，工作更多，事務更複雜；一方面，羅瑪教廷徵召參加改編法典，參加兩種委員會；另一方面，亞洲主教團組織了主教團協會（Federation Of EpiSCOpal COnferenCeS Of ASia簡稱FABC），我在協會中任務頗重。我將簡單地予以說明。

1.改編法典

教宗若望二十三世公佈召開大公會議時，也公佈了在大公會議後，改編教會法典，編一部合於時代需要的法典，教會活動雖由聖神指揮，聖神尊高自由，但爲團體活動，不能不有團結，需要一致的規律，法典也爲教會所必需。教宗保祿六世在民國五五年（一九六六年）大公會議剛剛閉幕，立即任命法典改組委員會，委員均爲樞機主教，顧問俱爲主教或神父。委員的職務爲審查新法典草稿，予以批准，呈送教宗公佈，顧問則負責改編舊法典，草成新法典草稿，遂委員會委員審查。這是羅馬教廷各部會工作的傳統方式。我被任命爲改編法典的顧問，民國五十五年十一月十二日在羅馬第一次參加改編法典的工作，分在教會法典的首章小組，編寫新法典的法規原則，這一章法典條文不多，新的條文是規定在教會中平信徒的身份。每個信徒都是平信徒，以後在信徒上加上聖職員或修會會士的身份。改寫了這一章的條文，小組人員可以退休，可以另參加別一小組，我參加了法典第二部份論法人，就是論聖職人員，從教宗一齊到本堂主任司鐸，這一部份爲法典的主要部份，改編工作繼續整十年，到全部新法典完成草稿爲止。民國六十六年九月十五日，赴羅馬參加爲無信仰者委員會及典改編小組會議。這是最後一次參加法典改編工作。法典由教宗若望保祿二世於民國七十二年（一九八三年）公佈。

2.委員會

教宗保祿六世，在大公會議閉幕後，在教廷中央機構內設立了三個委員會，「合一委員會」，同基督教各派，東方正統禮儀教交談，尋求合一；「爲非基督徒交談委員會」，爲與非基督徒交談，尋求精神生活的共識，互相合作；爲與無信仰者交談，尋求信仰的意義。我同時被任爲第二第三種委員會委員。委員會每一年或每兩年召集會議一次，我常赴會。合一委員會在開始作業時，也邀我去參加會議，民國五十六年

（一九六七年）五月二十四日，我曾往羅馬參加，第二和第三種委員會，我曾任委員十年。

3.亞洲主教團協會

協會由韓國金樞機和香港徐成斌主教等人發起組織。協會不設主席或理事長，由四人小組常務委員會指導，秘書長負責執行。第一任四人常務委員，我爲四人之一，第一任秘書長爲徐成斌主教。協會全體大會每四年舉行一次，四人常務委員每年開會四次。協會又按區域分成五區：儒家思想區、回教區、佛教區、印度區、天主教區（菲律賓），區域委員會每兩年一次，協會又設五個工作小組，牧靈工作組與非基督徒交談工作組，廣播組，勞工工作組，教育工作組；我擔任與非基督徒交談工作組主持人。徐成斌主教於民國六十二年（一九七三年）去世，我暫代秘書長職，於民國六十三年（一九七四年）四月二十二日在台北召開亞洲主教團協會全體大會，參加會議者有六位樞機，主教七十餘位。全體主教不能都出席，各國選派代表，大會選出秘書長，常務委員繼任。我對協會各種會議參加次數很多，到日本、韓國、菲律賓、泰國、印度、香港、馬來西亞等處開會，十年之中，忙不勝忙，英語顯有進步。十年之後，退出協會，辭去協會所有職務，年齡已老。

4 船山學會

立法委員衡陽同鄉梁棟委員爲紀念衡陽大儒王船山，發起組織「船山學會」，於民國六十年十一月十一日召開籌備會議，次年三月十九日決定召開成立大會，七月三十日成立大會推我主持，並推爲理事長。學會成員多爲立法委員和監察委員，湖南在台北的名人，也有幾位參加，但學者參加者很少。梁棟委員故去後，會務尚能繼續，出版「王船山全集」，後來因第一屆立法委員俱退職，第一屆監察委員也不留任，船山學會頓時失去會員的聯繫，無法召開會議，會務停頓。民國八十二年（一九九三年）爲舉行紀念王船山學術討論會，由中國哲學會主辦，「船山學會」名存實亡。

5. 中國哲學會

在抗戰以前，中國哲學會早已成立，中共在大陸成立了政府，「中國哲學會」由吳康教授在台北復會，吳康教授去世後，會務停頓，在民國六十四，五年間，嚴靈峰教授和張起鈞教授等力圖再事興起，邀我參加，以我手下有人協助辦公，要求我負責中國哲學會事務，先以駐會常委名義，民國六十六年五月二十九日成立理事會，推我爲理事長。學會有常務理事與常務監事，有理事會和監事會，有全體大會，近年國際間哲學會議頗多，中國哲學會常派代表參加。學會自己在台北也召開了兩次國際哲學研討會議，又與孔孟學會合辦了孔學國際會議，與輔大哲學系合辦多次中國哲學家和宗教家紀念研討會議，出版學會年刊。民國八十四年，我已年老力衰，在理監事聯合會議，聲明放棄選舉權和被選舉權，退出學會工作圈，在圈內工作了二十年，學會沒有停滯。我自己兩次到夏威夷大學參加理學和朱熹哲學研討會。現代學苑改爲現代學人，又改爲哲學與文化，爲哲學專刊雜誌，由輔仁大學哲學系辦理。民國八十五年（一九九六年）我因病情轉劇，住進加護病房，中國哲學會贈給我一銀盾，上刻「羅光總主教任會理事長二十年留念，盾文：昌昂生命哲學，樹立人格典範。簽署：中國哲學會敬贈。

6. 宗教座談會

民國六十二年（一九七三年）十二月二十四日聖誕前夕，聖公會龐德明主教邀請了台北各宗教領袖，到他的聖約翰堂聚會，到會約有于斌、羅光、王寒生、陳東慶、凌逸梅、譚國良、吉顯江、趙東書、江湖、張佩興、宋今人、李松蒲、王承通、宋今火、雷法章、謝松濤、葛程德明、趙家焯、賴河妹、朱道欽。聚會的宗旨爲聯絡各宗教，成立交談會，以佛教道安法師，回教謝松濤、理教謝東書、軒轅教王寒生、基督教龐德明、天主教羅光等人爲委員，次年民國六十三年二月十一日，在聖公會大樓舉行第二次會議，天主教由劉鴻愷神父代表出席，決定名稱爲宗教座談會，會員爲七宗教主持人（第一次爲六宗教，後加上道教），召集人龐德明主教，秘書朱道欽。民國六十三年開了六次會議。地點輪流在各宗教辦事處。其中第四次在通化街天主教總主教公署。羅光總主教主持。其他各次會議，羅總主教請胡德夫副主教或房志榮神父代表出席。民國六十四年七月五日在通化街總主教公署舉辦宗教聯合演講會，以後宗教座談會常在總主教公署開會，常出我任召集人並主持，爲在內政部備案，屢次派員交涉，都以已有宗教聯誼會，不宜再有宗教聯絡組織，且座談會名稱不適於長久性組織，內政部拒不接受。民國六十八年夏雷法章和我親自往內政部和邱創煥部長面談，乃於民國六十八年九月二十一日內政部函復備查。那時天理教已經在內政部備案，也加入宗教座談會，會員乃爲八宗教代表。每兩月或三月開會一次。參加者常爲十到十二人，基督教雷法章、龐德明主教，後來張培揚主教和現在的簡啓聰主教，佛教悟明法師，回教謝松濤教授，理教鐘翔九總管及軒轅教代表都常到會，天主教袁國慰神父和馬天賜神父有時來參加。賈彥文總主教也代主持過幾次會議，一種通訊錄也辦了幾年。民國七十九年我因身體不適，乃辭召集人之職，共推簡啓聰主教繼任。

近年因雷法章先生病逝，悟明法師，回教謝松濤先生年老多病，不能出席，座談會的通訊物也停辦，簡主教乃感到開會的困難。

宗教座談會歷年來開會就是宗教交談，開會氣氛非常融洽，對政府的宗教政策，大家常能取一致的態度，當教廷宗教交談主任委員畢業多迪樞機訪台時，座談會開會歡迎，畢樞機驚嘆在國際上這種座談會是絕無僅有的。❸

❸在台北所參加的社團：

1.學術方面：

中國哲學會、船山學會、中山學術基金學會、逸仙基金。

2.文化方面：

廣播基金會、新聞評議會中華文化復興委員會、電視學會、全國自強學會、光啓社董事會。

3.教育方面：

大專聯招委員會、私立大學聯誼會、私立教育聯誼委員。

4.政治方面：

台北市選舉委員會、三民主義統一中國大同盟、政黨評審委員會、反共大同盟。

5.審教方面：

梵蒂岡第二屆大公會議、大公會議傳教委員會、法典改訂委員會、爲無信仰委員會、爲非基督徒委員會。亞洲教團常務委員協會、亞洲教宗族委員會。

中國主教團（台灣地區）、主教團教友合作委員會、基督生活團、基督活力運動。

台灣宗教合作員會、宗教座談會、宗教研究委員，其中教廷方面團體和亞洲主教團協會及宗教交談委員會爲有時間期限性的參加，其他團體均爲長期性參加。

我參加各種社團定有一項原則，教區的工作在第一位，社團的工作不防害教區的工作，爲參加教廷和亞洲主教團場會的工作，盡量使參加的時間縮短。

四、天母牧廬

1.

月明星稀，松檲指天，乳白色的聖母像，矗立在園的盡頭。慢步草徑，手提唸珠，秋露沾襟，涼風吹衣。一天的生活，在平靜的心境中，漸漸結束。園側小堂的聖體燈，紅光稀微，聖龕內的耶穌，剛才聽了我一天生活的報告。救主的默靜心聲，沖淡了我心中的憂慮，『莫怕！莫急！只有我，沒有你。牧靈的工作是我的，不是你的！你只是一個執行我的旨意的人。』救主的話，不從耳入，乃是說在我心中。心中一切都平靜了，都清明了，我步出聖堂，在園中慢步。天主待我，眞太慈愛了，很有慈母的心腸，知道我的嗜好，認識我的弱點，在一天的忙碌和焦慮裡，常給了幾件或小或大的適意事。晚間我在園中披著月明，飄著清風，同天主道謝。進房登床，手按苦像，安然入睡。

2.

清晨六點，晨光稀微，我一伸手揭被，小狗『多福』爬在床頭，伸嘴吻面。我一撫摸，小狗走開。我下床跪地，靜對天主。

漱洗完畢，換著衣服，穿靴，小狗跳躍大叫。牠知道到了出門散步時刻，喜樂叫喊。房外狼犬『凱撒』大聲呼應。我給『多福』套上皮帶，隨手拿根手杖，牽狗出門。朝露尚濕，行人稀少，上學兒童，背著書包趕路。太陽出在陽明山東，天上團團白雲紅霞。我快步行走，晨風吹面，腦中睡意早消。心中來回想著昨晚所定『默想』題目，多次請問聖神的答覆。路旁人家，有大狗衝出，『多福』停步，我舉手杖示威，來狗邊吠邊退，多福豎起尾巴再繼續前走。

回到牧廬，時已六點半，聖堂燈光明亮，蠟燭高燃。進房穿上長袍，胸佩十字，頭頂紅帽，步入聖堂。跪拜天主，默禱聖神。七點半著祭服，誦經韻，舉行彌撒聖祭，修女參與祭禮。五年後早晨不牽狗出門，早晨五點半我坐車到故宮博物，在平台我和司機長跑，六點半回牧廬退休後沒有司機，便不早晨出門。

肅靜清穆，經聲低沈，對著雪白的祭品，望著安詳的苦像，我接受一天的使命，聽著救主的吩咐。牧靈使命是彌撒祭禮的延續，在整個生活裡我應該是無聲的犧牲，奉獻自己的工作以增加別人的福音生活。基督說：『我來爲使他們取得生命，而且取得豐富的生命。我是善牧，善牧甘願爲羊捨生。』（若望福音第十章、第十一十一節）

祭壇上懸一小型象牙雕刻仁慈聖母像，雙眼慈祥。仁慈聖母爲羅馬傳信大學主保，從我入校到今日，已經四十二年，每天慈祥垂顧我。

一杯牛奶，一碗稀飯，我很快吃完，進入書房，閱讀中央日報。八點半，練習一頁行書。按鈴，洪法蒂瑪修女來提提包，把小狗『多福』留在房內。我登汽車馳往公署，狼狗『凱撒』大聲在門口送行。

3.

傍晚，外面若沒有約會，汽車回到牧廬門邊，『凱撒』大叫，再按喇叭，『多福』在屋裡大嚷，我進了門，『多福』衝來，撲到身上，跳著吻面，口含報章，跑往書房。

換著便服，坐用晚餐，兩菜一湯，水果一盤。六點半，看臺視新聞，聽了氣象報告，進聖堂，誦晚課。『多福』從飯廳跟入聖堂，由聖堂再跟入飯廳，跳躍歡呼，跑去找皮帶。我牽牠出門散步片刻，回來，我到園內滾木球。七點半、沐浴。輕裝坐在書桌旁，俯首書本，展開稿紙，提筆疾書。

書房裡、走廊上、秘書室、置放書架。經史子集、神學哲學、佛藏道藏、傳記史書、頗足參考。

窗外汽車馳驟，園中狼犬叫吠，聽到似乎不聽到。只是修女成女工來報告有電話時，才打斷思索，離座往接電話。『多福』跑在前面，一邊追球，一邊看我，我回到書桌旁，牠便趴在書桌下。

九點半，女工送來一杯牛奶，『多福』等著分喝。我收拾書冊稿紙，閱讀聖經一章，聖傳一篇。進聖堂誦夜經，『多福』作伴，趴在跪凳旁。堂中寂靜，一燈半明，我面對天主，暢述日間悲歡。

星期四、星期日，兩天若沒有典禮，沒有會議，我在牧廬靜坐，足不出門。

上午，閱書寫稿，預備講演。中午，洪修女來催吃午飯。飯後，逗逗狼狗『凱撒』，把鐵鍊給牠。『凱撒』含著鐵鍊，跑進後園。我若不去，牠跑回找我。我陪牠去，牠在後園草地，戲玩鐵鍊。口含鐵鍊一端，頭左右擺，身體跳著旋轉。鐵鍊拉成平線，盤旋成圓周形。『凱撒』見我走開，牠又含著鐵鍊，送回原處。

有時，我看看花，指示許修女加肥料。我也動手剪樹枝、拔雜草。

午後休息一小時許，『多福』也睡在藤椅下面，我起來進聖堂，誦午經日課，牠跟著爬在堂中地毯上。這時，女工已經磨好了墨，鋪好了紙，預備我來習畫。十五年前，在羅馬開始學國畫，沒有老師，只有一本『芥子園』。後來撇下了這冊畫譜，看謝壽康大使所畫的竹，又看徐悲鴻所畫的馬，我開始學習畫馬畫竹，謝大使也時加指點。到了臺南，雷震遠神父送我一冊葉醉白畫馬集，我很欣賞醉白畫集中馬的姿勢，筆法則和我的畫法不同。到了臺北，星期日和星期四午後，若能在家則習畫兩幅，一竹一馬。我常笑自己一曝十寒，作畫進而又返，但我不爲畫而畫，而爲陶情遣興，不因此灰心。久之，畫竹畫馬，有幾張也可觀賞。近來，畫狗，隨意寫家中所畜三犬。朋友和教友中，間有人來求畫者，常奉贈一幅。

牧廬所藏中西畫冊頗多，有西洋名畫數十冊，有故宮博物院精品選集二十餘種。每週習畫的前後，屢取畫冊欣賞。前年謝壽康大使送我一部岳飛前出師表的模本，字跡和紙張俱佳，我又動筆臨摹岳字。

買紙買書，是我自己的唯一消費。煙不吸、酒則喝幾日，酒有人送，習畫必用宣紙，筆墨不敢用貴貨。對於文具的品鑑，我仍舊是外行；因爲習畫沒有拜老師，又少有畫友。

4.

牧廬園中四時皆春，鮮花不謝。前園多杜鵑，紅白赤紫顏色俱全，正月群花怒放，全園一片鮮艷。花落時，草地一片紅，茶花五六株，紅白兩色，高者一丈餘，低者兩尺，杜鵑凋謝時，茶花盛開，花月如尼絨，艷麗奪目。茶花沒有凋落，梔子同時開花，白花滿樹，香氣四溢。夏天太陽，炎威強烈，大理花和夾竹桃四時不斷，炎炎夏日下也張開花瓣。秋風微涼，桂花吐蕊，綠葉叢中堆堆黃金，香氣隨風飄散。冬天霜降，聖誕紅更鮮艷，前園後園，三個月常見紅色。

前園中尚有白色喇叭花數株，花大如小喇叭，每季含苞怒放，遍樹白色如雪，香味很濃，凋謝卻很快。

花開花謝最快的，莫如曇花，園中栽有幾盆，春秋開花。晚上十點花開，早上清晨花謝。花片柔嫩，清香適人。曇花一現，世事如煙。

家養蘭花數盆，前年聖誕，購蝴蝶蘭一盆，有花三朵。去年培養，開花兩朵。今年分根，栽植兩盆。前幾個月，一個學生送來素心蘭一盆，供在案上，又有修女送來一盆蘭花，我不知道名字，現在也分栽兩盆。九月時，都開了花，我乃體會中國畫蘭的畫意。

其他花草，尚有多種。玫瑰花兩種，乃今年所買。秋海棠兩三盆，有由羅馬帶來者。

我素喜愛花草鳥雀，在羅馬時自己畜養，女工勤加照顧。到了臺灣，沒有畜養花草鳥雀的時間。但是在天母牧廬，我常提水澆花。

牧廬後園有小池一方，中間畜金魚三四十尾，大者長可七寸，小者僅長五分，顏色有紅黃青三色。投麵包入池，群魚爭來吞食，魚鱗閃鑠，在太陽下發光。每年池中生有小魚，長大者很少，多被大魚或蝦蟆吃掉。蝦蟆在池裡生卵，蝌蚪成群，我和修女把牠們撈上來埋在土裡，漏網的仍舊很多，夏天晚晌園中一片蝦蟆叫，聲音粗噪難聽。養鳥的樂事在離開羅瑪以後就中斷了，在台灣沒有養過鳥，養狗是在台灣開始，但在多福老病死了，再沒有養狗了現在牧廬祇住有人，沒有別的動物我和護理修女也高興，少些對我氣喘病的刺激物。

5.

綠蔭花叢，造成牧廬的幽雅。坐在書房，停筆沈思，仰首窗外，綠葉繞住思慮，清風搖曳，思慮隨著上下，驟見葉間紅白花色，思慮忽然展開，我找到了所尋的觀念。

牧廬生活，平靜安定。飲食起居，有修女作主。我由臺北搬來天母，洪張兩位修女來理家務，洪法蒂瑪修女爲主管，張修女助理。張修女長於烹調，爲人謹愼。兩年後調往高雄，許修女調來牧廬，她清理園庭，培養花木，現在許修女已調往景美。牧廬有女工小姐，六年換了三人。洪修女聰明勤快，很愛清潔秩序，又知道節省，也明瞭我的習慣和脾氣，牧廬一切事務，由她管理，一點不用我操心。

牧盧並不缺少客人，一類客人是我的學生，他們不好意思往總主教公署見我，來到天母牧盧，請老師指導他們的論文。另一類客人，心裡有苦衷，不願在公署眾多神父耳目下露面，使到天母找我訴苦。還有一類客人，則是過路之客，因時間短促，不能等到次日到公署相見。我習慣是來者不拒，請見者必允。但是天母離城稍遠，來客不多，正合我的心意。那時台北教區夜間社團的開會很少夜間的典禮也不多，我自己定時往訪本堂神父，所以晚上在天母牧盧時間常多。

在臺北比在臺南，較忙十倍，我在臺北卻增加了體重，七年中竟能寫了八十萬字的文章，這是靠天母牧盧供給我的乎靜安定。牧盧生活，一切都很簡樸，所有的享受只是滿屋的安寧。在安寧中，我可以沈思，可以考慮，可以研究。日間在公署所遇到的問題，夜間在牧盧看得更清楚。問題若是嚴重，若是麻煩，纏得腦袋痛了還是留在腦中，在聖堂祈禱了以後仍舊撇不開，我便追著『多福』在客廳裡跑，牠也正樂意和我玩。細長的白毛，在木板上打滾，像是一個雪球，忽起忽落，忽東忽西，我抓牠拖牠，無所顧忌，腦筋的痛苦就已解除。社會上負擔重任的人，回到家中，牽著兒孫，在地上追逐嬉遊，小孩的一片天眞笑喊，趕走了他們腦中的一切思慮，我們獻身於主的人，沒有家室；但是造物主也賞賜許多自然天眞之物，清風明月、花鳥魚獸，可供我們『消遣世慮』（王禹稱　黃岡竹樓記）

中國文人，常多築草堂小閣，作爲修身養性，讀書著作之所。文集中又多草堂樓閣記述之文，膾炙人口，至令人羨慕。王禹稱黃岡竹樓記說：『公退之暇，被鶴氅衣，戴華陽巾，手執周易一卷，焚香默坐，消遣世慮，第見風帆沙鳥，煙雲竹樹而已。』范仲淹岳陽樓記 說：『而成長煙一空，皓月千里，浮光耀金，靜影沈璧，漁歌互答，此樂何極。登斯樓也，則有心曠神怡，寵辱皆忘，把酒臨風，其喜洋洋者矣。』

牧廬不在山間，不臨河濱，近於鬧市，居在天母。非我所建，非我所買。承蒙田耕莘樞機餘惠，留下這一束小樓。我增栽花木，加掛字畫。綠葉擋住了俗氣，紅花增添了幽潔。聖堂清靜，心靈飛向天主；書房安寧，思慮綿綿不絕。小狗天眞，拔除我的憂慮。修女細心，免除我的關切。我乃樂以牧廬爲樂。

民國六十一年十月二十二日天母牧廬

註：天母牧廬遷屋三次，第一次爲田耕莘樞機私邸，第二次在齊賢公寓，第三次在聖家會總會院。

五、朱熹會議

1.

國際朱熹學會，今年七月六日到十五日，在夏威夷大學舉行。這次會議由東西學術中心、夏威夷大學、美國學術團體委員會聯合舉辦，經費由美國各方面人士捐助，邀請發表論文的學者三十八人。三十八人中錢穆和梁漱溟沒有到會，徐復觀則先數月去世。然而他們三位都有論文，在開幕儀式時由人代爲宣讀。還邀請了不發表論文的青年學人三十二人，觀察者十三人，共計八十人開會。八十人裡，中國人佔三分之一，共三十人。中華民國七人，大陸七人，香港兩人，澳洲兩人，加拿大一人，美國八人。

夏威夷大學的東西學術中心素來有召開中國哲學會議的傳統，曾經召開四次會議，當時胡適、方東美、吳經熊、謝幼偉等中國學人都參加會議，近年因經費困難，僅在兩年前召開小型的新儒學討論會，祇邀請四位學人，我是其中一位。這一次則爲最盛大的一次集會，所邀請參加的人士，較比以往都更多。祇可惜幾名著名的中國哲學人，或忙或死，都不能來與會，僅一年邁的馮友蘭氏尚能在視聽行走都不便的狀況下，來與會議，我在中國哲學學人中已算年長的了。

這次會議所宣讀的論文，在內容方面很廣泛，討論太極和理氣的論文雖佔重要部份，然討論朱熹文學、理學、史學的論文也不少。將來出版這次會議的論文專集，眞可以作爲朱熹研究的專書。

因此，我參加這次會議的感想，第一是一種興奮的感受。在全國高唱科技的聲浪中，能夠在八天的工夫，聽到亞洲、美洲、澳洲、歐洲的各國學者，討論朱熹的思想，大家不是聲斥朱熹的迂闊，而是探討天理和人生的意義。大家承認朱熹集中國哲學思想的大成，從朱熹思想的研究中，可以看到中國哲學思想的線索，也可以看出中國哲學思想的特徵。

在形上學方面，從朱熹的形上結構論，我們可以知道從易經、漢易、佛教、周敦頤、程顥、程頤的形上思想系統，我們進而加以研究，便可以看到和西洋形上學的異同，也理會出中國的形上學並不是廢紙堆中的老古董，而是和西洋現代哲學趨勢可以融合的思想。宇宙爲一變動的整體，每一物體又是一繼續創新的存在體。朱熹稱讚天地以生物爲心，人得天地之心爲心，人心的生生稱爲仁。

在認識論方面，朱熹講格物致知，對外面物體細心研究，爲客觀的學術研究法，同時他又主張明認自心天理，物理和內心天理相通，客體和主體合一，打破西洋認識論的主體客體相分相對的問題。他不能被認爲唯物也不能被爲唯心論者。

同時朱熹主張『道問學』及『尊德性』，雖被視爲和陸象山、王陽明不相同。陸王以「尊德性」爲先，「道問學」爲附。實際上朱熹的方法，爲中國歷代學以修身的傳統方法，論語講下學而上達，中庸講博學審問而後力行。朱熹繼承孔孟的教訓，以求學不僅是求知識，而是爲成聖人。「道問學」和「尊德性」相連，學以修德。他也不贊成，順乎人性，不如努力，就可成君子或成聖人。在歐美自由橫行的社會裡，有年輕的學人研究朱熹的這種方法，不詆以古老不合時代，可以使我們國內近五十年來一心毀謗中國傳統的學人，自加反省。

我們自己認爲漢學和中國哲學是在臺北，世界研究漢學和中國哲學的人，應該到臺北來找研究的資料和指導。但是在這次會議中，國外的學人則很少注意臺灣的學人，卻很注意大陸的學人，找他們談天，向他們詢問研究的消息。國外的學者同我們談話時，常說自己到過大陸，參觀孔陵以及發掘的古物。從他們的態度看來，中國思想的研究資料是在大陸。因此我們在臺北若對於漢學和中國哲學思想沒有研究的機構，決不能吸引國外學者的注意。

2\. 我參加會議的第二種感受，是慚愧。日本的學人，盡心研究朱熹哲學，可以不使我以爲怪：歐美的學人，而且許多年輕人，專門研究朱熹，則不能不令我驚異。還有大陸的學人，還能研究朱熹，雖然他們指責朱熹爲客觀唯心論，又批評朱熹爲儒家的集成者，但也承認朱熹對中國現代文化的影響。召集這麼多的學人，來研究朱熹的思想，由美國私人和基金會捐款，大家不視爲一項新奇的現象，而視爲一種重要的學術工作，這一點使我欽佩。

反觀我們國內，大家認爲哲學爲一種不合時代要求的思想，更看不起自己的學術傳統。前年中央研究院召開了國際漢學會，列舉了哲學和思想一門，但是中央研究院則祇承認考據爲漢學，不以研究中國哲學爲學術。中國哲學的研究流行在國外，國外學人規中國哲學思想可以補西洋哲學的不足。許多曾在中國研究中國哲學的青年，散在美國各大學任教，繼續自己的研究。大陸的馬克思主義統治一切的政權，竟能設立哲學研究所，研究中國哲學，又設立宗教研究所，研究中國所有宗教，他們設立的目的，雖不是宣傳哲學和宗教，但是在國際上，卻令大家相信共黨已開始重視哲學和宗教的研究。

我們中華民國的政府和社會到目前則還沒有這種表現。現在立法院修改了大學法，大學能設宗教學院，以宗教爲學術研究的對象，但是哲學和宗教學者的培養，不能僅靠大學的教育，因爲在大學博士班畢業後，若不在學校教書，便不能繼續研究。爲培植研究中國哲學的學人，須要有一種中國哲學研究中心，由政府撥款或由社會工商界捐款，設立研究基金。

另一種慚愧的心情，是學問的無止境。我自己寫了七冊中國哲學思想史，對中國哲學有不少的認識。但是在八天的討論中，聽到或讀到朱熹思想各方面的研究，自己覺得所知道的很有限。但是這幾十篇論文所討論的範圍很廣很大，卻很少有深入的研究，這種現象想是因論文的時間有限，不可能深入發揮一個問題。但是外國學者研究中國哲學若能閱讀原文，已經很難，再深入研究各項問題，則所需要的年月，必定很長。然而他們研究的方法，則能作爲我們中國人研究的嚮導。我們中國人研究中國哲學很少有人講究方法，有的人僅祇套用一些西洋哲學方法，例如大陸馬克思主義者則硬用唯物辯證法。大家常說中國哲學沒有邏輯學，可是若一個人說話完全沒有邏輯則就爲一陣胡說，何況一位哲學家呢？中國哲學家有自己的邏輯法，並不能說是反邏輯。例如朱熹和陸氏兄弟來往的信札，討論「無極而太極」和「尊德性，道問學」的問題。我們現在研究中國哲學，對於方法應加注意。

3. 我的第三個感想，是一種人文學的評價。中國大陸的學者很惋惜文化大革命摧殘了中國大陸的人文價值，現在還沒有辦法可以重建。歐美的學術界人文價值，雖被科技所掩蔽，但是人文思想常爲社會生活的鋪路。所以他們樂意花許多的錢，召開朱熹會議。這種會議看來跟美國的學術研究和社會生活，並沒有什麼關係。

我們國內近年的學術評價，所有觀點都集中在科技。科技爲生產的方法，基本科學則是學術知識，一意在學術研究上，提倡科技，若祇因國家在求經濟發展上，需要高深科技，而經濟發展爲國家生存的重要方法，因而看重科技；這一點是合理的。然而這種需要卻不能破壞學術研究的原則，也不能使人忘記人文價值的重要。另一方面，社會一般人的評價，也以科技爲最重要。我們從青年選擇學校，可以看出這一點來。求學爲就業，教育爲國家建設，就業和建設相匯於科技教育。這就是目前社會一般人的評價。我們不說這種評價不對，但要說這種評價不完全。若用朱熹的話說，這是看重用，而忘記了體。科技是生產和就業的一種方法：若是我們以生產方法作爲社會改革的根基，那就是使用馬克思的評價。國家和社會是人所組成的團體，青年就業是人以職業爲謀生活：所以這一切都以「人」爲根基。人爲謀生活，爲謀國家建業，首先應該認識「人」，應該知道「人的生活」。關於這方面的知識，乃是人文知識。朱熹和陸王的爭論在於以「道問學」爲先呢？或以「尊德性」爲先呢?朱熹主張先「道問學」，即以研究學術爲先；然而朱熹並不主張求學問爲求學問，而是求學問爲修身進德，即是求學爲做一個完好的人。

人文價值若被科技價值所摧毀，人就會變成一架機器，失去人之所以為人的意義。人象機器，失去人之所以為人的意義。陸象山當時攻擊朱熹，責備他流於瑣碎，找不到做人的大道。朱熹的主張，本來尚沒有有這種危險，目前的科技評價，卻具有這種危險。

在目前科技評價很高的時期，人文的評價更要提高，纔可以使看重科技的人，認識「人」的意義。

六、夏威夷大學

走在夏威夷大學潔淨的馬路上，路旁小鳥成群啄食，有麻雀、有鷓鴣、有鳥春、有紅頭，牠們不看人，不驚飛。人鳥相處，一遍安詳。廣潤的草地，深綠一色。新雨過後，淺草在陽光下閃爍。茂盛的樹木，株株成傘形。樹上花朵，紅色、黃色、白色襯著綠葉。對著株株不知名的花樹，凝神佇立，然然讚美造物主的美妙。再想著輔仁大學的校園，嫌過於單調而城市化。

走在夏威夷大學潔淨的馬路上，有時遇到汽車，汽車停住讓人先過。中國禮讓之邦的名義，應該讓給夏威夷大學了。但是在大學馬路上所見的衣冠，男女多是短袖短褲。還可遇見暴露的浴裝，卻不合於東方的禮教了。

人的顏色呢？黃色較多，黃色中又有深淺。印度的黑色，也出現在路上，白色的面貌，表現歐洲南北的人相。四十三國的學生的顏色面相，構成夏大的特色。

清晨醒來，窗外鳥聲悅耳，校園一片空靈。初陽的光輝照在紅黃白的花樹上，深綠變成嫩綠。我想輔大清晨校園，聚滿了男女老幼，晨操、練拳，一切喧嚷。

晚間，漫步夏大潔淨的馬路上，路燈淡淡，間有靜靜走過的男女。不見擁抱的男女，不見牽手的伴侶，單身的女郎在廣大幽暗的校園悠閒地趕路。我摸自己的胸，在海外仍有怕輔大校園發生不良少年騷擾女生的焦急。我心裡無限羨慕在充滿觀光旅客而又最自由的社會裡，廣大的校園竟能一片安靜！

白天坐在東西中心的會議廳，聽用英文議論朱熹。抬頭一看廳的正壁掛著丁治盤先生所題橫額「天地以生物爲心者也，而人物之生，又得乎天地之心以爲心者也」。周圍一看坐著黃白黑的男女，一時竟意想不到自己坐在什麼世界裡。朱熹死在一千兩百年時，他的四書集註雖被尊重到一九一〇年，但是民初五四運動以來，所倡打倒孔家店，實則就是打倒朱熹。今天卻竟有八十學人以八天的功夫來研究他，而且還有被馬克思主義統治下大陸的學人。這種學會究竟是在那個世界裡呢？走出會場，一眼看到花木滿園的夏威夷大學，不意識到我們是在科技發達而享受慾最高的美國。

民國七十一年七月十三日

七、習畫

從小，我就喜歡音樂繪畫。在衡陽黃沙灣聖心修院唸中學，我學彈風琴，學芥子園畫。在羅瑪傳信大學讀書，我參加學校的管弦樂團和歌詠團。但畢業以後作教授，則把音樂和繪畫都放棄了，寫字更沒有用過毛筆，鋼筆字也寫得很壞。

民國三十二年，我國駐教廷使館開館，謝壽康博士任第一任公使。謝公使爲留法留比的學者，專長法文，在南京曾任中央大學文學院院長，喜愛藝術。來羅瑪後，大戰還在進行，因居梵蒂岡小城中，無事，便在城內著名的博物館和圖書館瀏覽。大戰結束後，吳經熊博士來任第二任大使。吳公使爲法律學家，曾任東吳法學院院長，尤喜天主教靈修學，以文言翻譯新約聖經。

我在駐教廷使館開館時，暫在館內充任教務顧問。吳公使來館，託我校對新約聖經的譯文。希臘文和希伯來文，我雖曾讀過，但早已忘了，只能以拉丁文本、英文、法文、義文本和中文翻譯對校。遇有疑義，我們倆共同研究，若不能決，則走訪羅瑪聖經學院院長。

吳大使辭職後，謝壽康大使再度來館，公使館升格爲大使館，謝太太帶著小兒同來。謝大使在台北學了畫竹，謝太太精於寫字，兩位在館裡便常寫字作畫，我在旁觀看，謝大使就催我學習，又送給我兩枝畫竹的很貴重狠毫。我在羅瑪寓所便開始練習畫竹，一星期兩次。我自己沒有什麼目標，更沒有什麼自信心，我只是習畫散心。謝大使又拿幾幅徐悲鴻的馬畫給我看，要我也畫馬，我絕不相信自己將來可以有什麼作品。但是在羅瑪繼續每週兩次作畫，漸漸養成了作畫的興趣，又漸漸收集中西畫冊。

到了台南任台南教區第一任主教，大事小事一大堆，又值梵蒂岡第二屆大公會議，常要到羅瑪出席會議，我把研究工作和寫書工作都撇下了，唯獨習畫則常不斷，用來調劑工作的壓力。教會中的人竟又有來索畫，我以平當心畫一幅馬相贈。成功大學的繪畫教授馬先生讚賞說：『膽子眞大』。意思是說畫不好，卻敢畫，實際上，我沒有把畫當作藝術，而是當作靜心修養的方式。中國古代文人，常以書畫自娛，也以下棋收心靜氣。

到了台北以後，讀書、寫書、習畫，成了日常的工作；不過習畫，則仍是每週兩次。雖說我不斷出版書籍，但只有研究哲學的人，知道我所寫的書。當年蔣復璁先生自告奮勇，主動推薦我作中央研究院候選院士，他陳列出我約九冊中國哲學思想史，院長問誰看過這些書，評審委員沒有一個答話。我習畫也只有教會裡的人和我的學生知道，他們中間也有來索畫的：不過，我卻不以畫作應酬了，更絕對不賣，因爲自知何必招人笑話。

民國七十五年，我領司鐸聖品五十週年和領主教聖品二十五週年，我決定舉行感主洪恩慶典，博士班畢業弟子們建議舉行畫展，往訪歷史博物館何館長皓天先生，何館長答應在國家畫廊廳展出，以竹畫作展品。弟子們又印行畫竹冊，奉送一冊予輔仁大學董事長蔣夫人，夫人竟稱讚畫竹意境已高。我不禁感謝天主，賜我能有畫畫的作品。畫馬則筆墨和結構都不好，於是兩年內，不畫竹，專心畫馬，兩年後，畫法變了，墨濃，筆粗，馬的氣態強而猛。弟子們又來建議，八十壽時再舉行畫展，以馬畫為主，但是歷史博物館規定作畫展一次者，五年以後不可舉行第二次。弟子們乃印行畫馬集，我樂得以畫集贈送朋友作八十生辰紀念。

我舉行畫展，沒有想把自己擠入畫家之林，也不想自標文人畫派。一點自知之明，雖年老，我還有自知畫品不高；但是我想提倡讀書人和政治或工業的忙人，習習畫，以藝術調劑身心。英國首相邱吉爾在大戰中，嘗作油畫散心。

八、種花

來客一進天母牧廬的門，看見房牆和圍牆中間的走廊，放了許多花盆，青綠的葉，紛紅的花，奉陪走廊盡頭的聖母像。

這個花廊，是在去年秋天佈置的。圍牆外面蓋了紅瓦，花廊頂上釘了鋁條。鋁條兩端靠牆掛著西洋蘭花，每邊十盆。花廊地面兩邊靠牆，靠圍牆一邊，排著八盆盆景，靠房牆一邊，排著十盆中國蘭。聖母像前面則放著桂花，石榴花和紅花楓。

來客進門一看，看到鮮花侍奉聖母。

在牧廬的後面，還有一個花廊，那是我遷居這樓房時，就設置好了。後面的花廊較比前門的花廊寬一倍，長度相等。花廊的後部份，蓋一花棚，棚上蓋石棉瓦，遮蔽太陽。在花蓬內養蘭花，花棚外面養；蜀葵，火鶴，和多種臨時由花市買來的花。火鶴花常開花，蜀葵花開花很小，中國蘭則常萎枯，西洋蘭也祗長葉。前年我在士林農藝園散步時，注意園內的蘭花花圃，不蓋石棉瓦，卻釘木條。我便將牧廬後面花棚的石棉瓦去掉，釘上木條，木條間留空。由空隙雨露可以下降。半年後，蘭花都呈現生氣，中國蘭發芽，西洋蘭著花。去年春秋雨季，蘭花繼續含苞怒放，蜀葵枝葉茂盛，今春一定花朵累累。我乃感到養花樂趣。

我在書房裡還有一個小花廊，書房位於二樓，一面爲讀書室，一面爲畫室。讀書室面向東南，有五個窗子，陽光充足。在五個窗子的窗臺上，排列各種花色的紫羅蘭小花盆。早晨起床後和早餐後，我沿著窗台看花，澆水。紫羅蘭春秋雨季開花，綠葉則四季常綠。綠葉摘下，浸在水中，幾星期後，莖端長細根，好似鬍鬚，再栽在盆裡，根上發葉，半年後花葉滿盆。

中飯後，我下樓到前後花廊，細心觀察花卉。中國蘭很難養，葉上常生蟲，潑了殺蟲藥，花葉還遭蟲咬壞。西洋蘭卻較容易，在前後兩條花廊修理以後，常見花開。

書房裡，供有一尊法蒂馬聖母立像。供聖像的桌子，爲朋友傅老生先所贈獨木樹根製成，邊緣曲折，古色古香。供桌子的毯子，爲朋友丁武官所贈南美皮毛地毯，被毛結成八角星辰。供桌上常供鮮花，陪侍聖母，鮮花或來自樓下的花廊，或購自建國高架路下的花市。我幾乎每月一次去拜訪俞大維部長老先生，俞部長家住建國路附近，我由他家出來，就到花市上走一走，看有沒有可以買的花。

我種花不懂栽種法，也不知道各種花的名字。屋前後的花大約九十多盆，大部份是蘭花。掌管花廊的是司機黃清泉，他澆水拔草，換土加肥。我自己則剪除腐老的花集，換換花盆的地方。

對著青綠的葉，鮮艷的花，心情也清爽純淨。看著葉花瓣的美麗結構，隨著花苞的成長，常驚奇造物主的化工。花廊裡行走，也似乎在聖堂踱來踱去，脫離纏身的俗務。

九、韓國之行（民國七十四年十月）

1.曉星大學

本月十一日，應韓國曉星女子大學的邀請，往韓一行。這是我第三次赴韓，前兩次都祇在漢城少住，這次則到韓國中南部大邱市，大邱而爲韓國第三大城，人口兩百多萬，爲中央直轄市。

十一日下午抵漢城，由曉星大學副校長全學守教授及中文系主任金周淳教授，和我國駐韓大使館李寶和參事、于超屏秘書搭飛機轉飛大邱。晚八時許，抵達機場，曉星大學全碩在校長偕同學校一級主管和學生代表多人在機場歡迎。機場本係軍用機場，不容閒人進出。曉星大學看重禮儀，熱情感人。

曉星大學由全碩在校長創立，已有三十三年歷史，開始時爲一簡陋二年制專校，後來升爲大學，現已有九個學院，四十六個學系，碩士班研究所廿一，博士班研究所十二，學生八千餘人。學校開始既爲專科，校地不廣，現在在大邱市近郊購一片小山坡，地廣且高敞，山坡下有鐵路和高速公路。全校長動工速築新校舍，日與工人爲伍，面目曬得黧黑，有黑人校長的稱呼，現已有五個學院遷入新校區上課，我被邀往新校區種一株櫻花樹以留紀念，種樹時，不僅坑和土都先預備好了，連爲用手拿鏟催土，還預備了新的白手套。韓國人做事認眞又細心，秘書汪惠娟女士替我把手套收起來，以紀念韓國人禮貌的好心，種樹時，學生代表著韓國服裝，顏色鮮艷，排在樹的前面，歌唱中國民歌：梅花和阿里山的姑娘。因此我很樂意簽訂了輔仁和曉星結成姊妹校，也接受曉星贈的榮譽博士。

2.高麗大藏經刻板

十月十三日，全碩在校長因著我的要求，陪我去看高麗大藏經原刻板。我研究佛學時，知道大藏經有一種高麗古刻本。但不知道還存在否，也不知道藏在那裡。去韓國以前，我和外交部丁懋時次長談話，丁次長曾做過駐韓大使，便對我說：「你一定要去看高麗大藏經古刻板，收藏的地方距離大邱而不太遠。」全校長和副校長、教授長、訓導長、總務長、中文系主任駕了三部轎車，由往光州方面的高速公路，走了一小時半，車入伽倻山國家公園。

伽倻山乃韓國佛教勝地，有著名的海印寺，大藏經古刻板收藏在寺內。海印寺建於公元八〇二年，高麗哀莊王三年，迭經毀壞，一九七一年重加修理，恢復舊觀。車入伽倻山，路旁一山溪，溪中多巨石，水流擊石，白沫噴人。柏油路至山腳止，汽車不進入，全校長派員和管理接洽，汽車放行，路乃石路，大石小石顛簸車身。古樹叢集，遍山深綠夾黃，秋色已入山。石路上遊客絡繹不絕，多韓國人，攜兒挈妻；當天爲星期假日。

車行一刻鐘，抵寺門，下車，拾級而登。過山門，入一庭院，登正殿，繞殿再入一庭院，乃有兩進藏經樓。由筆陟石梯登前樓，樓長可五百步、寬可十五步，高可三丈。正門懸一牌，牌上書藏經古刻板八萬片。樓內設木架，架離地兩尺，地上撒鹽以避虫。古刻板片片置架上，色黑。樓兩壁俱爲窗，窗敞開通風，板片乃不潮濕。前樓後樓之間，一庭，略生草，地顯荒涼。藏經樓俱木製，柱大可一人抱，紅硃色已剝落，古色古香，我在兩樓間徘徊，想念這一刻本乃宋朝時代刻本，尚能保全，韓國政府所以聲明爲國寶，列爲國寶的第三十二號。

我回臺以後，翻閱佛教學術叢刊的「大藏經研究案編」卷下的蔡念生著「三十一種藏經目錄解說」，對於高麗大藏說有「初雕藏」爲高麗王治宗所刻，時當宋太宗時，後有高麗王高宗二十三年至三十八年（一二三六—一二五一）當宋理宗時，以初雕本與仿契丹藏及續藏重刊，然都散失。又翻閱該書卷上的「大藏諸錄一覽表」列高藏，然在「存缺」一項註爲「缺」。這樣我國佛學者都認爲高麗刻本已遺失，卻不知道韓國的國寶裡藏有八萬片大藏宋刻原板。這種國寶就像我們大陸所藏唐朝石刻經碑，祇是石刻經碑已不全，高麗大藏木刻板則全，可規爲稀世之珍。然藏經樓爲木樓恐易遭蛀，因而殃及木刻板。但至今已經七百年沒有損壞，可見保全的方法有效。我參觀時，看見一片刻板鑲在玻璃框內，可以近看，框外貼有這片刻板的墨印經文，乃「般若波羅密多心經」。頁尾刻有「戊戌歲高麗國大藏都監口勅彫造。」「監」字下面的字不清楚。可惜藏經樓沒有說明書，坐在進門處的兩位僧人也不知道講解。我繞著藏經樓走一走，從窗口眺望架上的黑刻板，心中積滿七百年的歷史感。

慶州

由海印寺回大邱市轉往慶州，到達慶州東急旅館已晚間八時許，晚餐後人房，窗外一片黑，似乎在山野裡。次晨，在房間小客廳行了彌撒晨祭，拉開窗簾一看，外面乃是一片蔚藍的湖水，湖稱普門湖，湖大略似日月潭，水中一群自鵝，白羽白頸，有如小帆點點。中文系金教授說故總統朴正熙，曾計畫開發這湖作觀光勝地，湖畔一邊大道已修，三超級飯店也已建築，然現總統停止了開發湖濱的計畫，湖光幽靜，湖岸平坦，不似日月潭群山圍繞，高樹綠竹掩天。

早餐後，離開旅館，赴慶州古王陵參觀，廣州古王陵名「大淩苑」，爲高麗新羅王朝的工陵，大小古墳二十，佔地一公里半，以天馬塚和皇南大塚最出名，古王陵合成一歷史公園，園中綠草茵茵，松樹參天，草上無片屑，清潔似地氈。王墓形成一小圓丘，座座獨立，相離或近或遠，「天馬塚」已挖開，由石門入，一半圓大廳，廳正中靠壁一玻璃房，房中央黑土一席，黑土中央地面一王冠，一腰佩，陳列古墓中挖出的古物，古物中較重要者則已陳列在慶州博物館。

天馬塚取名，因塚內場上繪有天馬，附近各王墓沒有開挖，然日本人己曾開挖數墓，取走古物，走出天馬塚我冥想大陸多少皇陵，將漸開挖，對於古人實表不敬，對於歷史則可有益。

步出古王陵，我因微有感冒，不便多行，乃登車往大邱市郊曉星大學新校區，新區寬大，山崗稍高而乎，進門大道氣態高昂，校舍建築新穎，參觀畢，回大邱旅館。

晚，乘飛機，由全校長陪往漢城，次日搭機回臺。

十、領獎述懷（民國七十二年三月三日領文化獎）

昨天，在行政院領取了文化獎，我心中忐忑不安。這個獎的壓力很重，以往對於中國學術文化貢獻不大，將來就要多做！然而年歲已過七旬，又還可以做得多少呢！一切都在天主的聖意裡，我只有一番好心！

若要看以往我所作的學術工作，我祇是研究中國哲學。再看這條研究的途徑，經歷卻眞長呢！已經過了四十六年。

民國二十五年秋季，我開始在羅瑪母校傳信大學教授中國思想。我對於中國國學，素來沒有根基，家庭不是書香之家，又沒有入過私塾，背過古書；祇是在學校裡，國文的成績好。在傳大唸哲學和神學時，每天必讀古文。

民國二十五年八月十五日我被教廷宣道部（傳信部）次長兼傳信大學校長剛恆毅總主教任命為中國思想史講師。我那時年二十五歲，考了哲學博士，神學剛畢業，（神學博士是後來唸的）開始讀法律，每天上午到拉德朗大學聽法律課。研究中國思想的時間，是在每天晚間。

由四書而詩經，而禮記，而尚書，再讀老子、莊子、韓非子，春秋繁露，傳大的中文部圖書念完了，我從國內陸續購買，有宋明的子書，有廿四史，有佛教大藏經。又有法國義大利傳教士論中國宗教思想的書。還有胡適之和馮友蘭的中國哲學史。在民國三十六年我陪田耕莘樞機來臺灣觀察時，拜會了當時的教育部長張曉峰先生，他要我為他編的現代國民基本知識叢書寫稿，我答應了。我也請他將已出版的基本叢書送我一套，他慨然允許。但是當我到國民基本知識叢書編輯處要書時，負責人表示很為難，最後還是讓我選了五十冊關於中國國學的著作。

我到臺南時，把在羅瑪所有的中外書籍，除一此普通知識的書以外，都帶了回來。到了臺北，我眞的書就多了，現在家中藏書大約有兩萬冊，一半是關於中國哲學的書，一半是文學、神學、法學的書，大辭書也有幾種。我作研究和寫書，沒有時間跑圖書館，所需的書，都要在家裡有。可以購買的，就買，不能買的，就向輔大圖書館借。我寫書，從來不假手秘書或學生收集資料，一切都由自己動筆。在臺北十七年每天晚間，靜靜地坐在書房裡，無論冬夏寒暑，靜對書籍，忘懷一切。教區或學校的公事，在日間處理，家中私事，由洪法蒂瑪修女經管。當我到臺北時，神父們都勸我住在主教公署，與神父們共處。我則怕晚間來訪者多，堅持獨住天母牧廬。對於這事，許多神父對我不能諒解，疑我貪圖舒適。

在羅馬教授中國思想史時，向中國學生講，用中文；我的衡陽國語，學生要經過長久的練習纔能聽懂。向外國學生講，用拉丁文，雖然寫有講義，還是苦於辭不達意。記得在開始幾個月，講書很爲難，學生不免在背後私議。有兩個青年學生，一個澳洲人，一個印度人，平日對我交情很好，便自己來聽講，看看實際的情形，也替我捧場，又向別的學生爲我辯護，我用拉丁文講了二十五年書，養成了講拉丁文的習慣，歷年我在羅瑪參加教廷的各種委員會議，與會的人都驚訝我一位中國主教怎麼可以隨便說拉丁文。

在羅瑪前十幾年，我的興趣還不在哲學，是在文藝，尤其喜愛西洋傳記文學，也寫了陸徵祥傳、徐光啓傳、利瑪竇傳、聖庇護第十傳、基督傳、聖母傳，又寫了人生的體味一冊散文，還寫了羅瑪晨鐘和海濱夕唱兩冊新詩。但是在第二次大戰後，歐洲人的心理傾向東方的精神生活，我便用義大利文撰寫一冊儒家概論，書名中國人的智慧，又寫了一冊道家概論和一冊中國宗家教思想簡史。寫義大利文書時，我曾請母校的訓導長白肋達神父（FeliCe Bereta）替我修改。從那時起我研究的興趣轉入了中國哲學。

我研究中國哲學，以系統的方法作研究，不深入研究每位中國哲學家的思想，而是研究儒釋道三家的系統。哲學的思想講道理，講道理則前後該當連貫，每位哲學家的思想也要互相連貫。當然，中間有許多不相同之點，也有互相衝突之點；但是，既然是一家一派的思想，必有共同之點，在共同之點，可以有所連繫。依據這種原則，我用中文寫了一部「中國哲學大綱」，由香港商務印書館出版。我回臺灣後，改在臺灣商務印書館付印，現已出第四版。但在寫中國哲學思想史時，則深入研究每位哲學家的思想，因此寫了七冊，然而也並沒有放棄系統的研究法。

研究中國哲學的系統，我注意儒家的形上學。一般講中國哲學的學人，尤其是外國學人，都認爲儒家哲學祇是倫理思想，專講修身之道。我則認爲儒家哲學一定有形上學的基礎，否則不足以稱爲哲學。研究的結果，我寫了『儒家形上學』一書，列出儒家的形上結構。儒家的形上學即是宋朝的理學，理學的根據是易經，中庸和大學。

民國六十六年七月，我動筆寫「中國哲學思想史」的「先秦編」，對於孔子和弟子的思想，我以「生命」的觀念，作爲線索，「一以貫之」。中國的哲學無論儒家、道家、佛教，都以生命爲中心。儒家的思想更可以說是生命哲學。

易經講宇宙的變化，以陰陽爲原素，陰陽互相結合，化成萬物。陰陽變化不停，萬物化生不息；這便是宇宙的生命。陰陽化成一物，在物內仍舊變化不停，這種內在的變化，即是每一物的生命。每一物的生命，因所稟受的氣有清濁的不同，最濁的氣使生命不顯，便是礦物；氣稍清，生命稍顯，便是植物；氣又更清，生命更煩顯，便是動物。人得天地的秀氣爲最清，生命完全顯出。人的生命爲心靈的生命，爲精神，爲仁義禮智，儒家乃常講仁義道德，講正心誠意，講「仁」。

道家以宇宙成於道的變化，道變而化生萬物。物爲道的形相，道在萬物爲本體，人乃萬物之一，人的生活仿效道的自然，期能和道相合以同宇宙而長終。佛教認人生爲痛苦，乃求解除苦痛。痛苦的來源，在於人貪想事物。佛教追求事物的成因，發現事物皆是虛空，都由因緣而成。因緣或是地水火風四大，或是唯識，或是唯心，或是眞如。中國天台宗華嚴宗禪宗都以眞如乃是唯一的絕對實體，萬物爲眞如向外的表現，有如海水的波浪。萬物和眞如爲一，彼此文合爲一，所以「一即一切，一切即一」。在這種智慧的玄觀中，人進入涅槃，或得禪道，直接體驗與眞如合一的生活。

我研究中國的生命哲學，尋得上面的形上基礎，看到下面的實際生活。我從來不用西洋哲學或天主教教義去解釋。中國哲學須要用中國傳統思想去解釋，不能拿孔子所沒想到的觀念去解釋孔子的思想，也不能拿老子所不信的上帝去說明道德經。但是講中國哲學要有研究和解釋的方法。胡適之是第一位用西洋學術方法講中國哲學的人，講得對不對是一問題，使用西洋學術方法則是對的。我寫中國哲學思想史，是用西洋哲學的方法。我是一位天主教教士，而且是總主教，我作中國哲學的研究，不能和我的身份脫離關係。教士的職務是宣傳教義。我便想以中國哲學思想解釋天主教的教義，使天主教可以爲中國人所懂，進入中國的文化界。聖多瑪斯講哲學和神學，不是以天主教思想去解釋亞里斯多德的哲學，而是以亞里斯多德的哲學思想解釋教義，建立了羅瑪拉丁文化區的天主哲學和天主教神學。

不過，我現在所做到的還是整理中國的哲學思想，知道中國哲學是何種哲學。今後，天主再賞我以年，我想漸漸以中國哲學思想融會西洋哲學思想及天主教思想，結成一種新的儒學。

研究學術是辛苦的，我一生沒有求過娛樂，沒有空閒渡過假，每天常是不離書本和稿紙。但我以讀書寫書爲樂，有人空閒不知怎樣消磨時間，感到寂寞苦悶，我則常覺到時間不夠，工作過多，心中信有天主給我研究學術的使命。孔子孟子曾以滿全天的使命爲生活樂趣，我勉力以行天命爲快樂。

十一、我與中國教友傳教協進會

民國六十年，我的日記有幾則關於教友傳教的事：

八月六日　午後三點半，在台北總主教公署設茶會，歡迎教廷的教友傳教委員會委員安齊神先生。安先生日本人。台北八教友組織代表參加。

八月廿三日　上午，在台北總主教公署，召開主教團教友傳教委員會會議，到有六教區代表。台北八教友團體，聯合招待午宴。

午後，繼續開會，議定：組織中國天主教教友傳教促進會籌備委員會，於十一月廿一日開會，又於明年年假舉辦會教友傳教講習班。

十一月十九日　鄭聖沖神父來，將台中全國教友會議提案呈閱。修改一兩點。

十一月廿一日　星期日　主日。

晨，七點，動身，乘光華號往台中，九點半抵達，往惠華醫院休息。

十一點，在台中教友中心，召開中國天主教教友傳教促進會籌備會議，討論組織章程。中午一點休會，午餐。

二點一刻，繼續開會，通過暫章，正式成立中國天主教教友傳教促進會。選舉理事，再選舉主席副主席，繼續進行討論提議案。五點閉會，余致閉幕詞。舉行彌撒。彌撒畢回惠華醫院，晚餐六點五十分，搭莒光號，回台北。

民國六十二年的日記，有下列幾則：

正月三日王志聖，林南敏，聶增榮三位先生來見，報告三德會事務，三峽墓地道路已開。又談組織台北總教區教友傳教促進會事，余定邀潘秀江女士充秘書，負責推行。暫組臨時促進會，預備召開各本堂教友代表會。

正月八日潘秀江女士由聶增榮、王志聖兩先生陪來見，余請潘女士來公署爲教友組織辦公，被云可考慮。

四月三十日主日，台北總教區教友傳教促進會成立。十點開會，八十三本堂區派代表，十五教友組織參加代表，籌備委員十一位，特約委員七位，神父列席者三十餘位。

上午，通過會章，選舉蔣復總院長爲主席，王志聖爲副主席。選舉十三理事，我任命四理事。蔣院長宣佈所聘總幹事和四位幹事。

十二點聚餐，席設十二桌。

午後，舉行成立大會，討論提議案，三點半，討論畢，舉行慶祝 蔣總統連任大會。

四點一刻，共祭彌撒，我主祭。華視攝新聞片。

今天爲一重要日，感謝天主，一切尚稱順利。

八月十三日 在台北總主教公署，舉行教友傳教促進會全國理事會第二次會議，教廷代辦高樂天蒙席致詞，討論議案多件，以示範講習班第一重要議案。

十點半，我離開會場，往明倫國小，參觀小小公園遊園會，小小公園共十組，學生八百人，輔導二十五人。

中飯，與理事聚餐。飯後，繼續開會，四點半，閉會，我致閉幕詞。

我抄寫了上面幾段日記，使我回憶教友傳教協進會當初成立時的情形。日記很簡單，祇記下了事件的骨架；但也就使我想起當年的甜酸苦辣。我當時任主教團社會發展和教友傳教委員會主任委員，心中常有義大利公教進行會的觀念和第二屆梵蒂岡大公會議對教友傳教的法令，便想在台灣成立全國教友組織，因此興起了全國教友傳教促進會的構想，先組織全國促進會，再組織教區促進會，然後組織本堂區促進會。

按照普通程序說，先有本堂區促進會，後有教區促進會，最後組織全國促進會。

但是，這種程序是在大家已明瞭一種運動的觀念，大家都不明瞭，而且還藏有很大的阻力，等待觀念宣傳，大家接受以後，纔從下組織起，至少須待十年，或竟沒有成立組織的可能。

我只有採從上向下的路途，組織了全國促進會，負責宣傳，進行推動，結果，有了實效。主教團批准了章程，改名爲教友傳教協進會。

當時所遇到的阻力，從各方面來的都有最大的阻力，來自一些神父們，他們以爲教友傳教協進會爲一個善會，本堂區已有別的善會，不需要一種新的善會。來自教友們的阻力，則是不知道怎樣組織，也不願過問教會的事。一些唱高調的，別說這是老式的高壓手段，由上面指派下面去做。有的說是一些明星教友的排場，好名不作事。

幸而當時擔任全國傳教協進會的理事和擔任教區協進會的理事們，都能虛聲下氣，苦口婆心向各方面解說教友傳教協進會服從聖職人員，爲本堂，教區，主教團服務，又力勸教友們明瞭自己領洗後對教會的責任。同時，在各教區和本堂區，得有神長同意可以工作時，表現實事求是的精神。

經過了十年的時間，教友傳教協進會可以說是腳踏實地了。大家也漸漸明瞭，協進會不是一種善會，而是一種組織，對外，代表全國的，教區的，本堂區的教友，對內策劃，推動全國的，教區的，本堂區的教友傳教工作。

我誠心感謝十年內教友傳教協進會的負責人，他們以耐心，虛心和愛心推動這種組織。我非常誠心感謝天主。保護了，降福了這種組織，使它不僅沒有夭折，而且茁長強壯了。

對於全國的傳教工作，我懷樂觀的心。全國的教友都能團結起來，同主教神父一起來尋找傳教的方針，來擔負傳教的責任，沒有困難是不能勝過的了。

寫到這裡，我想起在台北牧區司鐸聖召的培植，每星期我到總修院一次午餐，關心修院的事務，每月一次小修院晚餐聞聞院長的報告我送了十個修生到羅瑪傳信大學成功的很少，我離開台北教區時留有十個神哲學修生，在台北任所時祝聖了六位教區司鐸，聖召的培植爲主教的要事，困難也很重。

輔仁大學十四年
（一九七八—一九九二年）

一、就任輔仁大學校長

我從來沒有自動和輔仁大學拉上關係，別人卻拉著我走，造成外間對我造成許多傳說，自己沒有辦法澄清。當輔大在台北復校時，我也剛就任台南教區主教，教廷駐華高理耀公使，有意調我出任輔大校長，但是羅馬教廷傳信部長已經呈報教宗若望二十三世委派于斌總主教任校長，高公使便再不動聲色，祇向我私人談話，提到一次。于斌總主教升了樞機，教廷駐華大使艾可儀總主教向傳信部報告，于斌樞機很少時間到學校，外面傳說他計劃由一非聖職人士繼任校長，傳信部長羅西樞機改由教廷教育部訓令輔大改組。民國五十九年六月二十九日，我因于樞機找我談話，晚飯後，趕往耕莘醫院，于樞機身體不適，已住院兩天，見面後，于樞機就說收到艾大使的信，關於輔大改組事，信很長，內容最重要有兩點：㈠改組董事會。㈡校長可請辭職。樞機頗憤慨，把艾大使的信交我，囑我研究，他又說：「辭校長一事，早已有心，而且也向教宗說過這次決心辭職。艾大使請推薦繼任人，但繼任人應是主教。中國主教中可以任校長者只有兩人，就你和香港徐主教，徐主教不願意放棄香港，所以請你考慮是否可以出長輔大。」我沒有意見，只說將好好考慮。事情後來因爲各方插足，既不單純，且釀成我爭奪校長的傳說。董事長蔣夫人派秘書囑咐董事會挽留于樞機，立法委員多人簽名向蔣夫人請挽留，教育部董皎光部長也表示挽留意見，艾大使則專向教廷報告于樞機願意辭職，教廷教育部主管也按教會慣例，以樞機身份高，不適擔任校長，祗適於任總監督，勸于樞機辭職，乃是爲尊重樞機的身份。我則以辭台北總主教職已是犧牲，而又在各方挽留于樞機時，我接任校長，既損身份也有損名譽，乃表示堅決不接受，在董事會提議挽留于樞機，董事會贊成。于樞機接受，一場風波乃平息。

民國六十六年（一九七七年）九月十七日，我在羅瑪參加教廷爲無信仰者委員會，往訪傳信部（宣道部）部長羅西樞機，彼告訴我：輔仁大學應成爲一所天主教牧靈中心，發揚福音精神。傳信部已函告高理耀副國務卿，請呈報教宗，在于斌樞機晉見時，指示于樞機退休，繼任校長應爲一位主教。九月二十四日，于樞機晉見教宗保祿六世談話三刻鐘，都爲邀請教宗再發一文件，批評共產主義。因談話時間已過長，教宗乃結束談話，說有一事要面談，近日請再來見。十月二日，于樞機再次晉見，教宗乃指示退休。

民國六十七年，教廷駐華代辦陶懷德代辦奉教廷訓令，進行于樞機退休事件。陶代辦乃和董事會各位董事分別接洽，分別投票表示推薦輔大繼任校長人選。七月十五日，輔大董事會開會，接受于樞機辭職，改聘羅光總主教繼任校長。八月二日，輔大舉行新舊任校長交接禮，郭君石總主教監交。我在致詞中，說明以主教牧人的身份和精神，來接任校長職務，牧人要用愛心照顧自己的羊群。教育的目標，是全人的人格教育，培育青年立己立人。

二、教育政策

在輔仁大學校長任內，我多次向導師和畢業生公開談話，又向報章雜誌寫過幾篇文章，說明我對大學教育的理想。這些言論代表我辦教育的政策。我現在從三方面說明我的思想：第一，輔大教育的基本觀念，基本觀念有三點：一點是人格教育，一點是人文教育，一點是愛心教育。這三點是互相聯繫。第二，輔仁大學導師制度的理想和實踐，我和導師們作過公開的談話，詳細予以說明。

1.輔仁大學的基本教育觀念

輔仁大學名爲天主教大學，實際上在一萬五千多位的學生中，祇有五百位天主教教友：在一千一百位教師中，祇有一百五十位左右天主教教師。在這個數目中。幸而能有五十位左右的神父和的修女。中華民國的教育法不允以宗教課爲必修課，也不允學校強迫學生參加宗教儀禮。

在這樣的具體環境裡，爲表現天主教辦學的理想，輔仁大學乃有幾項教育原則。

㈠學校是開放的

輔仁大學收納各宗教或無信仰的教師和學生；唯一的條件是教師不要在教室講書時，公開攻擊天主教。在行政方面輔仁也是開放的，教師選擇代表組織教務，訓導，總務三小組委員會，研究有關問題，向校長提出建議，校長將建議交校務會議討論。校務會議按大學法已經有教授代表參加，現在輔大也有學生代表參加，學校行政會議和訓育會議，按法沒有教師和學生代表，輔大則有他們兩方面代表參加。

㈡人格教育

輔仁大學從復校開始時，就有「人生哲學」一課爲全校各系的必修課，講授人生之道。近年因科技教育非常發達，理工和管理學院的系主任中多位向校長要求放棄「人生哲學」課，校長沒有答應，且自動到大傳系教了一年「人生哲學」，又寫了一冊「人生哲學」書，供全校師生的參考。

㈢愛心教育

輔大設有學生輔導中心，以心理輔導方法協助學生認識自己：又要求每位專任教授擔任導師，輔導學生的學業和人格修養，另外要求任教的神父和修女，以言教和身教，輔導學生。

㈣自主教育

台灣的中學生，從初中到高中，六年裡天天爲聯招的考試上補習課，背死書。到了大學沒有補習的壓力了，可以自由安排自己的時間。輔大鼓勵他們組織社團，自動計劃社團的活動，日間部有一百二十個社團，夜間部有四十九個社團，每個社團選學負責人。

㈤宗教輔導處

天主教學生組織同學會，有要理班、歌詠團、聖經班、禮儀輔導。同學又組織醒新社和同舟社，邀教友同學參加，兩社各五百多位社員，從事校外的社區工作，協助盲人院和痲瘋病院的病人。

多位神父和修女開設要理班，給教友學生願意聽道者講要理。學校每年舉辦一次宗教週，每年一次舉行敬天祭祖彌撒，供教友學生參與。但每年領洗者不多，僅十餘人。

㈥學術研究

一方面重視思想教育，編印天主教思想書，供全校師生參考。

一方面發展其他學校沒有的學系和研究所。以輔大私立學校的人力和財力，不能和國立學校在所有課目上競爭，但是選定我們學校所長而別校所短的學科，盡力發揮。例如輔大的哲學系、體育系和外語學院，較比他校都要好，又如、織品服裝系，營養系，別的大學都沒有，我們可以招到以第一志願考進的學生。又如今年開始的宗教學研究所和翻譯學研究所，也是台灣大學中的創舉。我們正在籌備設立中西文化研究中心，設博士班研究員。這些學科的研究造成輔大的特色。

輔大普遍的被稱爲校園美麗的大學，又被視爲校規嚴肅和校風嚴肅的大學。但是要按歐美天主教大學的標準，作爲天主教思想的重鎮，福音精神的中心，輔仁大學則距離這種標準很遠，然而在教外的國家內，在教育法不允許宗教教育的情況下，輔仁大學還可以達到教廷教育部部令所說：確定天主教會在自由中國是存在，又能爲天主教會在自由中國智識份子的活動作媒介。（輔仁大學的教育理想和現況。牧廬文集五）

三、公共建築

1. 行政大樓

輔仁大學的組織是聯邦制Confederation由中國主教（中國聖職員），聖言會，耶穌會，三個單位組成。原先在中國大陸，天主教有三大學，耶穌會的震旦大學和津沽大學，聖言會的輔仁大學。爲在台灣復校，恢復三所大學，人才和財力都不夠，單復祇恢復一所，又嫌過於單調，荒廢了一些人才，教廷傳信部部長雅靜安樞機和次長西奇斯曼蒂總主教乃要三校合併復校，又加上中國聖職人員，組成三單位聯合辦理的大學。這種制度在天主教會尙稱創舉，在梵蒂岡第二屆大公會議中，備受主教們的喝彩。聯合大學的制度化，有三單位簽的約合約。合約很簡單，由三單位在實行上再定細則。于斌總主教在這種制度下創辦台北的聯邦輔大。當時三單位的每一單位有自己的教務處，訓導處，總務處。學校的全校教務、訓導、總務，祇有名而無其實。後來因教育部的干涉，全校的教務、訓導、總務三處，實際全校負責，三處的辦公處，則分別設在三單位的校舍內。校長辦公室設在文學院臨時提高的第四層小部份樓房，一座古舊的電梯，叮叮噹噹載着于總主教上到辦公室，學生要接洽各種事件，須往三單位教室跑。校長爲和職員談話，職員須從三處的教室，在夏天炎日和冬天的寒風下，走來走去。董事會開會時，校長室也曾兩三次提議建築公共辦公樓，三單位的董事都以爲要花三單位的錢，便答說不必要。我接任校長以後，體驗到沒有公共行政大樓的不合理，乃先籌款，不動用三單位的錢，後來尋覓建地，決定興建行政大樓。民國六十八年（一九七九年）我就任校長的次年，十一月五日，贈送名譽博士學位與西德赫夫奈樞機并請爲行政大樓（定名野聲樓）主持破土典禮。次年民國七十年三月二十日，驗收行政大樓野聲樓。集合校長室，教務，訓導處，總務三處，夜間部，在同一大樓，分層辦公。保留大樓第四層，爲後來設立的新機構辦公之用。在第一層進門大廳，應有普通樓房三層之高，把于斌樞機立體塑像置於右手靠牆處，像高約三公尺，曾邀請谷正綱先生爲銅像揭布。銅像爲校友楊英風彫刻家所塑，行政大樓名野聲樓，取于斌樞機之號。

我到輔仁大學任校長時，校長室祇有秘書長一人，副秘書長一人，經管校長室和人事室事務。秘書長龔士榮神父已辭職，我邀主教團秘書長李霞神父接任秘書長，李神父堅請劃清職責，秘書長祇管學校三單位聯繫事務和諮詢委員會事務，位似普通副校長的位置。原先龔神父所管校長室和學校建築，學校公共經費等等事務，都不再管理，我乃首先成立人事室，再設立公共關係室，學校秘書長室，校長秘書室，校友聯繫室，最後設學校基金室（勸捐），這一切機構都在行政大樓辦公，第四樓新設機構，則爲學術行政機構。

2.學生活動中心

我到校時，學校學生共有一百多社團，大家擠在體育系積健樓和體育館中美堂的十幾間木板隔成的小房裡辦公，在每年年底晚會爲我祝壽時（我元旦日過生日），學生代表一定在切蛋糕時，逼我閉目許願，建築學生中心。建築學生中心一事便常留在我心中。建築了行政大樓，第二項建築乃是學生的活動中心，於民國七十二年（一九八四年）三月十九日（聖若瑟節）舉行破土典禮，次年三月廿一日啓用，因建築這處中心，常是爲我祝壽時逼我所作心願，遂名活動中心爲焯炤館，用我的號，請台靜農教授提字。館爲四層樓房，有地下室一層，除辦公室外，有演講廳，演劇廳，會議室，貴賓室。足夠當時學生活動之用。但是，後來社團逐年增加，辦公室遂不足分配了。幸而夜間部建築了夜間部大樓，夜間部社團遷出焯炤館，暫時緩和了日間部社團的要求。不過，徹底地說，若要滿足社團辦公之用，則永遠沒有滿足的時候，國立大學也是這樣情形。

3.運動場

輔大的運動場，面積不大。民國七十二年，全國大專運動會在輔大舉行，教育部會資助輔大鋪設田徑跑道，過了五年六年，跑道開始裂縫，學校不計劃自費再鋪設，但計劃新設一較爲廣大的運動場，鋪設跑道。

在輔大行政大樓，學校區組中心前面的花圃裡，放著田耕莘樞機的半身銅像。大家認爲乃理所當然，田樞機爲輔仁在台復校最費心力的人。輔仁大學在北平時，爲聖言會繼續聖本篤會所辦所以屬於聖言會。當時聖言會總會長舒德神父極力主張復校，他和田樞機合作。

近日校友去週遊校園，驚奇舊日運動場不見了，起了兩棟高樓，一棟醫學院大樓，一棟夜間部大樓。夜間部大樓原先擬爲三單位的聯合圖書館，輔大若把三單位的圖書館合併起來，當然就相當大了，各單位的舊館就可改做教室，後來因耶穌會反對地面兩層作夜間部，不願加入，乃改爲夜間部大樓。

運動場現在建在學校後面，中間一條公路。這所運動場，整個場面積有一萬五千坪。原爲聖言會在創校時所購，但不爲學校用，而是聖言會所有，所以不能登記，祇有所有權狀。聖言會乃以全部土地登記爲學校用地，我乃與區會長商榷，以全部面積一萬五仟坪分成三，聖言會拿三分之一，我在上面建一座女生宿舍送給聖言會。其他三分之二的地作輔大運動場，有跑道，有棒球場，有籃球場，有排球場。聖言會認爲可行，新運動場便建立起來。我離開輔大的最後一樁事，就是爲運動場擇定司令台的地點。（病榻隨筆第三十九）

四、設立學術工作機構

1.天主教文物館

輔仁大學普通被讚譽爲美麗校園的大學，面積雖不廣大，校園道路整齊，綠樹成蔭，有高樓，有草地。在公共建築完成後，學校硬體建設己形成達到大學水準；但是軟體建設則須開始。大學為教育青年的高等學府，有學生的教育，有研究所的專門研究；但在學校制度以外，要有全校性的學術研究機構，協助並鼓勵青年學生從事學術研究工作，在這方面，我可以說三方面的建設：第一方面，是設立學術工作機構；第二方面，是召開國際學術研討會；第三方面，是設立新的學院和成人教育機構。

我自己是心好歷史的人，年輕時，在羅瑪寫了五冊傳記：《陸徵祥傳》、《利馬竇傳》、《徐光啓傳》、《基督傳》、《聖母傳》。又讀了好幾種法文、英文、義大利文的傳記文學作品，後來專心研究中國哲學，就把歷史放棄了；但是對於中國天主教會的文物，用心收藏。近二十年，台灣各教區、本堂、學校、教會組織、各修會陸續作二十五週年或三十、四十週年印刷紀念文集，我都收集起來。還有稍為詳細的神父訃聞、我也收藏；因為這些都是中國天主教會歷史的資料。

台北教區成立二十五週年紀念時，我請劉宇聲神父編寫教區二十五週年史，劉神父說：「你想誇獎妳的功勞啊：我卻不寫。」我說：「才到台北幾年，沒有功勞可誇，我是要你寫教區歷史。」劉神父說：「好：這冊書上不放妳的單身照片，也不提你為教區作什麼事。」我答：「好！就這麼辦！」

在平日，我們已經要愛惜史料，另外在目前中國教會遭遇大變動的時期，當中國教會現在的經歷，在後代是一個關鍵時代的歷史，資料更有價值。我收集聖經中文譯本、中文彌撒本、中文拉丁文日課經本、要理本、各色祭披。又收集田耕莘樞機的遺物。這些物品對中國神父修女教友具有重大的意義。我把這些物品都陳列和收藏在輔仁大學，成立中國天主教文物館，因爲教宗碧岳十一世和保祿六世都認爲，也曾表示輔仁大學代表中國天主教的文化，是天主教信仰和中國傳統的融會處，中國天主教文化館具體表示這種文化。田、于兩位樞機的遺物，又和輔仁大學復校的歷史有關係，兩位都是輔仁在台北復校的主動人物，一位又是復校第一任董事長，一位是復校第一位校長，中國天主教文物館乃和校史館連結在一起。校史館則是學校生命的活水，由校史館結成今天的學校。參觀學校的人，參觀學校的中心—行政大樓，拜會了校長和行政主管，知道今天的輔仁，登樓參觀校史館，得知輔大的來歷，乃有輔大全貌的觀念；再參觀中國天主教文物館，更明瞭輔仁大學的地位和使命。至於對大陸教會的資料，則設有中國天主教資料館，資料館爲收藏，不爲陳列。

2.學術交流室

輔仁大學有兩個特點，第一是天主教大學。第二是以哲學起家，常以哲學爲重。在這兩個特點上，常謀發展，遂造成學術交流。年來由社會工作系羅四維主任和日本天主教南山大學校長每年舉辦學生來台，和輔仁大學社會系天主教學生，作共同研究週。輔大前校長李振英神父則和大陸二十餘所大學的哲學系教授，組織哲學交流研討會，每年輪流在大陸或在輔大召開，每次常有兩方教授各二十餘位，各自提出論文，爲辦理行政事務，我乃設立學術交流室。平日，在台北方面，交流室又和別的學術團體或獨自舉辦了多次國際學術研討會。

輔仁大學和大陸大學學術交流，第一階段工作的圖書交換，截至一九九六年輔大寄出約三千餘冊，收到約二千二百冊（已分送相關單位），第二階段，召開學術會議，自一九九三年到一九九六年，共計七次。用數字來說，第一次主辦單位爲輔仁大學，與會人員五十人，主題由中國哲學在中國歷史的發展與回顧。第二次，在一九九四年四月，主辦單位，輔仁大學，與會人數五十五人；主題，中國哲學的回顧與發展。第三次，在一九九四年六月，主辦單位爲人民大學，參加者五十三人，主題，中國文化的省思與展望。第四次，在一九九四年九月，主辦單位，北京大學，參與者四十三人，主題，展望二十一世紀中國哲學與文化的發展。第五次在一九九五年四月，主辦單位，陝西師範大學，參與者三十六人，主題，海峽兩岸哲學與當代倫理。第六次，在一九九五年九月，主辦單位，輔仁大學，參與者一二九人，主題，哲學與倫理。第七次，在一九九六年四月，主辦單位，武漢大學，參與者八九人，主題，面向二十一世紀中國哲學與倫理。第三階段爲教授互訪。大陸人民大學方立天與劉大椿，輔仁大學鄔昆如、高凌霞。從上面呆板的數字看來，四年的工大，召開七次學術會議，印行會議紀錄論文集「學術交流室」的工作不是閒手一陣忙，一陣閒，是繼續在忙中作業。何況同時，在台北又召開了多種學術研討會。

3.東西文化研究中心

輔仁大學在北平時，在學術上有兩種工作，深具影響，第一，聖言會用自有的人力、才力，發行輔大學術校刊，專門在人類考古學作研究，在世界人類學領域內，已經得到肯定。第二，教廷駐華第一任代表剛恆毅總主教研究藝術，在北平提倡中國天主教聖像圖畫，以輔大藝術教授陳路加同牠的學生爲領袖，建立中國天主教藝術之家，作品陸續付印，流行全中國天主教會，輔仁在台北復校，不能在這方面繼續創業，乃計劃用輔大復校所有特點，予以發展，輔大在台北復校以哲學起家，復校之三單位中兩單位，聖言會和耶穌會，外籍教士較多，耶穌會又把在上海徐家匯藏書收的一部份書，遷來台北。在哲學和中西文化兩方面，輔大可以較比國內其它大學所有資源更多，可以協助作研究工作，因此我在這兩方面設立研究機構。爲哲學研究工作，有哲學大辭書和哲學與文化雜誌。爲中西文化研究工作者研究中心。

中西文化研究中心，爲資助研究工作的機構，凡是本校的教授，擬訂一項學術研究計劃，可以向這中心申請研究費。中心有評審委員會，開會評估研究計劃的內容，所費的經費。現在申請研究費的人，遍及各學院的教授，經費的給予，也可以到達數百萬元台弊。

4. 出版社

開初出版主管的任務，在於協助教授出版研究的結果，後來教授出版著作者不多。出版社乃擔兩種刊物的編輯和出版。一種刊物爲哲學與文化。哲學與文化雜誌，原先由台北幾位天主教哲學教授發起出刊一種學術雜誌，我到台南後他們要求我接辦這雜誌我接受了，改名爲現代學苑，由徵祥學社負責，我到台北，徵祥學社遷來台北，雜誌也跟來。徵祥學社關閉後雜誌乃轉由輔大哲學系民國六十三年（一九七四年）台大哲學教授方東美改現代學苑的名稱爲「哲學與文化」，我接納了這種建議，乃沿用至今。編輯處改屬出版處，擴大稿源至大陸，教育部迭次頒獎，成爲國際哲學界的權威學術刊物。

出版處直接負責編輯並出版的刊物，名爲『益世評論』。原先在大陸，中國天主教會在天津出雷鳴遠神父創辦了『益世日報』。報務發展成爲中國當時大報之一。抗日戰爭時。繼續出刊；中共控制華北以後，報務不自由，漸行萎縮，乃至停刊。抗戰勝利以後，于斌總主教企圖恢復，在南京和上海發行，然在中共統制大陸後，政府遷來台灣。『益世日報』，祇能在台灣復刊，可以延續生命，台灣天主教會和民間學人，常有恢復益世日報的呼聲。于斌樞機和我都不斷接到這種請求；可是人才和財力，都不能實現所請。我於民國六十九年十月十日發行『益世雜誌』，七年後停刊，（民國七十六年八月）。於民國七十八年（一九八九年）五月一日發行。『益世評論』雙週刊，刊登短篇論文，對時事表達意見。撰文者多為輔仁大學教授，在不作人身攻擊，不反對天主教的大原則下，自由撰寫。對政府各機構，一律贈閱。我自己在每一期「發行人的話」的項目下，撰寫文章一篇，在榮民總醫院的病榻上，也沒有停止。

5. 中國天主教資料中心

民國七十三年（一九八四年）正月廿日，我組織了中國天主教資料研究小組，由李震神父主持，當天晚上七點半，召開第一次會議。這個小組的任務，為研究大陸教會問題和華僑傳教問題，但主要的重點，為收集有關中國天主教之資料，每年和香港，星加坡的大陸問題專家開會一次，研討大陸教會的變遷和現狀。送研討結論予教廷和中國主教團供參考。民國八十年間（一九九一年），張奉箴神父任教歷史研究所，接掌中國天主教資料中心，擴充設備，推廣工作，在文學院教學大樓，取得兩大教室，改爲天主教資料研究中心和中國天主教資料研究中心，設立兩中心的圖書館，由故宮博物館清代奏摺出版有關教案史料，購置多本。歷年召開多次中國天主教史料研討學術會議，又派員參加在海外舉行的有關中國天主教史料的學術會議。兩處資料中的章程，有待學校行政會議通過並報教育部備案，便能形成校內兩處學術機構。

6. 哲學大辭書

民國八十四年，八月廿六日收到輔仁大學出版處寄來的哲學大辭書第二冊，我虔誠地感謝天父，恩賜這件好禮物，也非常地讚佩編委會負責人的辛勞。前年哲學大辭書的第一冊出版，我興奮地歌頌上主的仁慈，恩賜這件椿最艱難的工作，能夠達到完成的階段。

民國七十年七月廿七日召開了哲學大辭書籌備會，即開始組織編審委員會，隨後著手編輯工作，由李震教授主編，擬定撰稿者名單和辭書條目，計劃辭書爲九冊，分中國、西洋、佛學三類哲學。辭書的編輯既然廣大，需要的人手和經費，當然很多，以輔仁大學一座私立大學的人事和經濟，一定不能擔負，我們便和中國時報出版部門接洽，民國七十年正月二十三日談走了合作的條件，簽定了草約，後來卻因撰稿人選和內容審查，各有意見，便停止合作契約。我們向國科會申請津貼，國科會答說編輯辭書，不是研究工作，否決我們的申請。最後祇能向德教會的援外機構求助，取得了每年資助費用。然而資助不多，編輯委員會不能多用工作人員。在這種克難的窮苦情形下，編委會埋頭工作，一年又一年，不敢放鬆，更沒有失望。三年前，出版了《哲學字典》一厚冊，爲整齊劃一大辭書的譯名和術語。兩年前，終於出版了。《哲學大辭書》第一冊，我們沒有先要人預訂，沒有收預訂的錢。去年，原定出版第二冊，因關於佛學條目的稿子，不能如期取得，乃延到今年。佛學條目的撰稿人，在開始時找不到，延遲延遲，到了兩岸交往相當開放後，才尋覓大陸學者撰寫，交稿的時間很難控制，我們卻仍希望以後每年能出版一冊。

哲學大辭書的編輯，爲一種大型的學術研究工作，集合中西哲學史、哲學家、哲學思想作綜合而又分析的研究，加以撰述，供給研究哲學的人，一種基本而又圓滿的參考書。

五、召開國際學術研討會

中華民國政府，遷來台灣以後，首先的政策，在追求自己的生存。金門戰爭以後，中共不再企圖武力佔領台澎，政府乃能繼續生存。能夠生存了，進一步追求國際的認同。中共在以武力統一失敗以後，運用國際勢力，幾乎使全球國家政府和中華民國斷絕外交關係。中華民國除努力保全三十餘國的國交，也追求全球國家認知中華民國的存在，便常邀請外國學人名士來台訪問，也常舉行國際學術會議，邀請各國學人來台。輔仁大學在這時期或自己獨自，或同他種學術機構召開了多種學術會議。大型的學術會議，有和故宮博物院召開的紀念利瑪竇來華四百週年的東西文化國際學術研討會，在民國七十二年（一九八三年）九月十日至十六日在故宮博物院召開。有和孔孟學會召開的「孔學會議」，於民國七十六年（一九八七年）十一月十三日在中央圖書館揭幕，由陳立夫和羅光主持。有王船山思想國際研討會，由輔仁大學和故宮博物院，中國哲學會，船山學會合辦，於民國八十二年（一九九三年），元月三日在故宮博物院開幕。有中國聖統制設立五十週年，第一任中國主教七十週年紀念學術會議，於民國八十五年（一九九六年）十二月六日在輔仁大學開幕，小型的學術會議大都關於中國天主教會歷史事蹟的研討會，有湯若望學術會議，有景教在中國學術會議，實學之時代的天主教學術會議，有明代在華天主教會學術會議，南懷仁學術會議，聖母學分會學術會議，宗教教育與中國發展研討學術會議，東西兒童哲學國際學術會議，生命哲學研討學術會議，亞洲天主教哲學人會議。以上會議我都出席參加，而且作主題演講。至於出國參加哲學國際會議，我先後出席夏威夷大學兩次中國哲學學術研討會。第一次，在民國六十九年（一九八〇年）三月，夏威夷大學主辦「中國儒家哲學之現代意義」學術研討會，我獨自一人被邀請參加我於三月三日發表論文「儒家生命哲學的形上和精神意義」第二次在民國七十一年（一九八二年），夏威夷大學召開朱熹哲學學術研討會，邀請中華民國和中國大陸的哲學教授參加，中華民國參加教授六人，由我任領隊，大陸教授六人，由馮友蘭領隊，我發表論文，題目爲「朱熹哲學的形上結構。」海外其他國際哲學會議，我因年老身體不適合遠行，不赴會參加，僅只韓國曉星大學贈與我名譽博士學位，乃於民國七十四年（一九八五年）十月赴韓，十月十一日接受名譽學位時，發表簡單學術演講。

六、設立新學院

1. 藝術學院

輔仁大學爲天主教大學，爲國家培植人才，也爲教會培植專才，在北平創辦以後，對中國天主教的繪畫藝術，曾經培植了一家天主教繪畫專家，以陳路加爲首，在台北復校，輔仁大學注重哲學又關心神學，爲教會學術在中華民國的思想界得有一席之地。為教會藝術，乃設立藝術學院，先設音樂系和應用美術系，在體育系大樓借兩大教室開課，購置四十座鋼琴和兩座豎琴，在民國七十四年（一九八五年）三月二十一日，我主持了藝術學院校舍破土典禮，共建地上四層地下一層的樓房，中有一音樂廳，地下一層作第三系景觀系的教室。當時的教育部朱匯森部長笑謂我說：現在輔大更辦約有聲有色。聲是音樂，色是繪畫，音樂系的首任主任李振邦神父，作曲專家，作有教會典禮歌詠多種，在台灣各教堂都採用，可惜因心臟病突發去世。現任的主任劉志明神父也作有多種教會歌詠樂調，在台灣都被看重。對於宗教繪畫，沒有教會繪畫專家，現有劉和北女畫家任教輔大，希望能造成輔大在北平的盛事，聖畫馳名國際畫壇。

2.醫學院

醫學院不像藝術院可大可少，醫學院的制度可以超過一處小型的大學，經費的多，敵配一座普通大學，設立醫學院通常不在私立大學的發展計劃以內。我也沒有想設立醫學院，也不敢想籌備醫學院的校址和校舍。十年以前，耕莘醫院的院長姚宗鑑副主教，卻因台灣天主教醫院的院長們要求輔大培植下鄉的醫生，向我建議設立醫學院，經費由他和羅東聖母醫院捐助。我考慮很久，輔大三單位不可能接受，校址在輔大校園內找不到地點，尤其教育部和衛生署不同意，我覺得阻礙太多太大：但是姚副主教心火很高，我便著實考慮實際辦法，邀請教育部部長和衛生署主任座談，結論爲輔大可以設立醫學院，但在近三年以內，不設立醫學系，僅辦護理系、公共衛生系、心理輔導系。透過了這一難關，先在主教團取得同意爲設立的單位。後以不運用三單位經濟的條件，勝過聖言會的阻力，贏得董事會的批准，乃決定校地設在舊運動場，建築工程分三期進行。建築動工以前，借藝術學院景觀系課室授課。民國七十九年（一九九〇年）十月十二日，行醫學院第一期工程破土典禮，民國八十一年（一九九二年）十二月八日落成正式啓用授課。長久計劃，在設立實習醫院，暫時以耕莘醫院成爲教學醫院。輔仁大學已經可以說，在教學方面，是中華民國最完全的學校。同時在建築醫學院第一期工程時，在旁邊建築了夜間部的十層樓的課室和辦公室，獨立辦理推廣教育，在台灣的大學中，乃是獨有的。目前三單位又各自興建一座十一層高樓，擴充教學的設備。雖然已經和我扯不了關係，但仍舊是提昇學校品質的傳統。

3.宗教系

當李煥先生任教育部長時，我提出申請建立神學系，教育部馬上感到非常苦惱，沿著教育部的傳統，神學不列在學術範圍內。中國歷代儒學家，從戰國以後，就不講上天上帝，祇講天地和天然，連中庸所說：『天命之謂性』的天命，也解釋爲天然，宋朝朱熹主張人得天地之氣以爲形，得天地之理以爲性，又說人得天地之心以爲心，故仁。民初蔡元培掌教育就主張以美術教育代替宗教，民國以來禁止在學校有宗教儀禮、有宗教教育。

我向李煥部長說：「歐洲大學的開始，是以神學和哲學開始，巴黎大學曾培育了聖多瑪斯大神學哲學家，現在多國的大學都有神學系和哲學系，連日本和韓國的大學，也有神學系。」李煥部長傾向我的申請，然而教育部的制度不許，最後須請示蔣經國總統。經國先生指示召集一次跨部會議，商討這個問題。會議中，大家接受郭爲藩先生的建議，允許輔大設宗教研究所。我答覆李部長說：「我要求是神學系，對宗教研究所，我不接受。」問題就這樣停止了。

過了兩年，主教團的主教們說：「不能辦神學系，勉強辦宗教研究所也可以。」我乃向教育部說明願意設立宗教研究所碩士班，以後再設博士班。教育部沒有設難，允許設立。我決定宗教研究所由文學院哲學系辦理，耶穌會向我提出了問題：當耶穌會神學院由上海遷到菲律賓，由菲律賓遷到台北，附設於輔仁大學時，曾向當時校長于斌總主教簽訂和約，議定以後輔仁大學有關宗教的科系，應由耶穌會辦理，我乃把宗教研究所改由耶穌會舉辦(一九八八年設立)。宗教研究所成績不錯，成立了博士班。教育部允許輔大辦宗教系(一九九二年設立)，因爲國內社會的趨勢，爲挽救青年道德的淪落，大家呼籲辦宗教教育。

爲在宗教系所，有適當教授，以具有神學碩士和博士者爲宜，但是教育部卻不承認神學學位，同一羅瑪大學所授別種學位都予承認，祇不承認所授神學學位。輔仁大學常有聖職人員得有神學學位，可以在大學教哲學，教育部卻堅不承認神學學位，我爲這事同教育部鬥爭十年，遍舉各國大學的實例，連日本、韓國和非洲的教育部都承認神學學位，我們的教育部硬說部內評審委員會不通過，後來說，到宗教系所任教者，所得神學學位可以承認。這種矛盾現象，在目前大家籲雋宗教教育時代，我想大約該消失了。教育部要睜開眼，看神學爲學術，而不是迷信，更不是神話。

七、中國哲學思想史

我寫中國哲學思想史，前後花了十二年的光陰，從書經時代寫到清末，繼續不斷專心寫作，所費時間爲九年。停頓了兩三年，又費了一年多的光陰寫了民國篇一共九冊。民國六十四年（一九七五年）三月三十日，完結第一冊先秦編，由學生書局出版，民國七十一年（一九八二年），清代篇由學生書局付印，中間的時光爲七年，但先秦篇寫稿費時兩年，全部思想史約寫作時間爲九年，所以常說費時十年，絕不是誇大。

在寫中國哲學思想史，我決定了幾項原則，作爲寫史的根據。第一，以原本思想作解釋，我寫思想史，是寫史不是寫中國哲學現代化。寫思想史，是以原有思想作解釋，即是根據當事人的思想作解釋，不是以我現代哲學思想作詮釋，使中國古代哲學現代化，成爲現代化的新儒學或新道家哲學。這不是我食古不化，而是忠於寫史的原則。第二，論語不足以代表孔子的思想，易經十傳，中庸和大學都有孔子的思想，應該集合作研究。第三，易經的地位應予提高，不可以照胡適和洪友蘭看作漢初的易學者的卜筮思想，乃是儒家的形上學思想的基礎。第四，應講漢朝的易學和隨唐的佛學，以便連結宋明理學。第五，詳細講述宋明理學，可以結成整體的儒學。我就按照所定理則，耐心寫作。在先秦篇由論語，中庸大學、禮記等書，講述孔子和弟子們的思想。講孟子時，說明孟子的心學，倫理原則乃人的心靈生活的規範結成形上倫理觀。關於荀子，則注意荀子的「天」，普通認爲荀子改變了書詩和孔孟的「上天」觀念，代以自然之天，實際上荀子保全了「上帝之天」，加上了「自然之天」。

漢代的易學，少有哲學價值，祇是卜筮的技術，但因易學者將六十四卦的卦和爻，配合一年四季、十二月、二十四節、七十二侯、三百六十四日，構成了易卦的宇宙論，進入了哲學範圍，便應予以研究，在漢代篇，我詳細講述了這一點。

佛教在中國哲學思想裡，佔有相當重要的位置，因爲佛教的心學，影響了宋明的心學，我費了很苦的心力，寫了上下兩冊的隋唐佛學篇，不能說是寫得好，祇可以說不是完全錯誤。爲把佛教各宗思想連結成一系統，祇能用佛教的因緣思想作爲線索，我便以十二因緣，唯識因像，如來藏因緣，眞如因緣，連結了佛教各宗，本來這也是天台宗和華嚴宗的思想。

天台宗和華嚴宗代表中國佛教，兩宗的思想可近可遠，實際上應從哲學的認識論去講，我去年出版了中國哲學的認識論，便完成了這一重要工作。

宋明理學篇，在出版年月上，是思想史的第一篇出版，後來修改爲上下冊，便在佛學思想史以後。我對於宋明理學，以朱熹爲中心，包括理學各面的思想，而且也較爲有系統。理氣爲朱熹思想的重要觀念，連結宇宙論和人論以及倫理學，我費心詳細講述。朱熹有「理一而殊」的主張，又有「生生之理」的主張，雖然困難很多，他卻認爲應該如此。在倫理和修身方面，朱熹和陸象山意見不同，格物致知的問題，成了朱陸分派的界線。實則兩派的學說，也是認識論的問題，在我的中國哲學認識論裡，也有簡要的說明。

王陽明的致良知說，在實行上沒有學理的問題，在理論上，他以「心」爲理，爲知，爲行爲規範，則困難很多。他的門生中，後來有走唯心論的路線，以絕對自由爲致良知，偏差很大。

清朝沒有哲學思想，學者注意經學，以考據承接漢朝的經學。唯一哲學家乃是明末清初的王船山。王船山名王夫之，集宋明理學的大成，宗張載的思想，深深研究易經。他主張「乾坤並建」，「性日生，而命日降」，「天命兼氣運的歷史觀」，在易經和歷史哲學兩方面，是中國哲學思想的代表者。

民國篇，記述了民國以來的儒家和佛教思想家，各家都以他們的著作作根據，分析地予以研究。我沒有偏於某一人或企視某一人。去年去世的牟宗三教授，我以長篇分析他的著作，指出他自己聲明的康德思想整理中國哲學思想的路線，不能有成功。洪友蘭的思想，前後矛盾思想不穩，企略以馬克思思想整理中國哲學思想，實在有點荒謬。我也介紹了我自己的生命哲學，完結中國哲學思想史，供給研究中國哲學的人士，一種沒有偏見的思想史，自由地進行研究工作。

八、生命哲學

在羅馬開始教授中國哲學思想，專心研究中國傳統哲學，就體驗到中國傳統哲學的「動」。道家老莊的虛無是套在「動」上，佛教的各宗都聯繫在因緣上，就是儒家也因主張陰陽進退，也是以「動」作基本觀念。再進一步研究易經，多肯定儒家的

「動」的思想。那時在國外，沒有看到當代儒者的著作，如方東美、唐君毅、牟宗三等教授的書，還沒有由「動」而到生命。回國以後，在輔仁教哲學，又開始寫中國哲學思想史，遂漸漸結成了「生命哲學」的思想，而且成爲我自己哲學的主張。我不是說生命哲學由我開始講，因爲中國傳統哲學就講生命哲學；但是祇講了生命哲學的面貌，沒有講生命哲學的本質，我則大膽以士林哲學說明生命哲學的形上意義。

天主創造了宇宙萬物，天主用自己的「創造力」創造宇宙。天主所創造的宇宙爲一動力的宇宙，即是一種「創生力」。「創生力」和「創造力」相連，使宇宙常變，產生新的物體。「創生力」爲宇宙的動力，它的質料是天主由無中所創造的物質，物質即是宇宙的「元質」，宇宙的「元形」，爲天主創造宇宙萬物的理念，理念和質料由「創生力」動力而結合，遂產生新物體，所以宇宙的變，乃是「生生」，就是易經所說「生生之謂易」。宇宙整體常變，所產的物體，繼續變易。易經說是陰陽成物，在物中繼續變動，雖繼續變動，物體都常是同一物體。王船山解釋的「性日生而命日降」人性來自天命，物體的陰陽變易時，天命則常是同一天命，故性就不變，士林哲學對於物體的變易，主張有本體的變和附體的變，本體若變，物體就消滅，普通的變常是附體的變。但是，這是理論方面的話，在實際上，本體即是實體，實體包括物體在「存在」上所有的成功，例如一個人在實體上有靈魂有肉體，肉體有四肢五官的整個身體，身體的變易爲實體的變易，所以是本體的變易。生命哲學在這一點上，遇到了非常難解的困難。

爲解釋本體變易而本體不滅，仍舊要從「變易」的性質上去解釋。「物體本體變易」，是由能而到成。本體初生的能，是在本體外的實體內，由本體外的實體的「能」，達到新本體的「成」。由新本體的「成」之內，具有再生的「能」，「創生力」使再生的「能」變易到「成」。這個「成」在本體以內，能繼續再變易，若變易之「能」消失了，便再不繼續變易，而是停止變易，便是消滅。例如一個人由父母所生，生出以後，自身具有生育新生之「能」，乃繼續變易，由嬰孩變爲小孩，變爲兒童，變爲成人，變爲老人。這些變易都是實體的變易，即是本體的變易。死是這個人的實體所有的生存之「能」，因著身體的原因已形消失，便不能再活，即不能繼續變易，便是死滅。本體之變易，因此是由「能」到成的變易。

生命哲學講生命從「在」講「有」，西洋哲學以「有」爲形上學的研究對象「有」由「性」和「在」而成爲實有從抽象方面，講「有」便祇講「性」，「性」由「元形」「元質」而成，「性」是靜的士林哲學傳統是靜的哲學，中國易經由「在」研究「有」，「在」是動的。易經的動是「有」內在的動，所以成爲生命，生命哲學就是「存有」的哲學，對於認識論和倫理道德論，也由生命作根基↓解爲生命之動，生命觀念貫通全部哲學。

我爲了上面一段純粹哲學的話，讀者必嫌過於抽象，過於專門，不好懂，我就停止不再寫下去。生命哲學，我稱爲形上生命哲學，不是講人生哲學的倫理學，乃是講形上的「生存」的「在」。「有」和「在」，爲西洋形上學兩個基本觀念。

九、六十年了

二月九日晉鐸六十週年

上午十點半，在牧廬行葉勝男蒙席、郭潔麟神父共祭，參加彌撒者有平日幫我工作者十餘位，車代辦向教宗求來降福。洪法蒂修女則在總會行退省，不能參禮。

六十年了，祇想前進，沒有想後退，盡鐸職六十年不覺到累，不感到倦，終覺得做得不夠。六十年行彌撒，每天和天父相接，和基督同一司祭身份，但仍然沒有和基督同化，而且還沒有每次體會行彌撒，是做人世間最有最有價值的大典。捧著天主聖子的體血，以全教會的名義，向天父作奉獻，這種敬禮沒有任何其他敬禮可以相比。行祭時，我自己也同基督一起奉獻於聖文。六十年來，應該體驗自己的心情，應變成基督的心情，或更好說基督的心情，變作我的心情，一心愛天父的光榮，反而自己行事常找我自己的名和位，這不是越走越錯嗎！六十年行彌撒，心靈應該同基督在一起，想怎樣犧牲自己以救人，而不是想建立自己留於後世的名。六十年後，年歲雖已經八十五了，還是趕快改正自己。

六十年了，在傳福音，可是想不出有誰因我的言辭而進教，想不出勸化了誰？眞是心痛！講道、講要理，都做了，寫文章、寫書，爲的很多，究竟誰得了益處？祇希望沒有白做。

六十年的時間，感謝天主，沒有空閒過，沒有放假，沒有休閒。單身生活遠離家庭的負擔，家庭的困擾，每一刻都用爲盡職。我認爲我的鐸職，在於結合福音和中華文化。我盡力研究中國哲學，盡心體驗福音精神，設法貫通士林哲學思想，埋頭寫作，在醫院養病也寫。今年收集六十年的寫作，印爲四十二厚冊，學者又說我領導成立了中國的士林哲學派。教外學者已經說我所主張的生命哲學，給中國哲學開了一條新路，即天主教信仰的路。這不是功勞。這是自己的責任，可惜做得還太少！

六十年單身獨居，生活寂寞嗎？我不會感到寂寞，手裡常是書，常有紙和筆，祇嫌時間少，時間不夠用。現在老了，精力不足，思考緩慢，記憶遲鈍，不能多寫，則在聖堂多坐，默禱靜慮心神平安。

十三歲入修院，從來沒有後悔；六十年作司鐸，每天都高興，生活有目標，事業有定位，工作有安排，沒有徘徊，沒有逃脫，這都是天主的恩惠，是天主的選擇，是天主的預擇，是聖母的照顧，我只有永久長歌了，歌讚主仁慈。

十、訪美之行

1. 訪問留美輔仁人學校友

民國七十四年（一九八五年）

「中華民國教育訪問團」，一行八人，由羅校長擔任該團領隊，與台灣大學前任校長虞兆中、師範大學前任校長郭爲藩，青年輔導委員會副主任黃昆輝、救國團副主任謝又華、文王會副主任莊懷義，及兩位隨團秘書汪惠娟、黃子騰，組織教育訪問團赴美訪問台大、師大、輔大的留美校友。該團原訂於今年二月初前往，然因顧慮美國今年天候特別寒冷，因此研商改在四月十一日出發。

這次教育訪問團的目的有：㈠是訪問台大、師大、輔大三校的校友，加強校友與母校問的聯繫，以了解校友的近況，同時亦把母校的訊息帶給校友。㈡是與留美學人接觸就教育問題交換意見。此行共訪問七處：紐約、波士頓、芝加哥、達拉斯、休士頓、三藩市、洛杉磯。每至一城必舉行一場座談會，集合三個大學的校友與學人或僑界代表。座談會的情況非常熱烈，先由領隊致詞後，再出三位校長簡單報告各校的現況，按著就由與會者提出問題發問，分別由該團的團員答覆，發言的情況極爲踴躍，所反應的問題也很廣泛，有教育、政治、社會等多方面問題。此外各校校友又自行舉辦餐會來歡宴自己的校長。以下我在各城訪問校友及座談會的活動陳述於下：

紐約

四月十二日晚七時，在紐約中華文化中心舉行紐約校友與學人座談會，由師大一位校友主持，到會者約有一百餘人，發問者七人，歷時三小時，與會者先聽取三位校長的一般報告，按著提出問題發問，其中不乏建設性意見，討論的主題包括有小留學生問題，對華僑與華裔中南半島難民的中國語文教育，及現行教育制度的彈性問題。

四月十三日中午十一時到紐澤西SeatOn Hall大學，由該校前任校長墨菲神父陪往參觀，該校爲一天主教教會大學，學校並不大但院系卻很全。午間接受該校校長POatillo蒙席午宴，席間有福校長、理工學院院長、及華人教授楊約翰，餐後雙方進行締結姊妹校簽約，簽訂交換教授、留學生及學術合作等事宜。

四月十四日午後三時參加輔大校友座談會，地點在陳之祿神父所負責的中美聯誼會。座談會校友徐華民律師擔任主席，到會者約有四十餘位校友，多半是已做事的校友，尚在求學者約有八、九位。會中我報告了學校的近況，及促請紐約輔大校友會的成立，特別強調中共去年所成立的「輔仁大學校友會」，並不代表中華民國輔仁大學校友會，彼只爲經商方便，且大陸已無輔仁大學，怎可再成立輔大校友會。座談會中校友一致決定籌組校友會，推舉王張令瑜、徐華民、潘朝英、林秀容、王儀五人擔任籌備委員，王張令瑜任召集人。並且決定於四月二十一日召開籌備委員會，擬定會章，再擇日正式召開成立大曾，推舉會長。徐校友熱心公益，爲一傑出校友，願供一辦公處作爲校友會會所，同時亦願意發起爲母校募捐之事，在美國法律允許下使捐款者得以免稅，如此學校與捐款者雙方得益。此外座談會中亦提出一些建議：一、輔大可否利用暑期辦留美校友子弟華文教育班，二、陳之祿神父建議可否在美國成立輔仁分校，採雙語教學以教育華人子弟。

晉謁董事長

四月十四日下午五時，由北美協調曾派專車，接我單獨晉謁董事長蔣夫人，蔣夫人身體健康，精神很好，以茶點款待，並殷切垂詢本校校務及發展，囑託問候全體董事與全校教職師生，特別勉勵全校同學要努力求學上進，尊敬師長，也特別關心校友會的成立，在滿室蘭花香的大廳中長談五十分鐘後離去。

四月十五日上午八時接受聖若望大學亞洲研究學院章曙彤院長的早餐款待，並參觀研究學院，雙方研商繼加強前所簽訂的交換合作。

波士頓

四月十五日晚七時在哈佛大學理化研究所會議廳舉行校友聯合座談會，由輔大一位校友主持，與會者九十餘人。所提問題都是有關教育制度問題，分別由團員回答，座談會氣氛和諧，常有笑聲，十時散會，會後各校校友仍不斷與自己的校長詢問母校現況。

四月十六日晚七時參加輔大校友八人的歡宴，席間校友皆已就業，或從醫或從商，多有成就，據校友說，波士頓原本有很健全的校友會且有校友兩百多人的名冊，然因最後一任會長回台，沒有辦移交，因此會務停頓，名冊亦不知去向。校長促恢復校友會，即席推舉楊漢春校友擔任籌備復會召集人，其他人願全力支持，校長亦答應回國後將有關資料寄予協助。

四月十七日上午應王安漢學研究所張鼎鍾女士安排，赴王安電腦研究中心參觀，拜會該校校長、副校長，舉行一座談會，聽取該校校長簡報後，張女士亦對漢學研究所研究情形報告，針對漢學研究所的某個計劃提出與訪問團團員交換意見，據張女士表示今夏將返國，許諾來輔大訪問，以便再研商討論合作辦法。

芝加哥

四月十九日晚七時在芝加哥中國城中華會館舉行聯合座談會，由台大一位校友主持，發言的校友極爲踴躍，輔大校友大約來了數十位，會後，各校校友單獨與校長敘談，輔大七位校友在我的督促下，成立籌備會，推舉朱嘉立爲籌備會召集人，擇日開會以成立校友會。

達拉斯

未抵該城前，曾以爲該城輔大校友可能很少，未料一抵達機場，就有輔大校友李智明先生及協調處多人來迎接，倍感南方的熱情。

四月廿一日下午六時半，參加僑學各界歡迎會及座談會，場面盛大隆重，由師大校友吳復嵩擔任活動召集人，輔大校友岑元驥擔任節目主持人，在輕鬆幽默融洽的氣氛下進行著。與會者約有二百餘人，餐擧座談會，發問者提出有關台灣聯考升學、領袖人才教育、在職進修以及海外子弟中文教學、學人回國服務等問題，廣泛交換意見。

四月廿二日九時半赴德州阿靈頓大學，由U．T．A校長茶會簡報，就大學教育廣泛交換意見。該校校區很大，因當日遇有大雨未能參觀校員，隨後與該校任教的華裔教授陳模星、袁立人等七位舉行座談會，聽取他們對當前台灣高等教育發展的意見。晚間七時參加輔大校友的歡迎會，席設兩桌，約有三十人，席間我詳細介紹學校的校況及未來發展計劃，校友並問及回母校任教的可能性，在我的促請下決定成立校友會，先推舉岑元驥爲籌備會召人，李智明校友爲委員，此二位校友在當地頗有成就，作事認眞熱誠且慷慨，對校友會之事聲稱願全力支持，此次來訪，李智明校友從始至終陪同親迎接送。岑同學一方面要接待校長，一方面要待岑夫人的「生產」之命。整團的餐費，亦由他們自掏腰包負擔，尤其談到爲母校捐款之事，更大力支持，願促成舉。到達此地後校長深對輔大校友的表現感到驕傲。離開達拉斯的飛機上記得校長說了這麼一句話：「輔大的教育不是要數個書呆子，而是要教個對社會有用的人」。

休士頓

四月廿四日上午參觀Rice大學，拜會willrain Goroon校長，並參觀休士頓大學，接受該校副校長Paul L. Moorc午宴款待，會晤休大華裔教授，亦就有關教育問題交談，當天晚上七時參加三校及各社團聯合歡迎酒會，輔大校友十餘人參加。與校長圍坐暢談，校長一一問及各位校友留學及工作的情形，同時商談組織校友會，推出負責召集人閻揆理，籌備委員蒙惟琛，於以成，孫明美，吳憲民。張雷神父願意提出一切的服務與協助。十時，校友仍意猶未盡，再邀約往一中國餐館吃宵夜清粥，繼續座談會。

　　四月廿五日晚七時卅分參加華僑中心舉行休士頓各社團負責人座談會，由台大校友賴清陽先生主持，華僑各界領袖都參加，座談會中交換了國內教育政策的問題，特別提出國內教育過份重視科技知識，致使理工掛帥而對人文社會科學的忽視，在教育上是一大隱憂。其次並討論到政治和社會問題。

舊金山

　　四月廿七日中午一時在金山華僑文教服務中心舉行「教育座談會」校長代表致詞，向美國教育界人士請益，同旅美僑胞問安，並聽取他們對國事的意見，致辭後即離去趕赴聖馬刁參加輔大校友大會，抵達後，校友大會已先行修改會章，及廢除理事改選會長，由去年李月月會長將有關校友資料交予新任會長陶怡明，並且聽取李會長報告校友會的組織（約有一百五十餘人）及去年校友會的會務及各種活動，我乃陳述學校概況。晚間七時半又趕回市中心參加三大學校友聯合歡宴座談會。

杉磯

四月廿八日下午五時半參加美西華人學者歡宴，隨後舉行中華民國就業及教育座談會，討論私立學校問題、大學聯考制度問題、建教合作問題及人格倫理教育等問題。

四月廿九日上午八時半，台大、師大、輔大三位校長由駐金山教育組主任劉定一先生陪往，赴加州州立十九所大學總校長奇奇諾女士午宴，宴後校長邀請總校長訪問輔仁，並將贈予名譽博士，總校長欣然接納。

四月卅日晚上七時輔大校友在蒙特利市華冠閣為校長接風歡宴，席設十二桌，由校友會藍家榮會長主持並致歡迎詞，協調處劉達人處長也參加宴會，我在餐會後致答謝詞，以十分輕鬆的方式，暢談輔大近年的發展及動向，並特別指出輔仁近來不僅在量方面的擴大亦求質的提升。致辭完，將一面輔仁校徽送給南加州輔仁校友會會長藍家榮，再出會長將徽章轉送北美事務協調處劉達人處長。

結論

此行訪問留美的校友和學人，共走了七個大城，參加了七場教育座談會，參觀了幾所大學，所得的印象很深刻，尤其欣見輔大子弟各有所成就，能以赤手空拳建立美好的家庭與事業，感到莫大的驕傲與欣慰。然而在多次的校友、與學人的接觸中，也常有許多感想。

2.訪問留美中國神父和華僑教友

民國七十四年四月十一日中華民國教育訪問團赴美訪問。

此次赴美訪問的目的有二：㈠是訪問美國七大城市中台大、師大、輔大的校友們，以加強校友與母校的聯繫。㈡是與中國留美學人就教育問題交換意見，並向旅美僑領問安。我此行則還另外有一目的，即是訪問留美中國神父與華僑教友，瞭解華人在當地的宗教生活，以及拜會當地的主教，表示感激他們對華人信徒的照顧與服務，並說明大陸中共造成教會分裂的危機。

訪問華僑教友

四月十一日八點五十分抵達紐約，即與江綏神父、蔣劍秋神父、趙雲俠神父、陳之祿神父聯繫。

四月十二日上午十時，蔣、趙二位神父來旅館拜會，長談目前工作情形，及報告各人的職務，趙雲俠神父為紐約總教區華人教友牧靈工作。蔣劍秋神父代表羅瑪彭神父與美國各教區聯繫，江綏神父爲美加中國聖職聯誼會會長。

四月十三日上午十時三十分到中國城唐人街本堂和趙雲俠神父、蔣劍秋神父、江綏神父、相弼德神父、張榮光神父、鄭德義神父：陳寶書神父、傅錫光神父、劉思德神父、蘇達義神父等及王德蘭修女，與教友代表等會晤，首先談到輔仁大學現況，按著就聽取神父們報告美國華人傳教的情形及分析各種傳教工作的困難，茲將其建議事項，摘錄於下：

㈠中國主教團對於海外華僑傳教工作當包括在中國教會整體計劃之內。

㈡是否研究編纂一套專門爲海外教友用的教義書籍。

㈢兩年後的牧靈大會，是否可以約請海外牧靈工作的神父修女參與，以備作會後的調協。

㈣可否多派些會粵語、英語、國語的神父修女來海外傳教。

㈤國內修院當注重修生的語文訓練。

㈥請研究陳之祿神父的中美聯誼會會址，是否能與華僑傳教工作相配合。

㈦國內神職人員多來訪問海外教友，以加強華僑教友的信德。

已應允在中國主教團常年大會時，轉達以上的建議。中午全體到中國飯店聚餐，餐後回到本堂，繼續座談會，我說明橋樑教會的意義，以教會一枚一棧爲中心點，並將有關資料送予各位神父。座談會一直到下午五點始散。

四月十四日上午九點半，由相弼德神父接往紐澤西皇后區鳴達中文學校參觀，該校校長是若漢會會士梁希邇修士，許多華人子弟上主日學校，學習英語國語，十時半，在教區修院聖堂舉行國語彌撒，教友們分別從各處很遠的地區來參與彌撒，約有一百多人，彌撒後茶會，熱情洋溢的教友，一再問及國內的情況。中午，到中國餐廳聚餐，席設兩桌，因下午另有校友會，因此匆匆由華人天主教中心教務協進會主席鄭向元先生送往校友會。

四月十五日中午由紐約抵達波士頓第二個城市訪問，在四月十六日一個中外教授座談會中認識了一位教友謝龐德先生，他很熱誠地願意安排，在四月十七日下午六時，方濟會梁加恩神父來拜訪並邀與教友尹遠程、鄭兆沅等及顯主會溫修女數人聚談，梁神父為粵語教友服務，為波士頓國語教友服務的則是耶穌會王神父，每月一次駕車遠道來行國語彌撒，該區國語教友每星期日有聚會由輔大校友趙漢容先生擔任會長，並發行聯合通訊，席間教友神父分別提出建議，亦摘錄於下：

㈠華人教友沒有自己固定的本堂，做彌撒時是租用一堂的地下室。

㈡粵語教友與國語教友之間溝通不夠。

㈢多派些神父修女來做華人傳教工作。

四月十八日下午由波士頓抵達芝加哥，第三個城市，在機場見伏開鵬神父及陳居中神父。十九日晚間伏、陳兩位神父參加本團一座談會。

四月廿日午後三點，由陳居中神父及李振聲神父陪往，在芝加哥陳居中神父主持的中國本堂舉行國語彌撒，參與者約有三十餘人，彌撒後茶會。此城教友較爲分散，每月固定舉行教友聚會，或在教堂或在教友家中。

四月廿一日上午由芝加哥抵達拉斯，第四個城市。

四月廿一日當天下午五點半，教友傅振國、萬連心、王正、陳立予、楊治財、宋振漢、宋希臨七位來見，報告達城教友的組織，於一九八一年曾受狄主教與賈總主教的鼓勵與指示，然而目前達城沒有一位中國神父來輔導，因此華人教友，尤其是老輩華僑教友，語言口無法溝通，蔣劍秋神父已推薦一位中國神父，但臨時變更了計劃。傅先生等建議國內主教團是否能派一位中國神父來輔導教友，展開對中華教友牧靈工作。目前在達城已正式由教區主教批准成立德州達城中華教友協會，會長爲傅振國先生，每月定期集會。

四月廿三日下午由達拉斯抵達休士頓，第五個城市。

當日下午張雷神父到機場迎接，前後見面三次，並且送上休士頓華人天主教通錄一冊，約有二百一十多家，該團體每主日聚會借Strnke Jeauit School舉行，並且設有兒童主日學校，惟教友分散各處，難得聚會一處，因此在休士頓羅總主教沒有見到華僑教友代表。

四月廿六日上午由休士頓到達拉斯轉機抵達三藩市，第六個城市因飛機故障延誤四小時，因此當天原訂會晤都予取消，當下午五時抵達後，郭潔麟神父、古朝芳神父及馬平邱律師全家教友在機場迎接獻花，晚間與神父教友們聚餐。

四月廿七日上午九點呂默迪神父來拜訪，呂神父在奧克蘭教區為華人傳教，十時古朝芳神父來談（吉神父特地從西雅圖趕來），彼因有傳信部長的介紹，得西雅圖主教的許可，負責向華僑傳教，惟因華僑多特粵語，因此語言的障礙很大，而且教友分散各處，無法進行，不過近來已請來香港顯主會修女四人，故已漸次展開工作。下午二時半，趕赴聖荷西華人天主教會，參加教友座談會，到會教友約有百餘人。教友聯誼會會長以幻燈圖片介紹說明該區的組織。該區有陶雅各神父輔導，及耶穌會馬神父協助，教友約有一百三十一家。除了每主日下午四時有中文彌撒外，更定期舉辦各種活動，如夫婦懇親會、慕道班、查經班、要理班，及每月聚餐一次以聯絡感情。牧靈與傳道工作有聲有色。而且組織亦很健全。報告中建議：希望有固定地點，以展開兒童宗教教育。我倍加讚賞與鼓勵，並說明目前台灣傳教的情形，教友們聽得津津有味。六時，趕回舊金山聖依納爵學校，參加耶穌會為中國傳教工作一年一度的募捐彌撒、酒會及晚宴，場面熱鬧隆重，約有一千多人參加，餐會中遇見多位曾在台灣傳教的或任教的外籍神父。

四月廿八日上午十一時，在金山聖瑪利教堂行祭，共祭九位神父，教友約有七百餘人，彌撒以英文爲主，讀經則用粵語國語，我以國語英語證道本日彌撒福音，論一枚一棧，說明目前中國大陸的所謂「宗教信仰自由」的危機。因此大家應爲維持一枚一棧的信仰而努力，彌撒後，教友聚餐，約有一百五十人，有三藩市教區華人總負責人汪中璋神父及聖瑪利亞堂負責人神父，及多位外籍神父，席間有少女表演中國傳統舞蹈。餐畢，參觀華僑教友中心聖母堂，該堂經過整修爲中國宮殿式。

四月廿八日下午抵達洛杉磯，爲此行最後訪問的城市。有李志賢神父、張景泉神父及本篤會的多位神父來迎接。

四月廿九日午後五時到洛杉磯（St· Steph Church NOntery Park）李神父本堂爲中國教友行祭，共祭者四位神父，參禮者有中國城及蒙特立兩地教友約一百五十餘人。彌撒後聚餐席設十二桌，由粵語及國語的教友分別代表致歡迎辭。

四月三十日上午赴Ralyermo的本篤會院，這修院原設在四川，中共竊據大陸後，乃撤回比國母院，後來遷在洛城建院，從市中心出發車行約一時四十分，沿途荒涼，人跡渺茫，抵院後開始行彌撒，不知從何處也來了不少的外籍教友，彌撒後神父教友們一起餐會。除了拜會該院的院長JOhn BOrgerdink O·S·H.外，特別與去年剛從中國大陸上海逃出來的周修士長談，從他的口述中，知道周修士爲了反對「三自革新運動」的圖謀與教宗脫離關係及任意誣蔑神長等，他勇敢地寫了「告全國神職人員和教友書」，被捕下獄，約是一九五五年的事，後判刑二十年，於一九六六年又因作了一首七言律詩，被中共認爲是「反動詩詞」，加刑五年，一九七七年在班房中，堅持拒讀「毛錄」又再加刑五年，前後共囚禁三十年，言語中，他伸出他的手臂手指，因長年受銬鍊摩擦、潰爛，已整個萎縮，狀至悲慘。周修士是位視死如歸的硬漢，也是典型的大陸忠貞天主教教士。周修士對我的來訪，倍感榮幸，將其所寫約三十年蒙難記送給我。

五月一日上午十一時，是洛杉磯奉獻耶穌聖心會修女院行祭，祭後長談，彼等修女係匈牙利所創，其會組是Sister IDA，專長講要理，目前會中有中國修女六人，極想來台參加傳教工作。

這次訪問美國七大城市華僑教友，印象深刻，感想很多。我們主教團沒有協助華僑教友計劃，因爲傳信部自己管華僑教務，不願意我們插手，再也因爲我們人力財力都不夠：但我們還是要在不可能時仍舊要作可能的事。

十一、亦師亦友

1.亦師亦友

一九三〇年十月十四日，我由上海乘義大利郵輪赴羅馬，在海上走了一個月，到達義大利南端港口，改乘火車，於十一月十五日晚抵羅馬，開始我三十一年旅居羅馬的生涯。指揮我的生命的，當然是天上的天父；在地上決定我這三十一年生活而且還照顧我的生活的要人，則是剛桓毅樞機。當我出國時，剛公時任教宗駐華代表，他指令衡陽教區柏長青主教，派遣兩名修士赴羅馬傳信大學讀書，柏主教選派了郭藩和我。在上海等船時，剛公託付河南衛輝教區的賈主教，在船上照顧我們。讀完了神學，領了鐸品，我想讀法律，沒有教區柏主教的許可。郭藩神父回國，我向當時已任傳信部次長剛公請示，他囑我安心留在羅馬讀法律，由他寫信給柏主教說明事由。當年（一九三六年）八月十五日，傳信大學學生在別墅慶祝聖母升天節，乃別墅聖堂主保節，慶典特別隆重。傳信部部長和次長都來別墅參加，學生有運動比賽，還有一年一次的大喝啤酒，吃西瓜。午後，正吃西瓜時，剛公走到我身邊，同我說：「部長樞機有話告訴你。部長和我決定委你在學校教中國文學和哲學。你同我見樞機去。」剛公叫我到部長身邊，部長說：「總主教已經告訴你了，你一面教書，一面讀法律，繼續住在學院裡。」剛公吩咐召集中國學生，當面囑咐說：「部長樞機派了羅光神父作你們中文教授，你們不要輕忽你們的國文，要努力。」我只好接受。一九三九年夏，考完了法學博士試，剛公對我說可以回國了。我便買了船票，船仍舊是義大利郵輪，行程則祇要十八天。我把書籍裝在兩隻大型木箱，寄往拿波里港口，在羅瑪等開船的日期。不幸六月十日，墨索里尼宣佈和德國、日本三國同盟，參加戰爭。義大利郵船停駛，我便被困在羅馬，繼續教書。一九四三年，正月二十五日，中國駐教廷第一任公使謝壽康博士抵羅馬，爲佈置並連絡教廷各機構，邀我到使館作教務顧問，一做就做了十八年，直到來台南住主教爲止。日本無條件投降以後，中共奪了大陸政權，我不能回國，祇能在羅馬久住，便想買一戶公寓的房子，找到了一戶舊建築小型房子，我去向剛公請准許我買。剛公說：「你不是要長住在羅馬，買房子做什麼？」我說：「照現在情形，不知道要住多久。」剛公點點頭說「好罷！」我就買了。

傳信部那時就像我們的家門，時常去，上下人都熟識。去見剛公不用先約時間，普通在上午辦公的時間內，來客排隊，先到先見。剛公和我講話很簡單，有問有答，每事必有答案，決不拖延。剛公性情直爽，該講的話就講，不轉彎，不生氣，遇有事，我下午去見。教廷各機構早上八點到二點辦公，下午休息。我下午到剛公住處，他住在傳信部大廈的一戶房間，下午他常坐在躺椅上看書或寫書，他患腳氣病，腿常要伸直。剛公喜愛藝術，對於天主教藝術的理論和歷史，他都有著作。他常對我說：「越事情忙的人，越能找出時間；越沒有事情的人，越找不出時間。」我在羅馬寫了兩冊簡單介紹儒家和道家思想的書，送給他時，剛公很高興，鼓勵我繼續寫作。他也教給我看報紙要剪報，把對自己研究或寫作工作有關的資料，剪下來，保存爲日後用。有兩三次，我因急事中午用飯時去找他，他和弟弟同住，弟弟也是總主教，時任教廷宗教藝術委員會主任委員。午餐時，一同用飯。一次是從大陸一位主教派來一位已經結了婚，妻子死了的青年修士，到傳信大學讀書，傳信部長樞機認爲有礙校規，不願接受。但那時大陸正因中共迫害教會，修院都關閉，這位青年修士若不被傳大接受，便無路可走。我在中午用飯時，跑去找剛公，剛公說，由他和部長商量。後來那位青年修士留在傳大。正規地讀哲學和神學，受聖爲神父。

剛公最不喜歡人家在慶祝會公開稱揚他，每當傳信大學爲賀他的主保節，午餐時，院長演講致賀，一提他的工作，他就舉手請辭，院長乃換轉話頭。在他升樞機，傳信部人員舉行慶祝會，代表致賀辭的人，稱述牠的功勞，他舉手，致辭者繼續說，他大聲喊道「饒了我罷！」打斷了賀辭。我們中國留學聖職人員和修生修女，開會慶祝，我致賀辭，讚頌他的功勳，他微笑點頭，後來他說：「你們說話，來自心頭；別人慶祝說話，祇是禮貌。」剛公八十壽時，他約了我們幾位中國神父，到他寓所，早晨參加他的彌撒，一同用早餐作賀，另外沒有任何慶祝。剛公最後因攝護腺手術住院，我去看望幾次。一次剛接到出版的他自己的書，就送給我一本。他去世前兩小時，我還陪那時正到羅瑪的于斌總主教到病院看他，他說病都好了，正預備出院，也預備進梵蒂岡宮參加教宗選舉。不料晚餐時，電視新聞報告剛公因心臟病發去世。

一次我見教廷副國務卿孟棣義時，孟副國務卿對我說：「傳信部次長剛恆毅總主教向他建議，調我到教廷國務院服務，但國務院體制，來服務者須從低級開始，你資格已經高，不適宜這麼辦。」我很驚訝，我從來沒有同剛公談過，剛公也沒有同我講過，完全是剛公自己主動向副國務卿建議，因爲那時中華民國政府已遷來台灣，駐教廷吳經熊公使辭職，赴夏威夷大學任教，剛公想爲我安排工作。

孟棣義副國務卿曾在法學院教了我一年書，他教教廷外交史，每星期一課。他爲人彬彬有禮，舉止文靜，和藹親熱。我到我國駐教廷使館服務後，他招我去見，說明「若把你的名字列在教廷外交團名單上，就要搬進梵蒂岡城內住，不能出城，義大利政府要求交戰國駐教廷使館人員，要住在城內不外出。你在傳大教書，更好不把名字，列在外交名單士，實際上則享有外交團權利。」我答應照辦。一直到第二次大戰終止後，才列名教廷外交團。

教廷國務院有兩位副國務卿：常務和政務，政務國務卿管理政策和政治有關問題的決策，其他一切外交事務都歸常務次長管理。常務次長還管理教會不歸一部管理的事務，即凡關於一般社會性的事務。因此，常務副國務卿爲教廷最忙的主管。但孟棣義副國務卿仍然規定每星期六上午自十點到二點，接見駐教廷外交團團員。吳經熊公使長於英文，也會法文，但不習慣講；孟副卿正相反，長於法文，也會英文，但不習慣講。吳公使便要我代替他去見孟副國務卿。那時中國正是多事之秋，吳公使要我每星期六都去，按教廷外交團習慣法，等候見副卿時，大使在公使以先，公使在代辦以先，我算是代吳公使去見，所以在大使和公使以後。每次都等到下午快二點時才能見。每次見時，孟副卿常微笑地握手說：「請看，這是中國。」坐下來，他靜聽我講話。有時，他眞疲倦了，閉著眼，但須答覆我時，馬上睜眼答覆。孟副國務卿性情和剛恆毅樞機不同，他爲人很謹小愼微，不會亂說一句話，也不多說一句話，說話很講理。我所講的事可以辦，他就答說盡力去做，若不能辦，就不開口，轉變話頭。我就知道所要求的事不能做。孟副卿從不直接說不，多不出言傷人。我代替吳公使又代替朱英代辦六年的時間，幾乎每星期六都見孟副卿。謝壽康公使後來升格爲大使，則常自己去見副卿，兩人都長於法文，祇在謝使第二次到任，爲呈遞國書的禮儀，副卿召我去商量幾次。

孟棣義副卿後來升爲代理常務國務卿，後來調任米蘭總主教。我被任命爲台南主教，受教宗若望二十三世祝聖後，往德國勸募。路過米蘭，停留一天，往拜會孟總主教。上午見面談話後，他給我一本導遊指南，要我去參觀米蘭聖母大殿，中午回來用餐。中午，我在總主教公署和孟總主教及兩位秘書吃飯。飯後，孟總主教送我一尊聖爵，囑咐說：「聖爵上刻有米蘭一本堂獻聖爵於我，你在下面再刻一行字，我送聖爵給你。」

若望二十三世去世，孟總主教已升樞機，來羅馬參加教宗選舉會，我從台南拍一電報到梵蒂岡給孟樞機，祝他能被選爲教宗。孟樞機當選教宗，取名保祿六世。他由國務院副卿以國務院第二號電報答覆我致謝。次年九月三十號梵蒂岡大公會議第三期會議開幕，教宗主體彌撒，第一次舉行共祭。共祭樞機和主教二十四位，開幕前半月，大公會議秘書處拍電報到台南，說教宗要我共祭。在開大公會議期間，我祇同中國的主教們共同晉見一次。大公會議後，我參加傳信委員會整理議案會議，又參加新建立的與其他宗教交談委員會和改訂法典委員會，每年兩次往梵蒂岡開會，通常都有全體委員會共同晉見，我則幾乎每年一次單獨晉見。教宗宮官長很不樂意，按規教區主教除述職以外，不申請晉見教宗。但是宮長知道教宗要見，祇好替我安排晉見時間。晉見時，常談大陸教會問題，和中華民國與教廷關係問題。當駐華大使嘉錫迪總主教調任孟加拉大使時，我正在羅馬，三次在公私晉見時，要求使嘉大使保留駐華大使名義，實際兼駐孟加拉。國務院不同意，最後在公共晉見時，教宗對我說：「給你把大使保留了。」有一次，我單獨晉見時，教宗排開中國地圖，仔細問我大陸教會情形，也問我出生地在何處。後來看到臺灣，在地圖上那麼小。教宗對我說：「有你這麼好的朋友在臺灣，我們決不會放棄臺灣。」我叩首致謝。

當聖言會福若瑟神父列眞福品時，聖言會總會公共關係主任先期邀我和教宗共祭，因爲在列品典禮彌撒，常有新列品眞福聖人的同教區或同國家主教參加共祭。但典禮前三天，我到了羅馬，聖言會公關主任來電話說教廷禮部不要我共祭，我知道這是國務院的意見，不願意以台灣代表中國。典禮前夕，聖言會公關主任忽然再來電話，說：「教宗要你明天共祭。」這必定是禮部禮儀長向教宗報告典禮節目時，教宗問起誰代表中國共祭，禮儀長報告聖言會原定的計劃，教宗說好。

保祿六世在談話時，屢次問起安德肋神父和嘉俾厄爾神父怎樣，教宗常記得錢志純主教和李震校長青年時，曾在米蘭爲華僑工作。保祿六世送我一尊精美「聖體光」，及一尊貴重的聖爵。

保祿六世最後三年，身體抱病，腿不便於行，我便沒有再申請晉見。最後一次，我和其他多位主教共同晉見，當我跪著獻上張大千和溥心畬的畫，因爲教宗機要秘書曾要求我，取得中國幾位名人的墨蹟，爲慶祝教宗八十壽，在梵蒂岡博物院設名人墨寶欄，我請吳經熊先生將蔣中正總統爲翻譯聖經的一封親筆信，送贈教宗，又請張大千大師和溥心畬兒子溥孝華獻一幅畫，畫由我親自呈獻。教宗接到畫，對秘書說：「羅光總主教的一生，就好像一幅美好的畫。」這是我最後一次晉見保祿六世。

教宗逝世後，本鄉人設立「保祿六世學會」，專門研究保祿六世生平的言行思想。創會人給我來信，說因我是保祿六世的好友，邀請我作學會委員，我感到十分榮幸。現在每年都接到學會出版的研討學會的論文集和研究保祿六世思想的專書。

十二、靜坐默禱

中國古代的文人（文人也就是官員）在案牘的灰塵裡，常尋求時刻以靜心，古文裡乃有許多篇的遊記和樓亭記，例如歐陽修的〈醉翁亭記〉、王禹即的〈黃岡竹樓記〉、蘇軾的〈赤壁賦〉。度道家生活的詩人，則更避俗以隱居漁船如柳宗元的〈江雪詩〉所說：「千山鳥飛絕，萬徑人蹤滅，孤舟簑笠翁，獨釣寒江雪。」佛教的僧尼，從魏晉南北朝，就實習坐禪，在四級禪靜裡，一級一級往上升，後來南禪六祖慧能，更教人頓悟成佛。現在台灣各界人士，群往寺廟，學習禪靜，靜息貪欲。

天主教在巴肋斯坦開始時，宗徒們奔走各方宣傳福音，他們領有天主聖神，在忙碌傳道生活中，心中祇有基督，聖保祿就說：「我生活，不是我生活，是基督在我內生活。」但在第二世紀時，已經有信友，避世隱身，終生在埃及的沙漠裡，穴居野處，日夜默禱和讀聖經，第五世紀，在巴肋斯坦已經建立隱修院，隱修士度團體生活。在第六世紀義大利聖本篤，則立了本篤會，會士每天祈禱作工，會士百男有女，分院隱居，會院遍佈全歐，在第十二世紀聖方濟和聖道明首創修會，修士修身以佈道，天主教會內從此充滿各色的男女修會，成千成萬的修士修女，尋求靜心，事奉天主。

修會的生活，守齋守靜默，每日行彌撒祭祀，歌唱聖詠日課，但還有默想，每人每天半小時回味聖經的一段思想，整理自己的心靈生活，天主教的心靈生活，是同耶穌基督生活，自己的思想和情緒，融會於基督的思想和情緒裡。

歷代都有聖人，以默想作默禱，自己和基督對話，又有聖人，受天主特恩，在默禱中面睹天主，身體的感官和理智，頓時停止作用，祇有心靈面對天主，歷時可久可暫，但平日不有面睹天主的特恩，心靈也緊緊和天主相結合，絕對不想外事。

目前社會各處都是工作熱，以往士農工商每天都可以有休閒的工夫，現在幾乎一週都得不到休閒，大家都想法尋地休閒，而在休閒中心靈也得不到休閒，乃有人是往寺廟尋找一刻的靜心，天主教人士，連聖職人員和修女們，也感得內心充滿俗慮，不能靜心對越天主，因此便有人倡導靜坐默禱天主。

靜坐默禱，外面姿勢採用佛靜方式，但不拘守一式，地點在望堂或工作室，坐則正坐挺腰，腳可屈可盤，兩手或平放膝上或台置腹前，雙眼閉而稍開，呼吸平穩，先深呼吸，後徐吐氣。口閉不言，腦中來回唸一句經文。或坐一小時，半小時，一刻鐘，每天不斷。

靜坐默禱，用爲靜心，排除一切思慮，心裡祇有腦中的一句經文，心走開，一發覺，立即回歸經文。靜心祇是方法或路途，天主教和普通一般的靜坐不同，是不以靜清思慮和情慾爲目的，而只是方法，以排除心中的思慮情慾，整個的心歸向天主，歸向天主的表現，是以腦中所唸的一句經文，敬拜天主。

默禱的敬拜，非常誠切，非常深入，既能持久，乃能印刻心上，通常的祈禱，雖能口誦心維，心情也常飄浮不定，事過即熄，默禱使愛主的心，越熾越熱，使心靈熔化，熔化在天主的愛內。靜坐默禱，不是默觀，面睹天主。若是天主願意恩賜特寵，使人在靜坐默禱中和祂當面相對，特寵非常可貴。

靜坐默禱若不以歸向天主爲目的，便不是默禱，祇是通常的打坐，靜坐全心靈歸向天主，則是超性的默禱。但不一定心靈進入靜定和天主相融洽的境況，應忘記外物，然而一心歸向天主，可以體驗天主的臨在，心靈的安定，天主必不讓人自白找祂。

在忙亂的工作中，在複雜類人的思慮中，每天能靜坐默禱，心靈可以安定，情緒可以穩定，生活的目標常在眼前，小則可以減輕貪欲，人則可以成聖。我所以提倡也實行這種默禱。

十三、無玷童貞，救助我們罷！

一九九五年聖母無原罪節

一八五五年四月十二日，教宗庇護九世，到羅馬城外朝拜殉道聖亞立由的墓。午後三時許，到聖依搦斯古聖堂，在堂側修院一樓大廳，接見傳信大學的學生。大廳的構梁驟然中斷，全廳樓板破裂崩倒，教宗和全廳人員一體掉入七公尺深的地窟。當下掉時，庇護九世大聲呼籲說：「無玷童貞，救助我們罷！」（Vergine Inmacdlata, aiUtateci）大家一身灰土，卻沒有人受傷。當晚，全羅馬城聖堂，鳴鐘慶賀教宗平安脫險，感謝聖母保佑。庇護九世曾於一八五四年，欽定聖母無染原罪為教會信條。一八五八年聖母在露德顯現，答覆伯爾納德問姓名時，自稱為無染原罪者。大家因此相信庇護九世掉入地窟，平安無事，乃聖母特別保佑。當時傳信大學學生都在崩倒的殿內。

「無玷童貞，救助我們罷！」從那時候起，直到今天，成爲傳信大學的標語。傳信大學宿舍，爲一修院制的學院，院內都是修生，來自傳教區的各國教區，學生分組而居，組設正副組長。組內修生各有寢室，公共生活常在一起。參加公共生活，在出分組組門時，排隊而行。出組門外，組長唸「無玷童貞，救助我們罷！」組員齊聲重唸「無玷童貞，救助我們罷！」大家才開步走。進組門時，組員齊聲回唸，才散隊進房，這樣每天五、六次唸這句短經，習以爲常。

傳信大學特敬一尊聖母像，稱爲「仁慈之母」。聖像爲一古油畫像，供在院內聖堂右側一祭台上。每年有固定一天，慶祝仁慈聖母節。院外運動場側，築有一座聖母洞。第二次大戰後，改爲聖母亭。學院別墅樹林中，築一座聖母洞，每年暑期舉行一次聖母洞慶禮。

我在傳信大學學院裡，住了十三年，養成孝愛聖母的孝心，誠信依賴聖母，重要工作的起點或終點，常訂在聖母節。我到駐教廷大使館服務，在羅馬有一所公寓內的小住所，在住所的大門走道，供著一座法蒂瑪聖母像。出入大門，我習慣念「無玷童貞，救助我們罷！」。這座聖母像現在供在輔仁大學聖堂內。

一九六一年我被派來台南住主教，選擇了九月八日聖母聖誕日在台南就職。那時我連睡的地方都沒有，一切託靠聖母，次年若瑟瞻禮三月十九日，我進入台南主教公署。八月十五日聖母升天節，迎接自羅馬送到的吾樂之緣聖母像到玉井聖堂，九月六日聖堂落成，成爲朝聖聖堂。九月八日，就職週年，降福神父住宅，和大專同學中心。一九六三年五月卅一日舉行主教座堂基石，和碧岳修院聖堂基石祝聖禮，主教座堂定名中華聖母堂，正面牆上供一尊碎石嵌成的中華聖母像。一九六六年被調來台北任總主教，五月一日就職，台北總主教公署於一九六八年八月十五日聖母升天節行落成祝福禮。後兩年同日，主教公署友倫樓落成。一九七八年輔任輔仁大學校長，照例於八月一日就職，學校內聖堂於次年落成，定名淨心堂，供奉聖母無原罪爲主保。學校內多所建築的破土或落成禮，選在聖母節舉行。一九九二年退休，選在二月二日，聖母獻聖嬰節舉行交接禮，以交接一巨形聖燭爲象徵，象徵校長職務在放射聖經的光明。

輔大中華天主教文物館，陳放我所藏的聖母畫像和塑像，大小不下四十種。我在天母的牧廬中，書房裡供著二尺高聖母雕像，像上戴著韓國古王冠。書桌上供有小型馬電飛所塑台南主教座堂中華聖母銅像，桌旁供有大陸刺繡的耶穌聖心和聖母聖心兩面繡像，正面牆上懸掛駐教廷吳祖禹大使夫婦所贈銀質浮雕聖母像。寢室桌上供有唐汝琪主教所贈精緻象牙聖母像，牆上懸有台南玉井朝聖堂吾樂之原聖母像。床側小箱上供有模仿傳信大學仁慈之母小型油畫，聖堂牆上懸有羅馬一位修女所繪痛苦之母聖母像。牧廬門旁走廊端，供一尊二尺高水泥塑製聖母像。我出入門時，口唸Vegine Inmanolata aiutateci無玷童貞，助佑我們罷！

我的出生日期，天主安排在正月一日聖母天地之后節，我的墳墓預計在輔大後部側門旁聖母洞內。我很希望離開世界進入永生的一刻，能弱聲念Vergine InmaCOlata aiUtateCi手指上帶望無原罪聖母像的主教戒指。

十四、祭天敬祖

今天接到輔大宗教輔導中心主任許詩莉修女傳眞信，說他和戴台馨老師想作一個研究計劃，定名爲「敬天愛人思想與祭天敬祖禮儀」，要求我供給推輔大祭天敬祖的意義和經過之資料。口頭上，我曾經多次解釋了祭天敬祖的意義，今天因許修女的要求，我就用筆來說一說：

輔仁大學每年舉行一次「祭天敬祖」典禮，在中美堂舉行，有四千學生參加，校長主祭，先行彌撒，後行祭祖。

這項典禮，從我到校長住所後開始，已經舉行了十多年，學校同事中在開始時有許多人不贊成，不贊成舉行彌撒，說是參禮多係數外學生，不懂彌撒意義，不守禮儀規則。但因我堅持，大家漸漸進入狀況，在我退休前兩年，大家都感到禮儀對學生很有意義。

于斌樞機提倡祭祖，引起社會各界注意，也著實由倫理教育協會按照古禮舉辦。我很贊成于樞機提倡祭祖的動機，在家庭制度瓦解和孝道衰微的時期，祭祖有保持家旅精神和孝道精神的重大意義。因此，我在任台北總主教任內就開始祭祖，民國六十年（一九七一）正月廿五日農曆新年，在主教公署團拜，在大禮堂祭祖、獻香、花、米、酒、讀聖經，這是開始第一次。次年，民國六十一年（一九七三）二月十四日，農曆新年，祭祖，立一民族國家列祖牌位，獻香、花、果、酒、讀聖經。民國六十二年（一九七三）二月三日農曆新年，第一次在聖家堂行祭天敬祖大典，請于斌樞機主祭。民國六十三年（一九七四）正月二十三日，農曆新年在聖家堂祭天敬祖，我自己主體，以後每年農曆新年，照例在聖家堂行祭天敬禮。全國天主教會聖堂後來都陸續響應，成爲現代全國一眞的典禮。

我到了輔仁大學任校長，有了兩種考慮：第一點、輔仁大學爲教會學校，在教育方面須特別注重人格教育，在生活方面應培植學生有正確的觀念，學校已有人生哲學一課，在教學上要加強，還要培養學生生活好的習慣；因此，學校乃有禮儀週，教孝月，便也要舉行祭祖典禮，教學生愛家庭，重孝道。第二點、輔仁大學爲天主教大學，天主教為世界一大宗教，歷史悠久，對世界文化影響很大。在輔大求學的青年，都有意願想知道天主教是什麼教，他們的親友也有人問他們關於天主教的問題。我們學校便應該供給他們求知的機會，我便想學校開聖經班和教義班，公開地向學生宣講，來聽的學生自由報名，不問將來願不願意領洗。但當時教育法令不准公開教授宗教乃作罷。雖然在人生哲學課，教授有人講天主教義，但我自己還是給博士弟子開了一班天主教教義和思想，博士弟子有人跟我聽了四年，也有人領洗。為願意領洗的人，學校中的神父修女有人講道：然而從研究輔大學生宗教生活狀況的調查問卷中，有百分之七十，願意知道天主教教義，他們抱怨學校沒有給他們機會。

彌撒為天主教唯一重大禮儀，社會也都知道天主教行彌撒，我們也就應該讓學生們見識見識，不然，一個學生在輔大讀了四年書，親友們問他彌撒是什麼，他說沒有見過，親友們都會覺得有點奇怪。可是教育法令 止在學校有公開宗教典禮，我乃想在學校舉行祭祖，教育部不能反對，祭祖前有彌撒，教育部也不能挑剔，我就決定在輔大舉行祭天敬祖。曾經在民國六十五年（一九七六）十二月廿四日，在輔大附設神學院講演祭天的意義。且仿效祭天古禮綱要舉行彌撒，民國六十八年（一九七九年）三月廿八日（我於民國六十七年八月二日到校）在輔大中美堂主持祭天敬祖典禮，先行彌撒後行祭祖，次年，民國六十九年（一九八〇）四月九日在中美堂主持祭天敬祖典禮，先行彌撒後祭祖，特別標明追念蔣中正總統逝世五週年，于斌樞機八十冥誕，以後每年常在四月清明節前後舉行。

普通社會農曆新正的祭祖典禮，稱爲敬天祭祖，典禮是先拜天地，然後上香獻祭品以祭祖，拜天地不是祭祀，是敬禮。中國歷代祭天的祭祀爲郊祭，乃國之大典，只有皇帝親自主祭，其他任何人都不能代替。祭祖則是官府和民間共行的祭典，家家可以舉行。農曆元旦拜天地和祭祖是兩種儀禮，可以分開，可以同時先後舉行。

輔大的祭天敬祖，也是兩種禮儀，先有彌撒，彌撒爲祭祀大典也爲聖餐聖事。祭祀的名詞在中國傳統裡，凡是對於神靈亡魂的敬禮，都稱爲祭祀、祭天、祭土地公、祭孔、出殯公祭，都稱爲祭祀。在我們天主教內，只有彌撒爲祭祀（SaCrificium），只能用爲敬拜天主。因此，在康熙年代爆發了「禮儀問題」，教廷禁止了中國信友祭祖祭孔。現在解釋清楚以後，可以敬祖敬孔，但還是不要用「祭」字，以免發生誤會。年來屢次有機關團體邀我到國外祭孔，我都婉拒。輔大在近兩年，祭祖時不行彌撒，只用聖道禮，這和結婚或出殯，沒有彌撒，只有聖道，則純粹是婚禮或告別禮一樣，不加上祭天或敬天，單純地是祭祖。

在教會傳統裡，教會的禮儀是封閉的，只有信友可以參加，在古代望教友只能參加彌撒的聖道部份，到了獻禮經時就要出去。近世紀則不一樣了。教宗在聖伯鐸大殿舉行彌撒，駐教廷外交團都應邀參禮，外交團的使節中許多不是天主教信友，我們中國的使節，除吳大使父子外，都不信天主教，可是他們常常穿著禮服參加教宗彌撒。學生參加彌撒，不懂意義，應有解釋禮儀的手冊。學生講話，不守規則，這也是不可免的事；只要禮儀進行很肅敬，參加共祭的神父衣著端莊，祭服整齊，行禮虔誠，再配合幽雅的歌韻，全場會有宗教的氣氛。何舉行彌撒的目的，在於向學生介紹彌撒典禮，使他們看見天主教一種隆重、虔誠，也美麗的典禮。這也是間接的福傳。

十五、三代同居

民國七十七年（一九八八年）三月廿二日在中央日報演講廳，由發行人石永貴先生主持，舉行三代同居運動座談會，我於座談會中，說明目前台灣社會最需要建立新家庭制度，傳統的大家庭已經不適合現代生活環境，實際上已經不存在，使年幼的兒童受害，沒有人照顧。年老的一代也受害，沒有人照應，我想提倡三代同居的新制度，可以有三種樣式：一種樣式是三代同居一所公寓式房子，年老一代有自己的門戶，可以自由出入，同時和兒孫同有一門戶，飲食起居，常在一起。年老的祖父母或外祖父母，用心照顧孫或外孫兒女，兒女和兒女的配偶，在外工作，不至於使小的一代被疏忽。年老的一代若有病痛，也有兒子照應。第二種樣式，是三代同居一座公寓式樓房內，但不同居所，一代在一層樓，另一代在另一層樓，但是彼此很容易相通，很容易互相照應，小孩在父母不在家，可以到祖父母或外祖父母家中。第三種樣式，是三代同居在附近，彼此互相往來，互相照應。這三種樣式，每一種都注意到三代的互相照應，不致孤獨。但是都也帶來幾分犧牲。老的一代要犧牲一己的安寧，承當照顧小孩的辛苦，兒女一代要負擔照應老一代的責任。這些犧牲不單在自己的生活中，得到報酬，在天主面前，更有莫大的善功，可以取得天主的恩寵。

在同年五月五日在中央日報社舉行三代同居座談會，爲推廣三代同居運動，政府方面行政院長郝柏村將軍公開響應，並指國民居宅建築機構在建築計劃中，設有父母同居的房間。這種運動以後在民間常引起注意。在鄉間農村社會裡。則三代同堂傳統，仍舊留傳。我對家庭的觀念常停在那種三代同居的理想上。

十六、對中梵關係我的努力

1.

我在駐教廷使館服務十八年以教務顧問名義，負責和傳信部接洽中國教會事務，吳經熊公使駐教廷時，常委我每星期六國務院副國卿孟棣義接見駐教廷使節首長時，代其往見，故與傳務部和國務院人員頗有交情，對中梵關係，歷經滄海，努力甚多。尤其在保祿六世教宗任內，蒙教宗友情相待，乃能多有活動。

中華民國遷台以後，多數駐南京使節繼續遷台，政府外交部來電訓令駐教廷使館和教廷接洽，請訓令黎公使遷來台北，我往見教廷國務院政務副國卿達迪義，達副卿說教廷駐使雖對政府發生關係，對駐在國教會亦發生關係，黎培里公使在中國教會大難臨頭時，不能離開，除非被中共驅逐出境，當吳經熊公使辭職赴夏威夷大學任教時，外交部欲探聽教廷是否同意中華民國政府派遣新使駐梵。民國三十八年九月九日，我陪朱英代辦往見達迪義副卿，被答爲避免中共報復，中華民國請緩派使，蔣中正總統在復職視事後派謝壽康公使再度來駐教廷，孟棣義副卿對筆者說教廷接受謝使，然請他緩期到任。後來因紐約總主教史伯曼樞機主教斡旋，教廷孟棣義副卿乃面答我謝便可以來羅馬。民國四十二年十月十一日謝使抵梵蒂岡，然爲遞國書，教廷藉詞謝使重來住所，不需再行遞國書典禮，只由謝使單獨私見。孟棣義副卿三次約我夜間往見商議，採取折衷形式，外面儀式照常，然兩方不公開致詞，報章祇登載謝使覲見教宗。這一切難題，都是國務院政務副卿爲避免中共的反應。

教宗若望廿三世上任，乃改變政策，依照傳信部雅靜安樞機建議發展台灣教會作將來復興大陸教會的根基地。乃建立台灣聖統制，派田耕莘樞機署理台北總教區，設立高雄、新竹、台南三教區，陸續改其他代牧區爲正式教區。創設輔仁大學，任命于斌總主教爲校長，尤應中華民國駐教廷使館昇級爲大使館，謝壽康大使於民國四十八年正月三日，同教宗二十三世呈遞國書。同年五月二十日，任命高理耀蒙席爲駐華公使。民五十五年十二月五日，筆者晉見教宗保祿六世，請將教廷駐華使館昇格爲大使館，教宗答說已決定下年元月一日起即昇格。

民國五十八年三月二十日，筆者晉見教宗保祿六世，教宗以一密事相告，謂將選任新樞機，中國有兩位候選，即于斌總主教和羅光總主教，由傳信部建議決定。『你無論當選與否，但在我們心中，我們常看重你的工作。』傳信部次長曾在家招宴東京總主教和我說明事件經過，駐華教廷大使說明于斌總主教在國內身望很高，未升樞機，實係冤枉傳信部遂建議東京和台北總主教都讓兩位年長者當選，年長者去世後才作樞機當選人。

民國五十九年十月三日，晉見教宗保祿六世，向教宗表示意見，自願繼續任台北總主教，教宗答說：『因你有教會的精神，我們有點濫用對你的信任，在教會需要時，我們敢向你要求犧牲』當時教廷駐華大使迫筆者接受輔大校長職，後因事作罷。

十月十二日，赴傳信部與部長次長談教宗往香港事，結論都不贊成，次長遂電話詢問副國卿秘書，是否能有時間讓筆者再見副卿，秘書答謂近日時間俱排滿，傳信部次長囑筆者寫一備忘錄，當晚由他送與教宗，因彼係教宗保祿之親信，筆者在備忘錄中建議教宗在香港向中國人民講話，不僅向大陸人民，而是向東南亞全體中華民族後裔講話。十月十九日往見教宗私人秘書，他說于斌樞機曾說教宗去香港也去台灣，或都不去。秘書問之意見，說不敢拒止教宗之行動，但求對台灣無傷害。十月廿日國務院副國卿彭耐里總主教（Msgr Benelli）邀往國務院再談教宗赴香港事，被亦不贊成，然教宗決定要去，要向中國人民講話，筆者謂已寫備忘錄呈教宗，副卿謂教宗將接受建議。

2\. 民國六十年十月廿五日，中共北京政府進入聯合國，中華民國政府代表隨即退出。教廷駐台北大使葛錫迪總主教即日秘密離合，謂爲回澳洲家中暫時渡假，實則出教廷國務院召往梵蒂岡。民國六十年十二月五日，全台主教在台北體育館，舉行建國六十年祈禱彌撒，教宗派韓國漢城總主教金樞機爲特使，主體彌撒祭典。十二月十一日，我在梵蒂岡往見國務院政務副國務卿加撒諾里總主教（Msgrcassaroli），討論中華民國退出聯合國後教廷之態度。彼謂教廷駐華大使，爲駐中國大使館，台灣中華民國政府既不代表中國，教廷使館可以撤退，我與之力爭，被謂撤館尚不可言，然教廷大使將不回任。十二月十七日，往見教廷國務卿魏約樞機。十二月十八日見傳信部長羅西樞機。十二月廿日，晉見教宗保祿六世，教宗肯定保持與中華民國之外交關係，但暫時在政治和教會公開關係方面，將台灣蓋住，隱藏起來。

晉見教宗後，往見副國卿彭耐里總主教。民國六十一年八月二日，教廷駐華大使館第一任代辦高樂天蒙席抵台北（Mons Colasono）。彼甚同情我國處境。十月十八日，筆者在梵城國務院見政務副卿加撒諾里總主教，見常務副卿彭耐里總主教。十一月廿五日，再見副卿加撒諾里。十二月十一日晉見教宗保祿六世，教宗說：『我接到妳的信，希望同你談一談，你們的精神不可下沉，不可灰心，你們不要怕羅馬教廷會放棄你們。大使的名銜會保留，大使館也常在。我們是朋友，我們絕對忠信，絕對不會使你們看到自己被遺棄。』十一月廿四日，見彭耐里副卿，建議駐華大使葛錫迪調任孟加拉大使，仍兼駐華大使，每年幾度來台北，彭副卿謂此事可以商量。十一月廿五日，見加撒諾里副卿，彼此爲駐華使館事爭持不下，但他以葛使兼駐華駐孟加拉大使建議，可供研究。

民國六十三年二月二十三日，晉見教宗保祿六世，呈一備忘錄，要求三點：一、葛大使調往孟加拉，仍保留駐華大使名義。二、如教宗往澳洲，請在台灣一停。三、四月廿一日，亞洲主教團協會將在台北舉行第一次全體大會，請教宗賜訓詞並派葛大使回台北參加。教宗答覆不佳澳洲，亞洲主教團協會由我任代理秘書長，在台灣召開第一次代表大會，甚爲合宜，因中國爲亞洲第一文化大國，葛大使將到台北參加，教宗致電祝賀。葛大使將保持駐華大使銜。

民國六十四年四月三日，抵羅馬參加法典修改委員會小組會議，這一年爲慶祝基督誕生的聖年，教宗很忙，不能晉見。但駐教廷陳之邁大使請我向教廷國務院接洽派特使，參加蔣中正總統喪禮。先與國務院負責中國事務狄雅慈（Diaz）通電話，被不在辦公處。再以電話同國務卿魏約樞機（card. Villot）接洽，被謂應同彭耐里副卿商量，遂往傳信部，請部長協助，部長羅西樞機即與彭副卿通電話，但未能肯定答覆。四月十九日，往見彭副卿，亦不得答覆。同年十月十六日抵羅馬，參加法典修改小組會，晚，得聖言會總會公共關係主任電話，謂前曾請我於十九日福若瑟神父列眞福品，代表中國與教宗共祭，禮議長謂不宜，所以作罷。按列眞福和聖品時，常有被列品者本國本教區之主教，同教宗共祭，福若瑟爲奧國籍在山東之傳教士，聖言會曾請我代表中國，禮儀長受國務院之指示，認爲不宜：然十八日午後聖言會總會公關主任來電話，告知筆者，教宗應允我共祭，十九日我與教宗共祭，代表中國。

民國六十六年九月十六日，在羅馬參加爲無信仰者委員會全體大會晉見教宗，教宗近兩年身體不適，我未敢在羅馬參加會議後求見。民六十六年，教宗慶祝八十壽紀念之名人簽名博物館成立，教宗私人秘書曾要求我搜集中國名人簽字，筆者遂請吳經熊博士，將為譯經蔣中正總統致彼之親筆信和溥心畬及張大千各選一幅畫，贈送此博物館。筆者於十九日為無信仰委員會全體晉見時，呈送教宗。此為最後一次晉見保祿六世。

3\. 民國六十八年二月廿七日，首次晉見教宗若望保祿二世，談輔仁大學現況，略談大陸天主教會情形，教宗非常關心。

民國六十九年九月廿三日，在羅馬參加全球主教代表會議，會議時曾被邀到教官與教宗同進午餐，同邀者共八位主教，故祇略談中國大陸事，民國七十一年二月，在羅馬參加普世博愛會舉辦之主教退省週，二月廿二日全體主教晉見教宗。廿三日晚教宗邀我同杜寶晉主教到暑期行宮晚餐，席間，有國務院副卿與傳信部次長，對大陸教會問題，作泛泛討論。二十八日見加撒諾里副國卿，發生爭執。彼謂教廷使館為駐中國使館，不應在台北繼續開館，教廷與中華民國關係，不斷而斷。我謂教廷駐華使館為駐中國使館，然教廷大使黎培里總主教被中共驅逐出境，才來台北，現在中共沒有接受教廷大使住北京，教廷自動撤退台北使館，是自相矛盾。中華民國駐教廷大使館，自開館迄今，未有改變。中共入聯合國後，我國駐教廷大使陳之邁、沈昌煥、周書楷，俱以在台北，中華民國總統之國書晉見教宗，教廷承認在台北之中華民國政府爲獨立合法政府，豈能以不斷之形式而斷交。與加副卿爭執頗久，結論共識，在與中共談判有結果以前，不能與中華民國斷交。加副卿以處理東歐教會事務著名，認爲東歐事務專家。彼處理東歐共產國家教會事務，凡在東歐共產政權下之教廷大使館，一律關閉。因此彼主張關閉教廷駐台北中華民國使館，因彼認爲此使館爲駐大陸之使館，大陸既屬中共政權，便應當關閉。我與之爭，則謂此舉不是關閉駐共產政權之使館，實爲與中華民國斷交，斷交則照國際慣例，教廷應與中共談判，談判有結果，接受中共要求，與中華民國斷交，如同美國、日本一樣。否則，不談判而先自形斷交，教會不能得任何利益。但中共久已公開要求教廷先與台灣絕交，然後談判。大陸愛國會主教也助中共吶喊。

民國七十七年六月六日，赴香港參加基督信仰與中國學術研討會。六月八日，在旅館和上海金魯賢主教談話一小時，勸彼兩事，一、愛國會主教勿公開批評教宗；二、勿跟中共喊教廷先與台灣絕交，以便與中共談判，因爲先絕交，爲大陸教會斷無便利。金魯賢答應轉告愛國教會，事實證明，其後大陸愛國會主教謹守此二點。

教廷傳信部受國務院約束，限制台灣主教不容過問大陸教會事，且不許台灣主教留心華僑和留學生之宗教信仰，我曾函傳信部次長表示不滿，其他主教俱心懷怨怒。

民國七十二年，台灣主教團與輔仁大學合辦利瑪竇來華四百週年學術研討會，邀有國際學者參加，教廷派傳信部次長陸度沙彌總主教為特使宮（Mons Lourdusamy）來台北，主禮紀念大彌撒。十月十三日上午，在台北教廷大使館，陸特使與台灣全體主教座談，主教逐一表達胸中之憤怨，至中午，尚有一半主教未能發言。十四日上午，繼續座談會，至十一時一刻結束。午後，主教團主教在主教團秘書處開會，決定以兩次座談會紀錄，由筆者（當時任主教團主席）與秘書長王愈榮主教簽名，作為備忘錄，請陸特使面呈教宗。每位主教對自己之談話，俱簽名。教宗後來招召台灣主教往見，提出了橋樑教會的指示。

民國七十七年十一月五日，總統府秘書長李元簇先生來電話約往見，七日往外交部與部長連戰談話一小時，談李總統請筆者攜其手書往羅馬請教宗赴韓國時，在台灣小停。十二月八日，下午筆者往見李登輝總統，談話四十分鐘，李總統親筆信，明日送來天母。十二月十日抵羅馬作了一次最尷尬的使節。

4. 經過上次事件後，筆者嚴守退休制度，不再預聞教界公共事務，對中梵關係，不再參與。從舊日記中，找到在任主教以前，在羅馬任教授時，已兩次參與中梵關係事務。第一次，民國廿八年，庇護第十一世逝世，筆者函請陸徵祥神父促中國外交部派使參加教宗加冕禮。陸院長於廿八年三月六日覆函，謂「尊函條陳一節，適合時宜，新宗座加冕機會亦不多得，所擬人選，尤屬確當。」陸神父促外部派駐法大使顧維鈞，顧使率特使團參加大典。第二次，第二次世界大戰發生後，美國總統、日本首相俱派特使駐教廷。汪精衛成立僞政府，義大利予以承認，筆者在羅馬，恐教廷受義國影響，函詢陸徵祥神父，陸神父覆函云：「承示，意政府承認南京僞中央一節，同一過慮，倘外交部當局及預防即以前充賀加冕專使兼任駐教廷大使，藉以聯絡而免教廷暗受意政府牽制，亦一應付目前之辦法。」筆者於民國三十年六月十九日電外交部轉于斌總主教，電文云：教廷特使事，現可接洽，希即懇委座派徐代辦進行。」（徐代辦爲駐意大利徐道鄰）外部後今駐瑞士代辦謝壽康與教廷大使商妥，正式建立國交，第一任公使謝壽康於民國三十二年二月廿五日覲見教宗呈遞國書。

十七、橋樑教會

自中華民國被迫退出聯合國以後，教廷便不以中華民國政府代表中國政府，常有意關閉在台北的教廷大使館：尤其對於大陸教會。因著歐美各國的天主教人士的建言，不許在台灣的主教團有任何的關連；對於海外的華僑教友，甚至連在歐美的台灣天主教留學生，也不許台灣主教負責。都爲避免刺激中共，怕中共加深對教會的迫害。利瑪竇來華四百週年紀念時。教宗派宣道部次長陸度沙彌總主教來台，兩度與主教們座談，主教們逐一地表達了心中的不滿，作成了備忘錄，由特使回羅瑪後轉呈教宗，教宗乃召中華民國的主教往羅馬面談。、公開演講，指示中華民國的天主教會，應對大陸天主教會作爲一座仰信的橋樑。

我將對於這次歷史性事件的發展經過所有當時的日記，抄錄於后。

民國七十二年

十一月十二日

晚，在中國飯店，宴金樞機，菲律賓之總主教，德國之主教，日本JaSUta總主教，胡振中主教。

晚，到中正機場，接教廷特使陸度沙彌LOurdusamy總主教。

十一月十三日

上午，在教廷大使館，中華民國主教團全體主教與陸度沙彌總主教座談，余第一位發言，暢述對教廷處理大陸教會之態度甚表不滿。賈總主教繼余發言，亦表同樣態度，其他主教次第發言，俱針對大陸教會情況，表示竟見。發言到中午十二時，尙有一半主教未說話，陸特使決定明日上午繼續座談。

中午，教廷大使館午宴。

下午，兩點半，在台北市體育館舉行大禮彌撒，紀念利瑪竇來華四百週年，由陸特使主禮，參加共祭者有樞機一位，主教二十位，司鐸二百五十餘位。參禮教友一萬，彌撒非常隆重，典禮井然有序。

午後，六點半，外賓主教與客人八十餘位，來輔仁大學參加晚會。

七時半，中美堂晚會，學生二千多，坐滿。光仁中學弦樂隊演奏，蘭陽舞蹈團表演，俱甚精彩。九時，散會，散會前，大家賀余之主保聖達義節。

十一月十四日

上午，在教廷大使館，主教團全體主教繼續與陸特使座談。每位主教俱吐心中苦水。十一點一刻結束。

陪陸特使赴外交部，朱部長接見來賓樞機及主教。

十二點一刻，朱部長爲陸特使授勳。十二點半，朱部長設宴。

午後，主教團主教在主教團秘書處開會，商討撰寫座談會備忘錄，由余起稿，用義大利文撰寫，大意有以下幾點：

1.大陸愛國會天主教會爲中共之工具。背棄與教宗聯繫之信仰。

2.應看重大陸忠貞主教、神父、教友之犧牲精神，予以鼓勵。

3.外國人士訪問大陸，祇看見愛國教會人士與活動，不明瞭忠貞教會之情形，所寫報告，俱係偏一面之消息，所謂外國對大陸教會之專家，亦係偏於愛國教會。

4.中華民國主教雖非專家，然係中國人，懂得中國人心理，對大陸中共及天主教會人士之心理，能夠明瞭。

5.如外國教會人士對大陸天主教會，表示關心，中華民國主教當然更該關心大陸天主教會，盡力協助，不能因怕中共反彈，不許中華民國主教表示關心。

晚，韓國大使館在來來飯店宴金樞機，余被邀作陪。

十一月十五日

上午，休息。

中午，到中正機場，送陸度沙彌特使離華。王愈榮主教帶來備忘錄，余以主教團主席名義，王主教以主教團秘書長名義，分別在備忘錄簽名。余以備忘錄送與陸特使，陸特使由台北赴印度，回家，爲其母慶八十壽，余又在機場贈買禮物。代表主教團贈其母壽儀。

民國七十三年（一九八四）

正月十九日

教廷吉立友代辦由羅馬回台北，晚，來電話，言有事要見面商談，余答以明天下午四點見面。

正月廿日

午後，往教廷大使館，與吉代辦長談一小時餘。

吉代辦謂十二月廿二日曾在公見後，謁見教宗，談話五分鐘，上星期一，正月十六日又被教宗召見，談話一刻鐘，當天晚，被教宗邀與共進晚餐，國務卿與副國務卿俱被邀在座。教宗對台灣教會之心理情況，由上次主教等與宣傳部次長談話所表現，甚感焦慮，決定請台灣主教往羅馬當面一談，或全體主教，或主教團代表都可。

晚，在主教團秘書處，主持主教團常務委員會。台南成主教亦在，決定常務委員會全體及成主教赴羅馬，晉見教宗。

晚，七點半，主持中國天主教資料研究小組。此小組今日成立，除常務委員會會員外，有費主教，張春申神父，韓承良神父，李震神父，韓得力神父，袁國慰神父。此小組之任務，爲研究大陸教會問題與海外華僑傳教問題，今天決定收集資料之方式，並決定由李震神父負責。

二月五日

上午八時，由林會長修女，洪法蒂瑪修女，李匡郎教授陪往中正機場，與賈彥文總主教辦理手續，搭新加坡航空公司班機赴羅馬。來機場送行者，有張照營教務長，袁總務長神父，李震秘書長神父，劉文郎主任。

十時起飛，下午兩點，抵新加坡，盧神父來接，到龐神父聖心堂，華之醇神父來，趙神父、沙神父亦俱來，一起談話，後往城內參觀晚晴園，即 國父孫文寓所，晚七點。到太子樓晚餐。

晚九點半，動身，飛往曼谷。

二月六日

清晨兩點，由曼谷起飛，在Babrain停一小時，繼續飛往羅馬。晨八時抵達，周書楷大使偕羅大方蒙席在機場相候。賈總主教出機場赴Rocca di· papa普世博愛會所。余於十點，到羅馬盧森堡仁慈方濟修女會會院，凡肋納老太太（余昔在羅馬之管家）已先到，爲余收拾行李。我行彌撒，然後登床小睡。十二點，羅大方蒙席來接，往家鄉樓餐廳與周大使進午餐，兩人長談兩小時。飯後，由羅大方蒙席送余往普世博愛會所，參加國際主教退省。普世博愛會創立人ClaraLubrich正在演講。

二月八日

上午十點，國際主教退省之全體主教進梵蒂岡宮保祿六世大廳，等候晉見教宗。十一點，若望保祿二世入廳，先行聖年大赦禮，後作講道，然後問候各國之晉見團，最後在另一廳接見晉見之主教，主教等站立一圓周，教宗走過每一主教前，同主教握手，談話或不談話，來到賈總主教前，賈總主教報告來自台北。教宗指著我說：「看，台北」，教宗祕書介紹說：「羅光總主教」，教宗說：「他名叫達義」，然後握我手說：「謝謝來看我，我希望見你。」

午後，繼續退省，談話，談合一運動，我講合一運動之經驗，講台灣教會孤獨之苦，大家甚表同情。

二月十一日

上午，八點，羅大方蒙席來Rocca di Papa接我往羅馬（退省已畢）到盧森堡修女院，先行彌撒，後接見駐教廷大使館項公使，談話半小時，約定下星期二晚聚餐。

午後，草寫中華主教團晉謁教宗備忘錄。施森道蒙席來寓所，坐談一小時。

二月十三日

上午，往梵蒂岡銀行取款，由存摺提出二百五十萬里耳，尚不及三十美元。

往國務院與中國司司長蒙席長談，請代約與副國務卿Silvestrini西爾握里義總主教之時間。此員曾在教廷駐菲律賓大使館服務，曾來台灣觀光，為人有禮。

往訪高理耀樞機，出示去年主教團與陸度沙彌總主教座談之備忘錄。高樞機云甚好，宜面呈教宗，余又以此次主教團晉見教宗之備忘錄草稿，請其過目。彼云不宜堅持恭請教宗往高雄之建議，然宜坦白將台灣對教廷政策之不滿及反感，向教宗陳述。教宗並無成見，願聽主教等之意見。晚，重寫晉見教宗之備忘錄。

二月十四日

上午，往宣道部拜會部長羅西樞機，被勸此次中華主教晉見教宗，宜坦白陳述一切。彼不滿副國務卿西爾握里義總主教，又特向我說明次長陸總主教與西總主教副國務卿，互相串通，使宣道部之行動受牽制。余最後向部長說明主教團對台中教區主教選任事，宜調一位教區主教往台中，因台中瑪利諾會年輕神父頗多。

二月十五日

上午，往宣道部見次長陸度沙彌總主教，彼云從台北回羅馬後，曾以中華主教團之備忘錄原本呈遞教宗，副本送部長及副國務卿西爾握里義總主教，並作一積極性之報告。此次中華主教晉見教宗後，於廿八日拜會部長，又在以先與彼會晤。

往主教部拜會巴齊阿部長樞機（Baggio），陳述國務院對台灣之政策，並以中華主教團與陸特使談話之備忘錄及中共十九號文件（處理宗教事務）英譯本予之。

到國務院見副國務卿西爾握里義總主教，副卿尚在開會，先由中國司司長接見，談話約二十分鐘，副卿會畢來接見，討論中華主教團代表晉見教宗事。彼云，將由教宗秘書請示教宗，方式將為開會式，時間將有兩小時，以後，拜會國務卿樞機與第一副國務卿。彼又云，教宗甚關心大陸教會，因有地下忠貞教會，又有愛國教會。教宗希望能有所為，中國忠貞教士教友殉道之精神與教會初期羅馬殉道者之精神相等，中國教會必賴彼等保全，然須預防在香港成立愛國教會。

二月二十日

中午，龍鳳餐館楊老闆請用飯，施蒙席來接，與狄剛主教同往。

晚，彭保祿神父來晚餐，賈總主教來羅馬，餐後，余與賈、狄兩位主教長談，談明天往宣道部見中國司司長談話內容。（我們三人同一寓所）

鄭總主教、劉主教俱來電話，報告已到羅馬，單主教來電話言重感冒。

二月二十一日

上午，余同賈總主教、狄主教往宣道部訪中國司司長Quidoni蒙席，談明台中選主教宜注意之點。……

由宣道部往梵蒂岡，拜會官長馬爾且（Martain）總主教，（馬總主教曾為余在法律學院之同班同學，每次相見常如老友）。接洽晉謁教宗之日期，彼云國務院已有通知，往國務院訪COppa哥巴總主教，為巡迴大使，去年曾來台北，彼此感情融洽。

二月廿三日

上午，中國主教一同往聖母大殿朝聖，爲此次來見教宗事祈禱，在聖母「羅馬人民救星」祭台舉行共祭，三位來羅馬朝聖之中國神父亦參與，單主教因病未到。彌撒用中文。彌撒畢，祈禱。十點半，往拉德朗大殿朝聖，守聖體半小時，特爲中國祈禱，一切俱非人力之可能，余等亦不知向教宗作何建議，唯有誠心求主賜助，求聖母相幫。

中午，在聖方濟修女會午宴，陳修女接洽一切，總會長來共餐，此會現有修女九千人。

午後，由彭保祿神父駕車，往聖伯鐸大殿，參加教宗爲朝聖司鐸之彌撒，彌撒用拉丁文，唱拉丁文彌撒歌，全球教會神父代表與教宗共祭，合成一體。禮儀簡單，歌韻幽雅，彌撒非常動人。

二月廿四日

余與五位中國主教，往教義部拜訪舊相識之拉辛克樞機部長（Rajinger），談大陸愛國教會祝聖主教使用之中文宣誓詞，誓忠於社會主義國家，不屬教宗統制；然不知誓詞之拉丁文如何。因無確切證據，不能遽下判斷，祝聖禮是否有效。

又往教廷教育部拜會包滿樞機部長（BaUm），部長召秘書長、副秘書長，一起出見，談話頗久，余等說明大陸教會情形，特別述說大陸設立修院，受共產黨政權之控制。副秘書長說在捷克和古巴，也有共產黨政權斯設的修院，然大部份修生都服從教宗。余指出在這兩國，主教團忠於教宗，中國大陸之愛國教會則不服從教宗。

二月廿五日

上午十一點，七位中國主教在宣道部，與陸度梅次長總主教及副國務卿西爾握里義總主教舉行會議，由副國務卿主持。首先，被說明教宗邀中國主教來羅瑪，願就中國教會問題，聽取意見。每位中國主教依次發言，余就各方情形說明四項意見：一、教廷聲明地方教會與教宗聯繫乃係信仰之條文：二、支持大陸忠貞教會；三、組織香港教區，使成爲一堅強之忠貞教會；四、發展台灣教會。副國務卿暫作結論，謂中國大陸有忠貞教會之犧牲精神，有愛國教會之公開反對教宗。共產黨之政權，必係中國歷史之一種現象，中華民族必常在。教會對中華文化之合作，宜積極進行。

中國主教發言未完，決定再舉行一次會議。

二月廿六日

上午，在寓所閱讀Carlo Morali所著DarWinismo e teologia cattolica對天主創造工程有新思想。

上午，到Guidoni蒙席家中餐，Oppiio Rossi樞機在座中國主教四人賈、狄、鄭與余。

飯後往羅馬中國聖心會修院，七位主教於五點舉行會議，研究明日會議應提之建議，七時，會議結束。

七位主教與神父共祭，余主祭，講道，以彌撒讀經爲題，神父應忠於職務，應誠心相信天父之變，中國大陸之主教神父及教友忠於職守，忠於教宗，自願犧牲，余等主教此次來羅馬與教廷人員反省以往爲大陸是否盡職務，將來應若何盡職，我們應相信天父對中華教會之愛，必有興盛之日不宜悲觀，彌撒後聚餐。

二月廿七日

上午，七位主教往見耶穌會新選之會長Kolvenbach克文巴神父，談論中國大陸教會情形，以及所謂外籍中國專家之謬論。

午後，五點，在宣道部重開會議，西爾握里義副卿提出教廷與中國使節問題，說明教廷使節爲教務而不爲政治，爲教會而不爲政府。彼認爲若斷絕與中華民國之外交關係，可使中共無所藉口，如其不與教廷接觸，則罪在彼等。余答此時斷交，決非其時；因大陸忠貞教會將受打擊，信德亦將迷惑，台灣方面更在心理上，將遠離教宗，如教宗派完座代表表駐台灣，亦將不受歡迎。其他主教亦發言。爭論頗久，副國務卿不再堅持。

暫作休息

休息二十分鐘後，繼續開會，聽取余代表中國主教之建議：

㈠教廷聲明天主教主教必須與教宗連繫，加入宗徒團體。

㈡造成國際輿論，使大家明瞭中共之宗教自由，非天主教之自由。

㈢教宗不能往台灣，請國務卿由漢城往高雄，主持台灣開教一百二十五週年典禮。

㈣加強眞理電台和梵蒂岡電台向中國大陸之廣播。

㈤加強香港教區之忠貞精神。

㈥支持台灣教會培植聖召，預備向華僑及大陸傳教。

㈦讓教廷高級人員訪問台灣。

㈧教廷設立中國教會研究小組，請中國主教參加。

八點二十分散會，陸度梅總主教招待中國主教晚餐，副國務卿進梵蒂岡宮向教宗報告開會情形。

二月二十八日

上午，重寫晉見教宗之致敬說帖。

十一點，七位主教在聖伯鐸大殿聖體前守聖體。

十二點，入梵蒂岡宮，晉見教宗。

十二時半，七位主教入教宗辦公室，鞠躬致敬，環教宗辦公桌而坐，余坐教宗對面，教宗操英文，說已聽到兩次在宣道部開會後之報告，對各項問題，已有瞭解，然請余再作說明。

余將預備之致敬說帖誦讀。說帖用義大利文，綜合兩次會議時主教所發表之意見及建議，愛國教會不代表中國教會，大陸教友百分之八十不參加，且極力反對，中共所允之宗教自由，不是眞正自由，外籍人士往大陸觀光，祇見到外面情形，不明瞭內部實況，大聲爲愛國教會宣傳，力促教廷和這種教會接觸，荒謬已極，教廷須正式聲明天主教教會必是公而一的教會；主教必須和教宗及全球主教相連繫。堅定香港教會的忠貞精神，發展台灣教會，保持駐台北大使館，駐使或代辦，加駐香港宗座代表名義，以使日後香港歸併大陸時，教廷代表能在，最後請求教宗設立中國教會研究委員會，中國主教可以參加。

教宗聽畢，操義大利文講話，解釋教廷使節之意義。教宗又說到台灣教會的發展，中國文化之發揚。

一點，教宗率領中國主教入大廳，接見留羅馬之中國神父、修女及教友，約一百人，余以英文向教宗介紹並致敬，教宗操英文，發表演講，標出台灣教會爲橋樑教會。

一點半，教宗邀七位中國主教登入便殿，與教宗共進午餐。進餐時，教宗暢談對共產主義及政權之認識，及在波蘭之經驗。史達林之一貫政策，在共黨政權之國家內，企圖組織脫離羅馬教宗之教會。中華民族之文化傳統，和共產主義不合，將來必遭共產主義漸加修改。

三點，餐畢，主教等辭出。

教宗的演講，教友生活週刊和善導週刊都曾把翻譯全文登載，對橋樑一段話，我抄錄於后：

「你們在台灣和在海外的天主教教友，你們的美妙任務，是做大陸同胞的『橋樑教會』。在大陸許多基督的兄弟姐妹們遭遇困難，暫時像埋藏在田裡的種子。可是這一切努力和犧牲，不會毫無結果，日子快到，那時將以更有形的方式，經由教會所敬愛的整個中國文化，期望和期待，來傳報並慶祝耶穌。」

一九八五年、十一月八日，中國主教團晉見教宗述職，中午教宗邀請午餐，對橋樑教會任務，甚表這事的重視。

十八、一度作使

台灣的天主教會，從教宗保祿六世訪問香港，已經向教宗表達，盼望教宗訪問台灣。教宗若望保祿二世兩次訪問南韓，在教宗第二次往南韓時，李登輝總統很希望教宗在台灣停留些時，向台灣人民祈求上帝降福，爲玉成此事，李總統派我往教廷一行，送呈李總統致教宗邀請函，我明知這事很難有結果；但不便事先退縮，乃接受李總統委託，往羅馬一度作使。

我把當時所寫日記，抄錄於后：

民國七十七年

十一月五日

上午，閱報，休息。

十點半，總統府李元簇秘書長來電話，談邀請教宗來訪問台灣，可能請余赴羅馬一行，他將與外交部連戰部長連繫。

十一點半，秘書千惠來電話，謂外交部請余於下星期二往外交部與連部長談話。

下午寫稿：「教會與家庭」

十一月七日

上午九時，到外交部，與連戰部長座談一小時。連部長說明李總統注重教宗來訪事，希望成功，曾託菲律賓總統面向教宗轉達邀請，教宗答謂將加考慮，連部長請主教團上書教宗，並請余往羅馬一行，又託余代與教廷溝通換周大使，教廷接受新派大使，又謂中華民國捐款為救濟他國天主教會經費，政府可間接幫助，余答將與單主教商量。

到輔大，與花蓮單主教通電話，彼將於十一號來台北，將好好商量。

十一月十四日

與李元簇秘書長通電話，告以主教團上書教宗，邀請來台，余擬於明年正月赴羅馬，被以為恐過晚，余可於下月八日校慶後赴羅馬，但決無把握可以成功。

又電外交部歐洲司副司長（司長出國）請報告連部長，主教團上書教宗，余於下月起羅馬，須兩張飛機票，並請辦出國護照。

十一月十五日

致書外交部王飛次長，請轉寄上教宗書與周大使，再轉朱勵德神父，送交教宗私人秘書，又請轉告周大使代約晉見教宗與兩位副國務卿時日。

下午授課兩小時

十一月十九日

上午，閱報，休息。

十一點一刻，由淑芳夫婦駕車，陪往台北總主教公署，參加歡迎Baggio樞機宴，余送與巴樞機放大鏡一支，鏡有珐瑯手柄。

午後，三刻，周書楷大使來天母牧廬座談約四十分鐘，述說彼在教廷，最近爲邀請教宗來台之活動，余亦述說總統府秘書長與運部長委託余辦此事之經過。周大使請余與彼共同晉見李總統。

十一月廿一日

函李元簇秘書長，告以與周大使談話，又告以邀請兩函，已送交外交部請代送羅馬，並請轉告運部長余所需祇兩張往返機票，十件小禮物購買與租用一星期之車費，在羅馬之生活費與宴客費，由余自備。

十二月八日

下午，三點，到總統府，由外交部王飛次長陪見李總統，李元簇秘書長及邱副秘書長在座，余先向總統報告民七四年與七五年，在羅馬和教廷交涉之經過以穩定中梵外交關，李總統遂說明邀請教宗已辦之步驟，請菲律賓總統及波蘭政要向教宗表達李總統之意，李總統又願自己致函教宗，乃吩咐秘書長繕寫一正式公函問候教宗，並請於往南韓途中，在台灣少留，談話四十分鐘，辭出。

十二月九日

十一點半，總統府邱副秘書長來電話謂總統信馬上送來。在聖堂祈禱。

午後，稍休息。

一點，由洪會長與蔡修女陪同起身赴機場，外交部歐洲司人員辦理手續，飛機誤點兩小時，在貴賓室等候，學校王秘書長、郭總務長、袁廷棟院長來送行，歐洲司邱司長亦到，王飛次長因接另一客，亦到。

上飛機，五點半起身，在曼谷再等兩小時許，登機，淑芳改坐第一等艙，與余同坐。

飛機振動許久，不能入睡。

十二月十日

早上六點五十分抵羅瑪機場，周書楷大使與謝參事在機場等候。周大使送余至Micheangelo旅館，房間過小，暫居一天，傍晚，遷居Columbus旅館 305—306 房間。

中午，偕淑芳到金龍飯店用飯，老闆還相識，請安，晚七點，周大使在余之旅館請宴，有朱勵德神父與謝參事，坐談甚歡，大使原請在外一餐館，余因累，氣喘，堅辭。

晚，用藥，身體稍安。

十二月十一日

上午，十點，往天神母后堂，訪王克祿蒙席，請彼通知留學之中國神父修女，余雖忙，午後可在旅館接見。

往廬森堡仁慈修女院，在院內行彌撒，中午用餐，院內有一中國修女，爲中華聖母會修女，同張淑芳講話。飯後，余見全體修女，又與聖母會修女取余之主教禮服，以便晉見教宗之用，見二樓之兩房，俱已爲余預備妥當，但院長云擔心廚房無人煮菜，余云此次住旅館。

十二月十三日

九點出車，往梵蒂岡，見官長Monduzzi主教，申請晉見教宗，彼答一定可以晉見，大約在十五號到十九號之一天。

到國務院，見Celli蒙席，彼爲中國司司長，暢談甚久，彼已見到吾人邀請教宗之函，彼謂尚未決定明年起韓，又謂中國大陸教會很亂，分爲四派，有何方法平息爭端。

余見Colasono總主教，老友相逢，甚歡，談中國大陸情形，更多談台灣現況，彼甚喜台灣之發展，余謂此行有三事請求教廷：請教宗訪問台灣，請教廷接受中華民國政府派新使，教廷任命畢理樂代辦兼任駐華大使，因彼已被任命爲駐孟加拉大使，往見教宗私人秘書，國務卿之秘書。

午後，休息，六點，周大使來旅館，閱李總統致教宗書，被以余今天行動電致總統。

八位留羅馬中國神父來見，余告彼等余來代表主教團邀請教宗訪台，請先守秘密。

賈彥文總主教由法國來，施森道蒙席來，長談，共進晚餐。

十二月十四日

八點一刻，施森道蒙席來旅館，余請其明後兩日中午陪宴客，十點，周大使與施參事來，將余之向教宗說牒英文本改正數字，送來五份。

十點半，偕賈總主教赴國務院，十一點一刻，見嘉錫迪Cassidy副國務卿總主教，寒暄畢，余言此次來羅馬有三使命，第一，代表中國主教團邀請教宗訪華，嘉副卿說自己已見到邀請函。余說明彼曾在台北，知道彼被指定離開台北，雖保留駐華大使銜，台灣教友及非教友對教廷之感情不好，目前，台灣之經濟及政治俱有重大改變，並述數點重要之改進，嘉副卿說自己常閱台北英文日報，余乃說大陸教會情形亦大改變，反對愛國教會天主教神父教友演講，且公開聲明脫離愛國教會，嘉副卿說大陸教會甚亂，彼此攻擊，余乃謂可設法予以團結，被等現尋求與台灣教會聯繫，如教宗此次訪問台灣，則可予大陸忠貞教會極大之鼓勵，使其團結，嘉副卿說此點可作考慮教宗訪問台灣之理由。

余謂余來羅馬之第二使命，乃中華政府已改組總統爲台籍人士，部長多孫新人，故願換駐教廷大使，但有所顧慮。嘉副卿說怕教廷不接受新大使。余說是，余詢問羅馬之數位樞機，彼等俱云既有邦交，爲何不接受新大使，嘉副卿說：新使來用何政府名義？余答以中華民國名義，中共是人民共和國，嘉副卿說「此事將與公共事務部同教宗商量，將予總主教本人一答覆」，余說此事係秘密，連部長與余談此事時，摒退一切人。

余謂第三使命更難，畢代辦已被任孟加拉教廷大使，可否依照嘉副卿本人前例，兼任駐中華民國大使？嘉副卿謂此事不好，如要派使，則專派大使駐台北，不用兼使，若第一點即教宗訪華事，若能成，則最佳。

十二點辭出，往看政務副國務卿SOdanO總主教，彼新到任不久，尚未進入中國問題之情況，但Celli蒙席在坐，寒暄畢，余謂此來爲請求教宗訪華，余繼述說台灣經濟政治之改變，大陸教會之改變，海峽兩方面關係之改變，以往是台灣怕大陸中共，現在是中共怕台灣，因爲幾十萬往大陸探親之中華民國人民，已將台灣情形告訴大陸親友，掀起大陸學台灣之風氣，大陸天主教人士亦看台灣之教會，請求幫助，雙方教會將更團結，SOdanO總主教謂情形既改變，教廷應從新情勢考慮問題。余告辭，乃與Celli蒙席繼續談話，余並以新草之幾點建議義大利文本予之。余建議爲大陸教會之紛爭，由台灣主教直接與大陸主教接觸，商量解決之途徑。大陸教會問題，由中國人辦理，不宜再出所謂外國專家左右。

十二月十五日

上午，往San Calito教廷行政大樓。

先見ECnegaray樞機，彼爲余之舊識，彼向賈總主教說，當彼在羅馬求學時，往見吳經熊公使，即與余相識，余將近兩年台灣社會之改革，與大陸關係之改革，及大陸教會之改革，向彼說明，並說明請求教宗訪華事，因以余之備忘錄送之，邀請明年輔大六十週年舉行國際學術會時，來台參加。

繼往訪Poupard樞機，先見其秘書Cahier神父，彼爲舊相識，且得有輔大名譽博士，見Poupard樞機時，述說台灣之改革，彼以某著作見贈，並許明年可來參加輔大之學術會議。

晚，周書楷大使在京華飯店宴CaSSidy副國務卿，暢談舊事。

十二月十六日

晉謁教宗

上午，再將前日經與Celli之說牒重寫，請朱勵德神父以總會之秘書處以打字機抄寫，並複印。

十一點三刻，進教宗室先有Baggi樞機晉見教宗畢，相遇問候，後有Baum樞機見教宗畢，相遇問候。

十二點二十五分入教宗辦公室晉見，教宗走近入門處握手，然面色沈重，無平日之笑容，就座前，余送呈李總統函，教宗閱讀英譯畢。余說：爲整個中華民國即台灣天主教之共同願望，請求教宗在赴韓途中，在台灣停留數小時。

教宗說：時勢尚未成熟。

余答：兩年來，時勢俱變，由台灣往大陸探親之人已近三十萬，將台灣之狀況告訴大陸親人，大陸現有一種台灣熱，一切事俱願學台灣，大陸地下教會人士已漸出頭，公開反對愛國教會，願意多與台灣教會人士多有連繫，教宗到台灣，間接可予彼等安慰和鼓勵。

教宗說：時勢尚不明顯，中共將認爲訪問台灣爲一種敵意之表示。

余答：教宗訪問純爲牧靈性質，以鼓勵教友。

教宗說：中共不會多加分析，彼等祇由政治著想，認爲一種敵意之政治行動，被等曾聲聲說教廷對彼等有敵意，祇承認台灣代表中國，和台灣有外交關係。

余答：教廷大使原留在大陸，別國使館俱撤離中國大陸，教廷大使未撤出，最後，中共驅逐教廷大使出境，教廷大使現在不派大使，是由中共自己所造成。

教宗說：中共不會承認有錯，祇說錯在教廷，不願和教廷談判。

余答：談判決不能有結果。

教宗說：中共口口聲聲，說不許教廷干涉內政，教廷從來未曾干涉一國內政，中共所說干涉內政究竟若何解釋。

余答：中共就不會讓教宗治理教會。

教宗伸開雙手說：就是這樣：但必須求得Modus Vivendi教廷任命主教以前，先詢問中共政府對人選有無意見。

余答：大陸教友之忠貞人士不會接受此種方式；彼等拒絕與愛國教會有關係之主教，除非彼等公開聲明脫離愛國會，最近已有四位主教作此聲明，大陸教友亦反對外面到大陸訪問之人士，訪問愛國教會主教，對所謂神學家與專家所發表意見，甚起反感，頁理電台之最近廣播亦引起抗議。

教宗說：余在研究有何方式，可令汝等取得一些滿足。

余答：訪問台灣，爲全體教友之願望。

教宗說：時勢尚未成熟，時勢一到，余會來台灣訪問。

余說：余等在台灣之主教將設法與大陸主教取得連繫，將派可靠之神父，有計劃地訪問大陸教會，明年輔大六十週年，將召開學術會議，擬請一兩位大陸忠貞主教到台灣參加，余於明年，將被邀請參加大陸儒學會議，余並以寫好之簡單之工作計劃書，呈遞教宗，此時，教宗稍釋嚴肅緊張之表情，余亦稍鬆弛心情。

教宗說：宜多與樞機等多談，可往見董歌樞機和國務卿。

余說：國務卿明天動身往西班牙，無法可見，董歌樞機則已約於明日往見。

教宗說：問題甚複雜嚴肅。

教宗乃起立，教宗私人秘書進入，攝影者亦來，教宗秘書稟告教宗明晨余將與教宗共祭，教宗謂甚好，時間爲晨七點，余答賈總主教亦在，願來共祭，教宗謂好。

余退出時已一點鐘。下午，請Celli蒙席在金龍飯店午餐，施蒙席、朱勵德神父、王克祿蒙席作陪。席間，余簡云教宗謂時勢尚未成熟，但余告Celli蒙席若教宗赴韓而不訪台灣，台灣教友對教宗起反感，在報章上寫文章，余等主教不能負責，余又以換大使請教廷接受，新大使事託彼進言。

周大使以外部來電出示：請求畢代辦升大使將離合，同教廷申請派大使，余告周大使在與Cassidy副卿談話時，已說明，然彼謂甚難。

十二月十七日

晨，六點半，與賈總主教與蔣廷信及張淑芳進教宗室，到教宗私人小室，與教宗共祭。夏威夷之主教及教友數十人亦在，彌撒畢，在大廳等候教宗出見。

教宗入廳，余站在第一位，教宗握手後，輕聲說吃早餐，余又介紹賈總主教與淑芳及廷信，教宗週繞大廳畢，教宗之私人秘書謂余及賈總主教云：請入內，教宗尚有話談，廷信與淑芳則在外等候。

入餐廳，教宗亦進廳，邀余與賈總主教坐其對面，兩秘書坐桌兩端，教宗今晨心情輕鬆，笑容滿面，余亦不談訪華事，祗談大陸教會情形與台灣之接觸，並說明將組成一機構，秘密與大陸主教連繫並計劃工作，談半小時許，早餐畢，教宗離席，兩秘書送余與賈總主教出宮，越南籍之秘書，說明爲余之學生，曾來台觀光，並承余陪遊台北市。

十點，余同賈總主教往宣傳部，余見次長Sanchez總主教，賈總主教見中國司司長Ghidoni蒙席。

十一點余與賈總主教見董歌樞機，余謂昨日教宗囑與董樞機長談，彼聽後甚歡，余乃將台灣及大陸教會之目前狀況詳予講述，雖說明外國所謂中國教會專家所造成之紛亂，彼亦深惡此等專家之狂論，董樞機特囑多寫報告，余又談明年輔大六十週年紀念之擬定節目。

中午，在耶穌會總院，與耶穌會總長午餐，賈總主教及朱勵德神父在座，共四人，余又談邀教宗訪華，教宗不願往，總會長謂有一計劃，請教宗赴長川島拜望聖方濟沙勿略墓，後往台灣，長川島為中國領土，屬中共管轄，中共已修理聖人之墓，如此，則教宗已赴大陸又赴台灣，然問題在大陸愛國會是否派人來島，歡迎教宗。另一點，余告總會長馬尼拉之SUIOjay神父，為愛國會宣傳，危害大陸的忠貞教會甚大。

晚，周大使在京華飯店設宴，邀請Rossi和Baggio兩樞機，及傳信部次長Sanchez總主教，教育部次長（前傳信大學校長，曾得輔大名譽博士），主教會議秘書長Schotte總主教，與Angelini主教，傳信部司長Guidoni等，教育部次長謂為輔大六十週年，可見教育部長Baum樞機，由施森道蒙席於星期一接洽。

宴畢，周大使，劉公使，顧參事又到旅館余房間，為擬電報，報告耶穌會總長所呈之長川島計劃。

十二月十八日

上午，彌撒後，在旅館休息。

中午，在金鼎飯店邀留羅馬之中國神父午餐，賈總主教及淑芳與廷信俱在座，中國神父到十二位。

十二月十九日。

上午，往教廷教育部見部長Baum樞機，談半小時許，陳述說輔大情形外，並談及台灣及大陸現狀，余邀請部長樞機明年來台參加輔大建校六十週年，部長樞機請余明年四月來羅馬參加全球天主教大學校長會議，爲修訂天主教大學新章程。

晚，約朱勵德神父來旅館晚餐，託其接洽Celli蒙席，對邀教宗訪台事及交換大使事，爲余人說話。

十二月二十日

「晨彌撒畢，賈總主教來旅館早點，談彼與宣傳部部長個別談話之內容，彼將於明年二月農曆年後，由教廷公佈辭職，然後回台往住花蓮瑪爾大會院，以後，與余合作對大陸教會接觸事，余謂將與狄總主教商量，由台北總教區爲其建一小屋居住。

十一點半，由周大使，謝參事，蔣廷信先生，送往飛機場，在機場餐廳用午飯。二點，登機，三點，離羅馬。

十二月廿一日

上午，七點半在曼谷換飛機。

下午，兩點半，抵桃園中正機場。

外交部歐洲司邱司長，輔仁大學及天母洪修女等多人，在機場相候。

回到天母，即上床休息，晚飯前，行彌撒。

身體非常累，在飛機上來去兩次，俱用氧氣。

十二月廿二日

整天臥床。（附註：十一月三十一日，進榮民總醫院病房，在院，於正月一日出院回牧盧）

十二月廿三日

上午，臥床。

下午，三點，到外交部與連戰部長談話四十分鐘，余述說與教宗，嘉錫迪副國務卿，董歌樞機，談話經過，教宗之答覆爲：時間未成熟，情況不明朗，但在研究一方式，使中國主教能得一答覆，請與董歌樞機及國務院人多談，故此事未結束。連部長說此事尚剛開始，能有此直接之了解，非常有益。

余謂爲換使事，教廷接受新大使否，副國務卿謂將有一函作答。余謂爲教宗派大使來華，余曾建議由畢齊樂大使兼，嘉副國務卿謂不好，尚謂不必談。

民國七十八年。

正月十六日。

上午，在輔大。

閱讀信件，中有由大陸直接郵寄者之件，有一件由北京孔學籌備處（孔學研究會議）

邀請余於今年十月七日至十日參加在北平舉行之孔學研究會議。

中午，輔大宴畢齊樂代辦餞行，祝賀其升駐孟加拉大使。

午後，四點，到總統府晉見李總統，報告此次赴羅馬晉見教宗及教廷要人之經過，十二月十六日余晉見教宗，呈遞總統之函，說明邀請教宗訪台乃總統以及全國國民之願望，尤其天主教人士懇切希望教宗來華，教宗答已閱余之說明書，但認時間尚未成熟，情況不明，恐中共認爲仇視之舉，余從教會立場，說明訪華之利益，教宗謂中共不會從教會立場評判。

李總統謂此次晉見教宗兩次否，余答係兩次，十六日單獨晉見，十七日早，與教宗共進早餐，談話約一小時。

十九、輔大退休

1. 校長任滿

民國七十九年（一九九〇年）七月二十三日，教廷斐代辦（Bernardini）上午到輔仁大學校長辦公室，出示一信，係傳信部長童歌樞機（Tonko）問我的繼任人是否應是主教，因我任期已滿，在可換校長時，故有此間，對我在校的工作，極表感激。我答在半年前，和三單位代表開會，詢問彼等對這事的意見。彼等仍以主教繼任爲宜，我自己的意見，也是這樣。

十月十二日董事會後，斐代辦繼續來出示教廷教育部通知輔大校長任命事，歸他們管理，不屬傳信部，且怕我不辭職，竟先任命狄剛總主教爲總監督，我很不高興，乃向董事會辭職，又向教廷教育部辭職，並表明辭職即日生效。斐代辦乃來緩頰，說明教廷教育部破例授我以榮退校長銜，意即榮譽校長。董事會也說明贈給我榮譽校長，學校三單位議定聘我終身講座教授。我乃聲明不領退休金，決定於二月二日，舉行交接禮。

在正月學校寒假前最後一次行政會議，我發表告別講話。

十四年來，每一個月的行政會議。我常和諸位見面商議學校的行政工作，共同決定應該做的事。今天我特別謝謝大家約合作，謝謝大家負責的精神。

十四年來，我和大家在一起，首先所做的事，是學校的公共設施，輔大由三單位創立，分部負責，但是公共的建設，須由校長計畫設法完成。我到輔大時，三單位所有院系樓房都已建立，但沒有一間公共辦公室。爲減少接洽事務奔走所耗費的時間，爲集中大家的意志，十四年來。陸續完成宗教輔導中心、行政大樓、學生活動中心、新運動場，雖然不能完全應付年年增加的需要，但已經可以使大家安心工作，建立學校一統的意識。

輔仁大學按照教宗若望廿三世和宣道部長雅靜安樞機的意願，由中國主教、聖言會、耶穌會、三單位創立，但不屬於一個修會，也不屬於一個教區，而是全中國天主教會的一所大學，是全中國天主教會的事業，在社會上代表中國天主教會，所以應該是一座上流的完全綜合大學。于斌樞機在創校時，希望設立十個學院。我接掌輔大時，學院共有四個，後來增加了外語學院、藝術學院、醫學院，還有三個學院已籌備，即民生應用科學院、大眾傳播學院、和宗教學院，或哲學院，若能早日成立，便可以合成十個學院。學院的數目只代表量的發展，輔仁大學在質的方面，以人文科學的發展爲目標，人文科學的發展目標又以哲學爲重點。輔大以哲學研究所起家，十年前爲全國唯一的哲學博士班。現在我們有中西哲學分班的哲學系，有具國際聲望的「哲學與文化」月刊，有通識課目的哲學概論，有士林哲學研究中心。老輔仁大學在北京創校時，教宗庇護十一世，新輔仁在台北創校，教宗保祿六世和若望保祿二世，都給我們大學一種使命；融會中西文化思想，使基督福音進入中國文化。我盡力向教育部爭取了宗教研究所和宗教學系，今年又再申請比較文化學系。在學校內設立了中西文化研究中心。中國天主教資料中心、中國天主教文物館，自己本人努力研究中國哲學，寫作中國哲學書籍，創生命哲學論。全部都爲肩負教宗給我們學校的使命。

輔仁大學是一座天主教大學，還有天主教大學本身的使命，就是實踐天主教的教育宗旨。天主教的教育是全人的教育，是人格的教育。中華民國當今的教育，因著聯招的升學壓力，忽略了生活教育。我們天主教的學校便更要注意人格教育。十四年來，我在學校管得最多。擔心最重的是訓導工作，爲學術教育，學校訂有發展計畫，三個單位負責進行，由教務處監督，關於訓導工作，全校有「人生哲學」必修課，全校實行導師制度，夜間部也有專任導師。全校有輔導委員會，每學期訂立輔導工作計畫。我標舉「愛心教育」，不僅學校負責教育的人，以愛心和耐心接待學生，更爲教導學生，培養愛心。愛家庭、愛學校、愛國家。學校有教孝月、有禮貌週、有國事演講。學生社團的各種活動和發生的事作，都由訓導長同我商量處理，留給學生很大的活動空間，培植學生民主自立的能力。

十四年來，在輔大的特有制度下，我工作努力，心情愉快。三單位的人士，都是獻身於基督的聖職員，懷著基督的愛心，其他工作人員都也有中國傳統敬重老人的心情，大家同我合作，不怕我的急燥脾氣。十四年來，學校能夠好，能夠發展，乃是大家的辛勞。我最誠懇地向大家致謝。我最喜歡教會的一首歌，這首歌表達我日常的感受，歌詞說，「那裡有仁愛，那裡有眞情，就有天主同在。」

我祝賀大家新年快樂，祝賀大家和新校長愉快地合作。

2.交接典禮

教廷教育部長拉基樞機在輔大主持校長交接禮後，回到羅馬住所，給我來封信，很興奮地說交接典禮很有意義，每部份禮儀都很美。

那次交接典禮包括三部份禮儀，交接典禮祇是一部份，由拉基樞機主持：其他兩部分，祝聖蠟燭和彌撒聖祭，由我主持。典禮開始是祝聖蠟燭禮，天主教教堂行禮常點蠟燭。每年二月二日舉行祝聖蠟燭禮，因爲這一天爲基督獻堂節，當基督誕生四十天後，按照猶太教規由父母抱著到耶路撒冷聖殿，奉獻於天父。當時有一位年已八十多歲的老翁接抱耶穌，高聲讚美天父，使他看見了以色列人的光明，他可以安然走了。天主教會在這一天祝聖蠟燭，蠟燭象徵耶穌，在教堂向人們發光。交接典禮日，先行祝聖蠟燭禮，象徵校長在學校有如蠟燭，發光生熱。

隨後，開始彌撒聖祭，彌撒爲祭祀，交接典禮日行祭祀，同天父作奉獻，前校長叩謝天父歷年所賜援助，新校長祈求天父賜福。校長職位乃是天父給予的使命，任期結束時，把職位還與天父。任期開始時，從天父手中接受。

在彌撒當中行交接禮，宣讀任命狀新校長宣誓，新舊校長交接印信，交接蠟燭，印信代表權位，蠟燭代表光明。

在彌撒中，我指定唱三曲聖歌：「主，求妳按妳意旨，讓好的僕人，安然離開。他已見到妳的光明」，「那裡有仁愛，那裡有眞情，就有天主同在。」「我的靈魂稱揚上主，我的心神悅樂於救主。」

拉基樞機稱讚這三部禮儀都很美，很有意義。三部禮儀表露天主教教育的意義。

教育爲一項神聖事業，將青年的心靈，鑄成一種模型，將青年的生活，引向一條路途。中國古代非常重視教育，以「大學之道，在明明德，在親民，在止於至善」，天主教看教育爲創造人格的神聖工作。我因此選擇了二月二日舉行交接，也訂交接的儀禮。或者有人認爲這種交接禮近於浪漫，過於神秘，實際上則落實在教育的意義上。

在十四年前，我接受輔大校長職時，交接典禮非常簡單，在一廳中，有五十餘人參禮，交接印信，舊新校長致詞，監交人並未多說話。我致詞時說以主教身份來任校長，是以牧者心情來就職，將盡心照顧學生如同基督所說善牧照顧羊群。這些年來，學生已經不接受照顧羊群者的關心，他們自己獨立，不用校長照顧。但是近年來各級學校所發生校園事件，近日報載大學生挖墓盜骨，對於學生的照顧，還更須加強愛心耐心。同時看著報載法院偵察多數校長貪污案，又須提高辦教育者的使命感。當然，不信基督的校長，不會舉行宗教式交接禮；不過，總要如同孟子所說：「得天下英才而教之」爲人生樂事，知能體驗這項人生的快樂，又該如同孟子所說「上不愧於天，下不怍於人。」辦教育不能祇求對得起自己，要對得起上天，要對得起學生和家長，拿國家的錢辦教育，也要對得起國家。

3. 教育使命

民國八十一年（一九九二年）三月廿七日，教育部次長趙金祁博士同高教司司長劉司長來輔仁大學，頒贈教育部所贈銀盾，表彰對教育的貢獻。我答謝教育部的好心，我祇做了我該做的，做的還不夠。

斐代辦後不久升任教廷駐孟加拉大使，離台北任命時，以私人名義致我一函，表明自內心很佩服我一生的工作，在每一任所，都留下了工作的紀念物，在輔大留有榮譽校長銜，實在是名實相符。

二月廿三日中央日報社論：『一個中國人文社會的建立就從中國人的大學開始』文中說：『輔仁大學前任校長羅光先生就是努力在校園中營造中國人文精神的一個代表，羅光校長的作法有許多值得教育界參考的地方。』

各報特別用多篇幅，刊登我退休的消息，似乎是一種可以引起作用的消息，即別校的年老校長也可以退休了。不管別人怎樣看待，我自己感到心身安寧，晚間睡眠也更穩。不是無官肩頭輕，仍是校長乃天主給的教育使命，使命須用心用力滿全。辭退使命，身心安寧。

晚年

一、久病

一九九六年正月廿五日，因左腳很腫，榮民總醫院葉和蕭兩女醫師催往榮總檢查心臟血管，乃進榮民總醫院，住思源樓九樓七病房，次日上午作了五種檢查，下午又作兩種，左脚腫已退，但蕭醫師堅持多住幾天，二月二日出醫院，回牧廬，二月二十三日因左脚又腫，乃往榮總，住中正樓第十一層１１３９號病房，三月六日回牧廬，腳腫未退，榮總營養系主任和副主任乃說係風氣腫，許多食品均不能吃，因此，牧廬每天都是淡水著蔬菜，加幾片肉，我食不果腹，身體虛弱，三月十七日發高燒，心洮頭昏迷，洪法蒂馬修女又在景美會院行月退省，但牧廬女助手錢玉珍找榮總蕭信雲醫師，送往急診室，住入中正樓第十三樓二等病房，因一時沒有單身房，住二等兩人房，衹我一人，次日，換入中正樓第十一層二四單人病房，三月十九日轉往思源樓十一樓

1824房，四月初病勢轉壞，起初吃飯均沒氣力，呼吸也難，四月十九日中午，無力呼吸，洪法蒂馬修女急召主治醫師王家弘主任急救，我已昏迷遂送入加護病房，晚間，我清醒了，回想中午的印象祗記得人多，自己被推動，狄總主教和賈總主教似乎都來了，還有許多人，我乃問護士小姐，我現在在甚麼地方，她答說在加護病房。我呼吸已假藉呼吸器身體不覺痛，祗是全身都不能動，手足都癱瘓祗有頭腦活動，然不是中病，不是沒有減覺，還能說話，數日後爲方便抽痰，在頸上正中開一洞，乃不能講話，五月十七日下午，從加護病房轉入思源樓第十一樓1187病房，病勢逐漸好轉，從五月十九日請郭潔麟神父來病房行彌撒聖祭，我自己共祭，到我能說話時，則由我自己單獨行祭，洪修女參於彌撒，八月七日林榮助中醫師，來病院替我診病開樂，九月四日再來診病。

一九九七年元旦，在榮總過生日，上午九點彌撒，聖家曾修女和友人及門生多人，參與彌撒，元月十三日王家弘主任，在頸上洞口加蓋，我乃能講話聲音很小，二月二十日出榮民總醫院，回天母牧廬，似乎是遠行回家。

一九九八年正月十二日因感冒，再入榮民總醫院，二月九日回牧廬。

一九九八年十二月卅一日，因感冒入榮總，住思源樓11817房間，一九九九年元旦，上午十一在病房行祭，葉勝男總主教主祭、周景勳神父、郭潔麟神父、和我共祭，修女多位參於彌撒，二月九日出院回牧廬。

一九九八年和一九九九年，兩次暫時住醫院，回到牧廬都能按時起臥，每天早晨行彌撒聖祭，祈禱讀經，日間閱讀報寫稿絕不出門，以牧廬爲隱院，靜心對越天主，行動雖難然有洪修女，牧廬人員等人照料，生活安適，一九九八年十二月，坐救護車往高雄參預葉勝男大使受祝聖主教禮，因葉大使常記念老主教，每年元旦，我的生日常從所駐所駐所之地，趕來天母，與我共同舉行感恩彌撒，在台北市，則祇參加劉丹桂主教祝聖禮和大禧年聖門開啓禮，台灣近幾年，教會大典雖多，我祇在祈禱中和大家相連，基督之愛，使我和大家團結不分。

二、晚年工作

1. 普世博愛會

一九七九年二月八日，我第一次參加普世博愛運動Focolariri的主教避靜，地點在羅瑪附近的教宗堡壘小鎭（Rocca di Papa）參加的主教八十餘人，爲期一週、普愛會創立人盧嘉肋女士（Chiara Lub'ich）來作演講，另有演講主教位，一週後避靜完結，全體晉見教宗作一長篇演講。那時羅瑪的天氣寒冷下雨，早晨時間，用餐畢我常獨自一人在園中散步，空氣新鮮、週圍靜寂心中暖和。

避靜的意義，是贊成普愛運動的主教，大家從各洲來羅瑪共聚一堂培養彼此合作的精神打破各自爲政的傳統，普世博愛會的宗旨即是宣傳一心合作，社會各階級的人合作，教會各級的人合作，饗應教會交談的政策，在全球組織青年維護家庭這種運動深得教宗保祿二世的重視。我有五次參加主教避靜，後因病不能去。負責人常以集會資料函寄與我，一九九七年，盧嘉肋女士來台領取榮譽神學博士，於正月廿七日午後，來榮總探望我的病情，一九九八年避靜週負責主教捷克首都總主教魏富樞機來台北和亞洲主教聚會時，也親自來牧廬看問我這老人。

2.普世主教團代表會議

梵蒂岡第二次大公會議，曾建議建立普世主教代表會議（Synodu），教宗保祿六世便創設了這種常識，每兩年或三年行一次常會，有特別事故時，可以召開特別會議，我參加了兩次會議，一次爲常會，一次爲紀念梵蒂岡第二屆大公會議二十週年特別會議。我在羅瑪曾用拉丁文授課，習慣講拉丁文，故主教代表會議中，多次發言，主教代表會議，教宗常親自來主持，教宗缺席時，由救宗任命三位主席樞機輪流主持。

會議秘書長常坐在主席左側，爲會議主要人物，另有一位任報告之樞機，提出會議討論的題目和資料，爲會議的關鍵人物。會議全體大會以外，有各種小組會議，議結束時，向教宗呈上建議書，教宗在一年內公佈一道長篇勸諭，綜合會議議案作成一冊有系統的學術性文件。一九九六年普世主教團代表會議機關秘書長史高德樞機主教（Card Schotte）來訪問台灣時，到榮總醫院問候臥病我這老人。

既退休又久病，不能有社會行動也不能參加教會的動作，我乃繼一生寫作的習慣，然不能作有系統學術工作，則就簡而短的學術性著述用力。雖病教書照常繼續。爲減少自己翻看書籍以作教課準備，乃寫幾本教課的書，由輔仁大學出版社出版了《簡說佛教哲學》《形上生命哲學綱要》由學生書局出版了《生命哲學的美學》在另一方面，每期在〈教友生活〉週刊寫一篇靈修文章，收集起來，由保祿孝女會書局，出版《淺談聖保祿神學》，由台南聞道社出的有「我們的司鐸生活」病榻隨筆談靈修，還有《中西天人合一論》《增訂生活自述》《形上生命哲學》這三冊預備出版的書，是經過焦費心力的著述。

4. 羅光全書

民國八十五年八月十五日輔仁大學出版社在榮民總醫院一大廳舉行了「羅光全

書」發表會，由楊敦和校長主持，狄剛總主教向大家介紹全書。全書共四十二冊，都爲精裝本。我自己臥病榮總醫院，沒有參加發表會，會後他們把全套四十二冊書帶來病房，讓我親見看一看，我祇有感謝天主，感謝編輯會各位委員。

當我認爲自己活到不能再有著作的時候，我想收集以往所寫，作一總結，印刷全書，爲能編印，賴幾位受業弟子，組織編委會由輔大出版社主任林立樹主持，工作一年，全書出版。絕決不敢安想爲爲學術界重要作品，祇望可以激發教會學人，努力使天主教教義，進入中國思想成爲中華文化的活源。

《羅光全書》總目錄

哲學類

冊一：生命哲學初版、生命哲學修訂版；

冊二：人生哲學訂定版、人生哲學續編、人生哲學再續編

冊三：人生哲學訂定版、人生哲學修定版

冊四：儒家生命哲學、儒家形上學

冊五：中國哲學大綱

冊六：先秦篇──中國哲學思想史、

冊七：兩漢南北朝篇—中國哲學思想史
冊八：魏晉隋唐佛篇（上）—中國哲學思想史
冊九：魏晉隋唐佛篇（下）—中國哲學思想史
冊十：宋代（上）—中國哲學思想史
冊十一：宋代（下）—中國哲學思想史
冊十二：元明篇—中國哲學思想史
冊十三：清代篇—中國哲學思想史
冊十四：民國篇—中國哲學思想史
冊十五：中國哲學的精神、中國哲學的認識論
冊十六：中國哲學的展望
冊十七：儒家哲學的體系、儒家哲學的體系讀編
冊十八：不船山形上學思想、歷史哲學
冊十九：中西宗教哲學比較研究、中外歷史哲學比較研究、中西法律哲學之比較研究
冊廿十：士林哲學—理論篇
冊廿一：士林哲學—實踐篇
冊廿二：哲學概論、哲與生活

宗教類

冊廿三：基督傳、聖母傳、天主教教義、天主的使者

冊廿四：我們的天父、耶穌基督是誰、我們的聖母、我們的彌撒

冊廿五：生活的修養與境界、生活的體味、宗與生活

冊廿六：福音生活、宗徒訓示

文藝類

冊廿七：教廷與中國使節史、陸徵祥傳

冊廿八：利瑪竇傳、徐光啓傳、聖庇護第十傳

冊廿九：羅瑪晨鐘灱、羅瑪晨鐘物、海濱夕唱、牧廬晚吟

冊卅十：牧廬文集灱

冊卅一、牧廬文集物

冊卅二：牧廬文集犴

冊卅三：牧廬文集犵

冊卅四：牧廬文集玎

冊卅五：牧廬文集甪

冊卅六：牧廬文集乩

冊卅七：牧廬文集穵

冊卅八：年　譜（附：零縑畫作選輯）

外文類

冊卅九：DE JURE PEREGRINO MISSIONARIO IN SINIS在中國外籍教士的民法法規、DE POTESTATE PATRIA IN JURE CANONICO ET IN，JURE SINICO COMPARATIVE父權在中國民法和教會法典的比較研究

冊四十：LA SAPIENZA DEI CINESI（IL CONFUCIANESIMO）儒家思想概要、UNA CONCEZIONE FILOSOFICA CINESE（IL TAOISMO）道家思想概要、LA STORIA DELLE RELIGIONI IN CINA中國宗教簡史

冊四一：METAPHYSICAL PHILOSOPHY OF LIFE生命哲學

冊四二：ESSAYS ON CHINESE PHILOSOPHY羅光哲學論文集

附：全書出版後我在病院和牧廬靜養中，我出刊《淺談保祿神學》、《我們司鐸的生活》、《生命哲學綱要》、《生命哲學的美學》、《生活自述》（初版、修訂版）、《病榻隨筆談靈修》、《簡說佛教哲學》、《生活自述增訂本》。

5. 隱修院

聖母聖衣修女隱修院，在台北縣深坑成立了以後，我幾次寫信給院長聖三保拉姆姆，告訴她，在牧廬我現在仿傚她們成立我的隱修院，我生活的範圍在牧廬的二樓，我足不出戶，平日所做事是祈禱和工作。早晨有彌撒聖祭，日課經，默想。傍晚，守

聖體一小時，晚晌在牀上臨睡以前，有十五串玫瑰經和晚課，工作則上午閱報，下午與晚間閱書寫稿，沒有重要的事，沒有煩人的計劃。依照聖德蘭的小路，安心尊從天父的安排，以愛心做日常的小事。

牧廬成爲隱修院，在院中我可以忘懷人世事，不爲人世事所擾，祗在祈禱中，求天主降福支援聖教會和國家的事，心平如水，融於聖母的愛中，由聖母牽着往穌聖心升向天父，不悲現而樂規，不冷落而熱情，不有爲而無不爲，不在地而在天上，不求立功立業，而求善終於主。

三、病苦的體驗

來探望病情的友人又有人問：長久臥病有什麼深深的體驗？

我臥病已兩年多，民國八十五年正月入榮民總醫院，轉入加護病房住四十天，民國八十六年二月二十一日回自己寓所「牧廬」，民國八十七年正月又入榮總，二月九日回牧廬以迄今。在牧廬說是靜養，實則是繼續用藥治病。

長久臥病的體驗，有兩項深深的體驗，一項是深深體驗自己的渺小，一項是深深體驗自己的無能。

我進了加護病房，全身都癱瘓，不能動身（並沒有中風），連手指也不能彎屈，只有頭腦清楚。我不能下床，只平靜躺在床上。仔細一想，我所有就祗有一張床。不用說，比起天主來，祂是幾百億光年縱橫偉大宇宙的主宰，我連海灘的一粒沙都比不上。再次說比起教宗來。他是世界上基督神國的領袖，我是一位退休的老主教，一點聲息都沒有。就是比起一位教區主教或本堂神父來，他們有工作的園地；比起醫院服務清潔的女工．她們也有走動的天地；我所有的祗有這一張床，床以外的地方和東西，手足都不能到，深深體驗到自己的渺小！

回到普通病房，手腳漸漸靈活了，由人扶著可以下床在房中走幾步，我的世界由一張床擴到了一間房子。有人說出去曬曬太陽，呼吸新鮮空氣；可惜，還是做不到。回了牧廬，在牧廬第二樓，有我的聖堂、書房、起居室、寢室，我常在寢室裡。早晚坐輪椅到聖堂行彌撒、守聖時。晚間，由人扶著到書房走一圈，兩星期在起居室授課四小時，這樣我的天地是牧廬的第二樓；祗有往看醫師。出去了幾次。因爲出門須帶氧氣筒，又要坐輪椅。

回想昔日我的工作天地是全世界，參加大公會議和教廷兩委員會，參加亞洲主教團協會，參加台灣大陸橋樑教會，參加台灣主教團。在台灣各種社會文化組織，我參加了三十四個組織，開會時坐轎車去；轎車不能到，坐火車；火車不能到，坐飛機。

在羅馬住了三十一年，便常以羅馬爲家。現在看自己在牧廬二樓，眞是渺小到沒有形質。不僅渺小得很，而且很無能。

住加護病房時。一點不能動，在床上轉側。都要靠護士小姐，呼吸靠機器，飲食靠管子灌，轉到普通病房，手足靈活了。但是日常生活都靠看護幫忙；洗臉、刮鬍子、穿衣換衣蓋被、吃飯、大小便、擦身體，都需要看護。回到牧廬。學走路，法蒂修女、黃太太阿珍和菲律賓小姐鼓掌歡呼：「主教可以走路了！」

以前，人家都說：羅主教氣概大、膽大，有遠見，敢作敢爲，而且性急，吩咐一事，就要見實現，現在跟小孩一樣，學說話，學走路、學穿衣，人家笑，不是譏笑，是鼓勵，說是返老還童。實際上這是如同佛教所說：假我剋除，眞我顯現。以往的我，是假我，是種假相；現在的我，是眞我，是我的眞相。假我是社會環境造成的，掩蓋了眞我；大病使我和社會環境相隔離，假相被摧毀了，眞我現出。我在基督內接受我的眞相，我受天主所造，一切來自天主。有假相時，看不清天主造我的相，假相破除了，天主造我的眞相，是一無所有，一無所能，渺小無能的老病夫。但是，在領洗時，接受了基督的生命，和基督成一體，在病中，消除了假相，加強以基督的天主性生命爲我的生命，以基督的神能爲我的能力，以基督的神世界爲我的世界，飛騰天上，超越生死，無限無窮。眞同聖保祿所說：我無能時，我是大能。

四、病中的痛苦

來探望的朋友，有人問我抱病的經驗。他們知道抱病就是痛苦，但是病人所抱的病不同，所有的痛苦也就多少有不同。我說：我所患的痛是氣喘病，難處是肺部的痰很多，呼吸困難。醫院用機器幫助呼吸，用機器抽痰；只在抽痰時喉管感到很不舒服，其他沒有什麼苦痛。

在醫院我最感心情痛苦的，是在加護病房的孤苦。我進加護病房時，神志不清晰，只見許多人往來，只覺得自己被推動。到了傍晚我清醒過來。看到自己不在原先的病房，房中只有我一個人。有一位護士小姐來觀看我的狀況，我便問她：「我在那裡？」她答說：在呼吸科的加護病房。但是我並不覺得事態嚴重，只是覺到全身都癱瘓了，手足都不能動，身體也不能轉側，所能動的，就只有腦筋和口，後不久，爲了抽痰。喉嚨上打了一個洞，說話沒有聲音，口也不能動了。

探望病人的時間，一天只有三個鐘頭：上午十點到十一點，下午三點到四點，晚上八點到九點，每次進來兩位，每次五分鐘。照顧我的法蒂修女每個鐘頭都到，不論雨天或晴天，每天三次，每次進來坐一點鐘。有時，服務家中的雇工黃太太同修女一起來；別的朋友那時來探病者頗多，但是探望的時間一週，我便是一個人孤伶伶地躺在床上。加護病房病人大約多，護士則少，有時我因事按鈴，護士並不見來。晚上我常失眠不能入睡。護士每隔兩三個鐘頭，三個一起來。向我說：「主教，翻翻身！」。三個人幫著我轉側，換向另一邊睡，免得背和股因著久臥生瘡。

整夜的時間，我對著房間的天花板，不能唸玫瑰經，不能看報，不能閱書，這是抱病期間最苦悶的日子。幸而，我有信仰，我信天主與聖母與我同在，我信護守天使常在我身邊，我唸熱心短誦，我背唱拉丁文聖歌，一切都不出聲，但佔住了我的思想和心靈；在白天，我還背唐詩和宋詞；本來孤苦伶丁的時間，卻平平安安度過了。在醫院病房，我還安放了耶穌聖心，聖母聖心，聖惠蘭和護守天使的聖像，便可以來回對每幅聖像祈禱，我又有同護守天使聊天的習慣，有時便和他談談。

出了加護病房，躺在普通病房裡，白天黑夜都有看護我的人陪伴；且常有來探望病情的來客，便沒有孤單的感覺。

我因此想：幫助老年病人最好的事，就是幫助他們或她們有信德。信德使老年病人的心靈可以有安慰，可以有滿足。

五、九十壽慶

民國八十九年四月廿四日，台灣地區主教團和輔仁大學給我舉行九十壽慶，頒贈榮譽文學博士，當天在淨心堂，舉行感恩聖祭，祭畢頒贈榮譽博士禮畢，聚餐慶祝頒贈榮譽學位時，我作了長篇答辭，答辭抄錄於后：

董事長單樞機，總監督狄總主教、李校長、易代辦、各位主教、各位朋友：

承蒙大家同我一起感謝天父賞賜九十年歲，我衷心感激。九十歲月，都是天父仁慈的恩惠，我決定將我的墓誌銘：「我將永遠長歌兮，歌頌主仁慈」。就是聖詠上所說：「我永遠歌頌主的仁慈，」（Misericoroliam Domiori in Aeternum Cantabo）。在感恩集會中，輔大又頒贈榮譽博士．述說我的以往事跡。我在現在死亡的邊緣，每天預備善終．也回想我的以往，我向天主說：「我是無用的僕人，我不過做了我應該做的事。」（路：十七・十）做的又不好：還有許多應做的事沒有做。我跟聖經上所說的稅吏，向天主說：「天主，求你可憐我這個罪人罷！」（路：十三・13）

我一生研究中國哲學，注意中國哲學中有一點似乎和天主教信仰有衝突．就是原罪和救贖。中國哲學主張人性善，人有能力發揮人性，且有創造力，建造人生的文化，可以和天同德。原罪和救贖，被看爲侮辱人性，摧殘人的建設志氣，貶抑人的人格。

1.中華民族傳統的人格尊嚴

方東美說：「傳統的中國思想，不受原罪的干擾，而且相信憑著純潔、莊嚴的本性，可以得到精神的昇華：中國人的思想在這方面是獨一無二的。」（方東美先生之德，頁二七九）。他本人則相信，神以無限創造力，貫注入整個宇宙以內，使萬有，特別是人，從物質界，上昇到神聖界。孟子曾說：「君子有三樂：上不愧於天，下不作於人，一樂也。」（盡心下）。

我們現在看一看中國哲學，易經講乾坤都稱爲元，乾元爲萬物之始，坤元爲萬物之生。天地爲乾坤。乾坤爲陰陽。陰陽爲氣。陰陽兩氣，由天地出發，進退變化，變化生五行，金木水火土。五行相聚而生人物，人物得天地之氣以爲體，得天地之理以爲性。天地人物同一理，理爲生命之理；天地人物同一氣，氣有清濁。人的氣清，得理之全，人的生命最高，人心乃靈，物的氣濁得理之偏，生命有程度的高低。天地以生物爲心。人得天地之心以爲心，人心乃仁。仁爲生命，在天爲生，化生萬物，在人爲仁，泛愛萬物。

人性爲天地之理，稱爲明德（大學）。人爲生活要按人性，即是中庸的誠。中庸說：「唯天下至誠，爲能盡其性，能盡其性，則盡人之性，能盡人之性，則可以盡物之性；能盡物之性，則可以贊天地之化育．贊天地之化育，則可以與天地參矣」（第二十二章）至誠爲完全發揚人性的人。完全揚人性，也可以投揚萬物的性，因此便可以參預天地化育萬物的功程，儒家生活的最高目標，就在於這種境況，這種境況及是聖人的境況。「大哉聖人之道，洋洋乎發育萬物，峻極於天」（中庸第二十七章）聖人爲至誠之人，中庸說：「誠者，天之道也，誠之者，人之道也。誠者，不知而中，不思而得，從容中道，聖人也。誠之者．擇善而固執之者也。」（第二十章）聖人沒有私慾，行動自然合人性．所以簡單地說就是「誠」。普通人則有私慾，私慾掩蔽人性，人要努力克慾，擇善固執，所以說是「誠之」，誠於人性。大學說：「大學之道，在明明德」，明德是人性，人性常被私慾所掩蔽，人應該克除私慾，使人性光明。

沒有天生的聖人，聖人都是勉力修身而成。孔子說：「吾十五而好學，三十而立，四十而不惑，五十而知天命，六十而耳順，七十而從天所欲，不逾矩」（爲政）孔子努力修身到七十歲方可以說是「誠」了。聖人由修身而成，自己用自己的心力，凡是人都可以勉力成聖人。荀子和朱子都說求學的首要目的在成聖。（荀子，勸學篇、朱子上封事第一）。

人不率性，人就作惡，惡是過失。過，是過了規矩；失，是欠了規矩，不合於中。中庸說：「喜怒哀樂之未發，謂之中，發而皆中節，謂之和。」（第一章）中節即是符合人性的規矩。過失，有所偏。偏了就要繳正，即是改過。孔子在論話裡，多次說到「過」「子曰，過而不改，是謂過矣。」（衛靈公）「子曰：已矣哉！吾未見能見其過而自訟者」（公冶民）。過失不是罪，罪是犯法。人性的規矩，不是法律。

2.天主教信仰的超性提舉

從這兩點：「慾情和過失」，可以進到我們天主教的信仰了。慾情本身不是惡，爲什麼情慾掩蔽人性而生惡？惡的原因，爲一切哲學所不能解決的問題。過失爲違背倫理規律，倫理規律在人性，倫理規律由何而來？我們的信仰答覆了這個問題。人性的倫理規律即自然律，中庸曾說：「天命之謂性」，天命是上天之命，理學家卻解說爲「天生」，然而天生也要有根由，所以人性倫理規律由天主所定，違反性律是違背天主的法律，是得罪天主。過失便是罪。人性既然是善，情慾本身也是善，爲什麼人違反性律作惡犯罪呢？我們的信仰說明了原因。原因是「原罪」，天主造了亞當厄娃，賜給他們特別恩惠．不必勞力，沒有痛苦，且不死亡。這些恩惠都要留給他們的後代子孫。天主決定要考驗他們．他們是否忠於服從。便給他們規定了一件事，不許做。聖經說是不許吃生命樹上的果子。厄娃看見果子很美麗，魔鬼向她說：不單好看，還好吃。厄娃就吃了，又給亞當，亞當也吃了。他們沒有經過了考驗。天主罰了他們，拿去了特別的恩惠，而且人成了不服從天主同天主對立的人。亞當厄娃在吃果子時，是私慾（厄娃貪吃，亞當愛妻子）掩蓋了理性。這種私慾掩蓋理性的情況，留傳給後代的子孫，帶來原罪的流毒。就是惡的根由。

孔子說：「獲罪於天，無可禱也。」（八佾）原祖犯了罪，自己無法向天主贖罪，後代子孫縱慾犯罪，也不能向天主贖罪，但是天主造人的本意，是要使人享福。因此在原祖迫命受罰時，天主決定派遣聖子．降生成人，替人類贖罪。

耶穌救贖的工程和中國哲學的自成聖，不相衝突，而是在兩個不同的層面，互相完成。中國哲學在人的本性層面講話，在人性一層面，天主教教義和中國哲學的思想相同。「天命之謂性，率性之謂道，修道之謂教」（中庸第一章）「君子自強不息」（易經，乾卦文言）

天主教信仰教訓信徒，人性爲天主所立，當然完善自足，人有力行善，事事遵照良知而行。但是人卻因慾情，想做善而做惡，想成君子反成了小人。人切望追求長生，儒家年年祭祖，則祇是「祭神如神在」（八佾）

天主教信仰在超於本性層面，告訴我們，人有永生，死不是滅亡，乃是脫離現世，回歸生命本原的天主。人的靈魂爲精神體，不隨身體而滅。人的永生，是人的生命的目的，是人的「至善」。然因原罪成了人不能和天主相結合，無法達到目的。天主憐憫人的遭遇，派遣聖子降生成人，完成救世工程。

救世工程使人同天主和好，而且提攝人的生命昇到超越人性的神性界，人的生命，和耶穌結成一體成了天主的義子女。救世工程，舉行超性善的能力，以懺悔聖事，赦免人罪；以聖體聖事，養育超性的神性生命，以欣賞天主的絕對完全的眞美善，爲永生幸福。救贖既沒有貶抑人性，且提高了人性。沒有否定人本性行善的能力，且給與人超性的功能。耶穌說：「沒有我．你們什麼也不能做」是說在超性界，人本來沒有任何能力，超性能都來自天主賦與。聖保祿常對信徒說：「你們受洗以前，都是邪惡的人」，意思是說在受洗以前。人都有原罪的流毒，都是因慾情而作惡。若說受了洗的人仍然作惡，那是因爲洗禮赦了罪，沒有消滅慾情，沒有消滅人的自由，祇給與受洗者克制情慾的能力。救世工程和中國儒家的思想沒有衝突，且使人的本性，不受損害而得有完滿，不受貶抑，而有提高。

3.中華神學的基本觀念

從中國儒家哲學研究，我也發現儒家哲學可以提供建立中國神學的基本觀念。天主教會的神學是以士林哲學作基礎。士林哲學的最本哲念是「有」，(Enrs)「有」

是一個最基本的概念，一切都是有，稱爲宇宙萬有。士林哲學追隨亞里斯多德研究「有」：有的種類，有的成素，有的原因，梅瑟曾問天主的名字，天主說「我是有」。有，有絕對的有，相對的有。精神的有，物質的有。宇宙的萬有。都由元形元質以成有的性，性和「在」相結合而成具體的有。具體的有，有自立體和附加體。宇宙的萬有都變動，變動的動因．最後發自絕對的有，絕對的有爲天主，爲自有，相對之有，爲受造物。士林哲學把「有」「在」「自立體」「附加體」「主體」「人稱」這些觀念作爲神學的基本觀念。研究天主聖三，基督降生，聖事等問題，結成有系統的學術，成立了天主教的神學。

中國哲學儒家，由易經開始，研究生命，生命即是具體的有，即是「在」（Exislentia）。西洋的存在論（Existentialismus）就是講「在」。宇宙乃一大具體的有，宇宙常變易，變易由陰陽兩元素而成。宇宙常變易，由陰陽化生萬物，所以「生之謂易」（周易繫辭上第四章）陰陽在宇宙內常變，在物體內也常變，就是「生命」。一切萬物都有內在之變，都有生命。具體之有都是變動，不變動，就不存在。就如人若不活，就不存在。

用生命作神學的基本觀念，可以和士林哲學相連，結成中國的神學。天主是生命，生命發展要流傳，天父生命流傳乃有聖子，聖父聖子的生命再流傳乃有聖神。三位一體的存在，就是生命週流。生命流傳是愛，所以天主是愛。天主聖三的生命再向外流傳，用創造力，造了天使，造了宇宙萬物，造了人。天使、人、萬物都分有天主的生命力，都是生活。基督降生，乃是神性生命的流傳，人分有基督的生命，和基督結成一體。

由此可見，中國哲學的「生命」觀念，可以作神學的基本觀念。中國儒家是生命的哲學，以生命爲基礎，人的生活就是生命的發展。例如儒家的孝道以生命爲根基，子女的生命來自父母，子女一生要孝愛父母，一生的行動都是孝。基督孝愛天父，也是以生命爲根基。基督一生孝愛天父，一生的言行，都爲愛天父，天主在抽象觀念是有，在具體的在，是生命。我記得曾經在神學院的神學論集，看到張春申神父說，以後要研究方東美的哲學，就方東美的生命發展圖去講神學。方東美的生命哲學還是生命發展的程序。我講生命哲學。則從生命的形上本體，從形上學去講，但我還沒有發揮「生命」觀念在各方面的內涵。希望將來有人採用士林哲學的方式把「有」和「在」的觀念，一同中國的「生命」觀念，深入研究。輔大哲學系成立士林哲學研究中心，將來可以成爲這種研究中心，和神學院合作構成中國神學。這是我這個老人用最後一次的公開演講向大家表達希望。

感謝大家！感謝天主！

國家圖書館出版品預行編目資料

生活自述

羅光著. – 初版. – 臺北市：臺灣學生，2000[民 89]
面；公分

ISBN 957-15-1047-5 (平裝)

1. 羅光 – 傳記

782.886　　89015990

生活自述（增訂本）

著作者：羅光
出版者：臺灣學生書局
發行人：孫善治
發行所：臺灣學生書局
臺北市和平東路一段一九八號
郵政劃撥戶：〇〇〇二四六六八號
電話：(〇二)二三六三四一五六
傳真：(〇二)二三六三六三三四
本書局登記證字號：行政院新聞局局版北市業字第玖捌壹號
印刷所：宏輝彩色印刷公司
中和市永和路三六三巷四二號
電話：二二二六八八五三
定價：平裝新臺幣二六〇元
西元二〇〇〇年十月初版

78281

ISBN 957-15-1047-5 (平裝)